案頭春秋

張素貞 著

緣起（代序）

少年時代，歷史曾經是我的最愛。當年參加大學聯考，匆匆填寫報名表，把師大國文系填了第一志願，其實我的歷史分數遠超過國文十二分之多；而對歷史情有獨鍾，使我在大學修習《史記》、《左傳》的時候興致勃勃，我也選了《尚書》，甚至畢業之後，爲了課程需要，除了本行專業國文之外，我選擇教授兩班歷史課，我知道學生跟我一樣陶醉在歷史課程中。

一九八五年《國文天地》初創，梅新自任社長，我支援了一篇〈楚靈王好男人細腰〉，那是從我的研究領域《韓非子·二柄篇》去檢驗當時沈春華在臺視「強棒出擊」的兩句話起筆的。一九八八年元旦，梅新主編的《中副》在石永貴社長的敦促之下，短期籌劃，增擴推出了《長河》版，兼收文史哲的論述，梅新要我寫兩千字具有深刻意義的文章，於是就出現了〈孟子確立知識分子的社會地位〉一文。此後〈爲孺子牛──齊景公的親子遊戲〉、〈「敢批逆鱗」的魏徵〉在二月發表，本書勉強收在第四輯。雖然

齊景公的故事出自《左傳》，但體例與第二輯不同；魏徵雖在唐代，故事很有啓迪性。從這兩篇起筆者已嘗試做歷史的觀照了。第一輯的「春秋人物論」也都是《長河版》的催生品，素材其實主要來自《左傳》，採取綜括性歸納，爲了整理子產的故事幾乎翻遍大半本書，當年使用「春秋人物」這個標題，姑且就沿用，寫法不同，也可以和第二輯略作區分。

　　一九九〇年，《中國語文》積極改進版面，方祖燊老師鼓勵我成爲固定撰稿人，有相當一段時間，我每個月都有一篇文章，我先寫「韓非子十過篇的故事」十則，在文後附加「筆者的話」做綜括式的解析評論；後來「《左傳》的故事」系列也同樣以「筆者的話」做析評，這樣等於以今論古，也是對歷史做辨析檢視，別具意義。「《左傳》的故事」，在本書中重新排列，大致從親子關係再到兄弟、夫妻、君臣等關係，錯綜複雜，發人深省的故事還眞不少。此外，從個人研究相關的資料，也處理了一些知性的趣味性論題，我把它們分類收編在第三、四輯中。至於〈歷史故事──孺子可教〉、〈成語故事──曲突徙薪〉則是應張孝裕老師之邀，特爲《華文世界》設計撰寫的，眞實之中也有一些想像創作，目的在做更淺顯明晰的解說。

　　千禧年已來臨，資訊大爆炸，人們所學廣泛而龐雜，即使對歷史有濃厚的興趣，習慣語體文的閱讀，很難有更多的餘暇再去鑽研古史，更遑論有什麼參酌比論的工夫。也許，像《案頭春秋》這樣深入淺出、又具有一些批評討論性質的小書，可以爲讀者去除雜蕪，引領進入古典的殿

堂。且泡一杯咖啡或茶，看看《案頭春秋》，可以分段閱讀，可以再去複按原典，說不定你對歷史的興味並不亞於我。

張素貞 於臺北古亭
二〇〇八年八月

目 次

 《韓非子》說

肆 《孟子》、《莊子》、《韓非子》、《史記》

壹

春秋人物論

士會獨立風標

唐宋八大家之一，眉州蘇老泉作〈管仲論〉，曾比論齊桓公與晉文公的霸業之優劣。其中有一段文字，論及晉國的狀況：晉文之才不如齊桓，眾臣又不如管仲；晉靈公之暴虐不如齊孝公之寬厚。然而晉文公稱霸只有六年，死後諸侯並不曾叛離，晉國繼續維持霸業達百餘年。反觀齊國，自齊桓公卒後，便人亡政息，霸業倏爾中止。晉之所以能長久維持霸業，依蘇洵的看法，原因在於「其君雖不肖，而尚有老成人焉！」換句話說，晉國的霸業事實上是靠一些老成持重的大臣支撐著的，在這些老成大臣之中，筆者認為最令人心儀景仰的謙謙君子，該是獨立風標的范武子——士會了。

一、城濮之戰　嶄露頭角

士會又稱士季，以官職為姓，「士」原是獄官，他封地在隨，《左傳》也稱他隨武子、隨季。後來他滅赤狄，國君又賞「范」地，所以又稱范武子。士會嶄露頭角是在

魯僖公二十八年（西元前六三二年），關係晉國爭霸的戰爭城濮之役。晉文公聯秦制楚，攻曹伐衛，掀起城濮之戰。晉國以嚴整的紀律，配合多種戰略，既「退避三舍」尊重楚成王，報答晉文公落拓時接納的舊恩，還很漂亮地以少勝眾，贏得一場決定性的戰爭，遏止了楚國北上發展的勢力。在這次戰役中，晉文公維護軍紀，前後撤換兩個護衛的車右，於是士會才有機會遞補「攝右」。晉文公流離過曹時，曹的賢臣僖負羈曾經特別致意示敬，這時攻曹，報曹共公的無禮，同時也特別下令保護僖負羈宅第的安全。車右魏犨和衛士顛頡大為不滿，便放火焚燒僖負羈的房子。事發之後，魏犨胸部受傷，文公愛才，有些不忍責罰，魏犨束胸，包裹傷口，刻意表現，立定跳遠三百次，原地跳高三百次，於是文公殺了地位較卑微的顛頡，放了魏犨，不過還是撤了他車右的職銜，改由虢國的降臣舟之僑接替。不料壬午那天渡了河，舟之僑居然擅離職守，先回去了，在緊急關頭，便由士會權宜代理，這是士會在《左傳》初次出現，職銜是「戎右」。

二、秦晉爭奪的籌碼

士會後來成了國寶級的人物，秦、晉兩國爭奪的籌碼。事情緣起於魯文公七年（西元前六二○年），晉襄公過世，趙盾攝政，考慮到世子年幼，想立年長些的公子雍，便派先蔑和士會去秦國迎接公子雍。沒料到，世子的母親穆嬴日夜抱了世子哭鬧，趙盾受不了，又改變主意，立了靈公，另外派人抵禦秦康公護送公子雍回晉的衛隊。

這是歷史上的令狐之役，趙盾背信無義，秦康公一片誠意，卻意外被迎擊，恨得一再掀起戰爭，力圖報復。且說，先蔑和士會早一步回國復命，被迫迎戰秦國的衛隊，覺得非常不是味道，便聯袂出奔秦國。根據《左傳》，士會到秦國，三年之間不曾去拜見先蔑，直到士會離秦共六年，兩人未曾碰面。史家論斷：士會奔秦，是個人認定必得如此，和先蔑並無絕對的關係。他怪先蔑身為正卿，卻任由朝廷決策不當，不能匡諫；再說如果時常過從，便有黨同營私之嫌，先蔑貪權，所以士會不見他。

魯文公十三年（西元前六一四年），晉國人深覺士會羈留秦國，於晉大不利。他本人並沒犯罪，反而是國家對不起他。秦康公報復晉人令狐之役，取晉武城，晉人伐秦，取少梁；於是秦又伐晉，取北徵。文公十二年，秦伐晉，戰於河曲。令狐一役，晉人最沒有道理，秦取了武城、北徵，還不足清償令狐一役的怨恨。由於士會在秦，秦伯向他詢及晉人的事情，舉凡臾駢「深壘固軍」、趙穿「好勇而狂」，盡在士會的計算之中。這怎能不讓晉國執政者憂心？他若繼續為秦所用，明顯地於晉大不利。於是，晉國設計了一套間諜戲，讓魏壽餘假意向秦國歸誠。他在秦廷踐踏士會的腳，暗示他要出走。秦、晉兩軍對壘，魏壽餘請求派遣河東人足以和魏主事者對談的人選做代表，秦康公提及士會，士會推辭說：「晉人像虎狼一樣，如果他們違背諾言，我死不在話下，妻子兒女也將被殺，這對秦君一點好處也沒有，屆時您追悔都來不及。」秦康公說：「如果晉人背信，我照樣護送你的家屬去和你團聚。

我這份心願有黃河可以做證！」於是照原計畫進行。秦國大夫繞朝覺察其中有詐，向秦康公進言，又不被採信，他便贈送士會「鞭策」，向士會說了兩句話：「你不要以爲秦國沒有人識破你們的計謀，可惜我的謀略國君不採用啊！」等士會渡了河，魏人鼓譟歡迎士會歸來。秦康公倒是守信，把士會的家屬送回晉國，其中有一支留在秦地，就成了劉氏。秦康公履踐諾言，顯現一方霸主的恢宏氣度，也可見士會高風亮節，令人敬佩。而有願留者，足見秦待士會不薄，孔子說：「君子居之，何陋之有？」確實不虛。

三、邲之戰　分謗生民

　　晉人的軍紀敗壞，從西元前六一三年的河曲之役已有些端倪。趙穿是一顆不定時炸彈，趙盾執政，雖是同祖正室，卻制不住趙穿，反而遷就他。趙穿不顧軍令，強行出陣；趙穿忌恨臾駢，阻攔追擊秦師的主張。似乎予取予求，眾人奈何不得。魯宣公十二年（西元前五九七年），楚國圍攻鄭國，鄭國向晉求援。晉國發兵到來，鄭已向楚求和，楚莊王准允退三十里締結盟約，士會當時是上軍統領，他是非戰主義者，贊同中軍統帥荀林父調兵回轉的主張。他認爲用兵須「觀釁而動」，楚人對付鄭國，可說德威兼具，商賈工農，各業興盛，士卒和睦，貴賤有等，政成事時，典從禮順，這樣的國家不宜列爲對敵，見可而進，知難而退，才是善謀；不妨另尋昏亂暗弱的國家，去開戰端。這種非戰理論，和楚國執政者孫叔敖的非戰理論

互爲烘托。而晉國先縠力持爭戰以維持霸局,與楚國伍參主戰也相互映襯。不過,伍參分析晉國人事的漏隙,觸動楚王的心思,「君而逃臣」一句更深中楚王的心病。在晉來說,欒書的分析,一如士會知彼之長,覷破鄭國的首鼠兩端,得到下軍統領趙朔的讚揚,可惜並未能左右主戰派的意念。

大凡兩軍對陣,在春秋時代仍是禮尙往來。楚國使者少宰,表明楚軍只爲定鄭,不敢得罪晉國,請晉師不要久留;士會對話,強調鄭國未遵平王之命,夾輔周室,晉師之來,只爲「問鄭」,原不敢煩擾楚人憂慮。這些外交辭令謹守禮法,合情合理,先縠卻認爲過於卑下,有諂諛之嫌,讓趙括改動一番自大的說辭;於是楚王完全了解晉國內幕人事的缺失,他派人求和,故意又轉和而爲戰。晉這方面,魏錡和趙旃化私怨爲「公憤」,假召盟爲由,向楚軍挑戰。孫叔敖本不欲戰,此刻迅速轉爲主動造勢,「寧我薄人,無人薄我」,先聲奪人,一時車馳卒奔,不可抵擋,晉國中軍下軍都潰敗,只有士會領導的上軍陣勢不亂。士會觀察到:楚軍氣勢正盛,如果全部集中攻擊上軍,自己一定全軍覆沒,不如收兵撤走,一則與其他將領共同分擔失敗的謗議,一則避免傷亡,能留住一線生機,於是自己領兵殿後,上軍安全地撤退了。

士會的「分謗生民」,在道義上獨立風標,不同於稍早韓厥的「分謗」。邲之戰,先縠擅自行動,以偏師陷陣,身爲司馬的韓厥向主帥荀林父建議,既已有「師不用命」之罪,不如進兵攻楚,到時候統領三軍的將領們同受

處罰，總比一個人承擔罪過來得好，一念之間，造成晉師重大的損傷；士會的「分謗生民」則是詳察情勢，保全了上軍的實力，表露了高風亮節的高貴心靈。士會的「分謗」也不同於十年之後齊晉鞌之戰郤克的「分謗」。郤克先是要挽救受刑的軍士，挽救不及，又吩咐示眾，卻說是爲了「分謗」，予奪變化，令人驚疑；相對的，士會的「分謗生民」，則充滿了德行的光輝。

四、愼謀能斷　謙遜禮讓

　　邲之戰，當魏錡和趙旃雙雙請命被准之後，晉國的高級將領們有過沈重的談話。士會強調要加強防備。兩人意氣用事，一旦激怒楚人，楚人來勢洶洶，眼看就會有所損傷的。若是楚人沒有惡意，那時拆除防備，和他們締結盟約，也無損於兩國的和好關係。結果士會交代上軍軍佐在七處設伏，所以上軍最後不致潰敗；中軍軍佐趙嬰齊派人先在黃河邊備船，因此軍敗時，中軍能夠先渡河。由此可見，士會預先顧慮周全，遇事謹愼。他最後挺身而出，押陣殿後，使上軍按部就班地撤退，可說是一柱擎天。如此看來，他起初反對開戰，絕非懦弱，而是對敵我情勢審愼的觀察，對事理有公正的批判。

　　四年後，士會率軍消滅了多年蠢動不安的赤狄。代表晉國獻狄俘給周王，周王以黻冕任命士會爲中軍，並任爲大傅，實際掌政。於是晉國的盜匪無法存身，紛紛逃到秦國，古人所謂：「善人在上，國無幸（倖）民」，就是這個意思了。士會也因爲滅狄，封於范，又稱范武子。

　　這年，郤克野心勃勃，有意率兵攻齊，士會致仕，請求退休養老。他告訴兒子士燮：「一個人的喜怒能理性宣洩的不多。郤克或許有意在齊國平定亂事吧，若不能如此，我怕他把怒氣加倍宣洩到晉國。我將告老退休，讓他好好暢志發揮，或者可以把事情處理得更平正。你跟隨幾位前輩，記著要恭敬才好！」他告老退休，郤克果然掌理了政事。後人才批評說：郤克依序可以遞補爲政，士會知道沒法子壓抑他，不讓他攻齊；而鄍之戰，郤克做他的副手，士會應該挺了解他的，知道他不致把事情弄垮。依史實看來，郤克伐齊，很有私怨糾葛，應對進退，也遠非士會謙謙君子可比；但終究能接受魯、衛的勸說，訂了盟約，大功告成。似乎只有郤克可以接受這種轉任，范武子未必不知任人，他的謙退，並不是一味遷就，畏縮怕事，推諉責任。值得肯定的是，他身擔重任，時間並不長，所謂權力的滋味，可能才品嚐出些許分毫，他卻能顧全大體，謙退禮讓，交出棒子，這樣豁達的心胸，千古而下，難得一見。

向戌倡議弭兵

——和平的背後

《左傳》記載：宋國的左師向戌於西元前五四六年，藉著與晉、楚兩國執政者交情不惡，極力周旋，促成了弭兵之會。我們不妨把向戌看做春秋時代的和平使者，他能夠拉攏爭霸的兩大強國，同意締結盟約，消弭戰爭，值得頒賜一座和平獎了。事實不然，和平的前後經過，有許多細節，很值得探討。

一、弭兵無功有罪

向戌促成弭兵會之後，沾沾自喜，向宋平公請求賜封城邑獎勵，平公也覺得他確實難為，就賞他六十座城邑，把封賞的簡冊交付執政的子罕去審議。子罕否決了平公的做法，理由有兩項：第一，晉、楚兩大國用武力威懾諸侯，正好讓小國心懷警惕，好好整頓內政，這原是小國圖存的道理。第二，「弭兵」是說不通的，自古有國家就有軍事武備，它可以「威不軌而昭文德」。弭兵是自欺欺人，讓諸侯各國同時事奉晉、楚，疲於奔命，簡直是罪

過!子罕是宋賢者樂喜,他直樸,看不慣向戌好名求利。他的話第一項和《孟子·告子下》「生於憂患,而死於安樂」意義相同。《呂氏春秋·用兵》說:「聖王有義兵,無有偃兵」,強調軍事武備不能不重視,那是聖王伸張正義的憑藉。聖王絕不可能空談仁義,沒有武備,不過用兵都以「義」為裁量標準罷了。子罕的第二層理由正是這個意思。

向戌大抵是個敏慧而又謙虛的人,很快就了悟自己的缺失,謝過子罕,主動辭謝封邑,並且阻止族人對子罕報復。從這個事件,我們也留意到,和平畢竟還是要有武力做後盾的,孔子說:「有文事者必有武備。」任何一味空談和平而忽略充實實力的說辭,難免陳義過高,徒然感嘆理想無法落實罷了。

二、弭兵之前

細看《左傳》,向戌的和平運動,事實上是繼承宋國右師華元三十三年前做過的努力。華元促成晉、楚的和平盟約,動因則在於晉國大夫范文子的和平願望。范文子——士燮,士會之子,有感於楚囚鍾儀應對得體,「不背本、不忘舊、無私、尊君」,建議晉君把他遣送回楚國,做為和平談判的友好表示,結果楚國也有反應,華元便以小國宰輔身分仲介拉攏,當時締盟,雖不曾用「弭兵」的名詞,但已有休兵睦鄰的積極意義。

無奈,晉、楚和平共處並未持久。楚國新興,盛氣凌人,在和議當中,司馬子反接待晉國代表郤至,就顯露狂

妄不恭的態度，楚王急欲爭霸，利誘鄭國背叛晉國，引起
晉國的討伐，楚共王親自率兵介入，在鄭國的鄢陵爆發
晉、楚激烈的拚鬥。這是西元前五七五年，距兩國和議不過
四年而已。

鄢陵之戰，晉國險勝，晉、楚關係惡化。陳、鄭等國
依違其間，兩邊逢迎，非常辛苦。向戌在西元前五七六年
被任命為左師，開始代表宋國步入國際外交舞台。西元前
五六三年，晉滅偪陽，為了獎勵宋多年的忠誠，把偪陽封
給向戌，向戌不敢接受，於是轉賜與宋國，顯然向戌給晉
國的印象相當良好。次年，因為鄭國親楚，向戌帶兵為晉
侵鄭，諸侯會兵伐鄭，向戌又是先到。這之間，秦常和楚
聯盟牽制晉國，相對的，吳國崛起，也向晉訴求報復楚
國。晉終於能使鄭國屈服，讓楚國無法抗爭，全是由於吳
國長年分散楚國兵力的緣故。儘管如此，晉的霸主威權逐
漸消褪，不僅西邊有秦國掣肘，東邊的齊國也漸漸不把晉
國看在眼裡，任意向魯、衛發兵；而邾、莒等小國也放膽
侵略魯國，整個中國瀰漫在戰爭的雲霧之中。

三、弭兵幾番周折

西元前五四九年，趙文子在晉，令尹子木在楚，都是
初掌國政。趙文子念念在如何消弭戰爭，不惜委曲求全；
子木則野心勃勃，勵精圖治。兩人所重殊異，國際局勢也
因此受影響。楚國銳意擴張，晉國則是滿心希望和平，向
戌的和平運動，上承范文子與華元的餘緒，就由趙文子的
「弭兵」意念推展出來。

　　向戌的「弭兵」之議，起始就並不順利。晉國趙文子有心弭兵，他和韓宣子研究，打仗是勞民傷財的事，對小國而言，也是大災禍。問題是，實際上不能做到。即使暫時談和，未必能持久。但晉國也不能不贊成「弭兵」，晉國不答應，楚國會答應，那倒好像晉國不要和平，會喪失盟主地位的。於是晉國答應了。向戌到楚國，楚國也答應。到齊國，齊人很為難，想想晉、楚都應允，也就應允了。向戌傳訊秦國，秦國也答應了；又遍告各小國，約定在宋國聚會。

　　晉國趙文子第一個到會，第三天，鄭國代表到，第五天，魯、齊、陳、衛代表到達，第十三天、第二十五天，邾、滕的國君親自到會。楚國方面，趙文子到宋後的第十九天，黑肱到，先跟晉大夫就和平取得協議。第二十四天，向戌到陳國去和停留在陳的楚令尹子木交換意見，子木提出：「讓晉、楚的從屬國家交互到對方朝見。」這等於橫生枝節，有些刁難。向戌趕回宋國向趙文子報告。趙文子說：「晉、楚、齊、秦是實力相當的國家，晉不能要求齊君去楚國朝見，正如楚不能要求秦君到晉國朝見一樣。」第二十九天，向戌傳話給令尹子木，子木派傳車去向楚王請示，楚王交代：撇開齊、秦不談，其他小國都交互到晉、楚朝見吧！第三十五天，向戌從陳國回到宋，當天夜裡趙文子和黑肱就立了盟誓。兩天後，子木到了宋，這時趙文子為和平抵達宋國已是第三十七天了。由這些細節，可見趙文子迫切希望弭兵，而子木則是搭架擺譜，儘出難題。

各國諸侯各紮營安頓，楚營的氣氛很不友善。第三十八天締結盟約，楚人把鎧甲穿在衣服裡，想藉機行事，伯州犁提出疑問，子木說：「晉、楚無信久矣，事利而已。苟得志焉，焉用有信？」子木看透趙文子的委曲求和心態，因此一心求利，只要逞志順意，不惜使出一切手段。雖然顧及盟約初定，不好即刻兵戎相見，但歃血爲盟時，「晉、楚爭先」，氣氛緊張。晉是當慣盟主，在楚卻是藉此爭強。結果叔向以「務德無爭先」息事寧人。此後晉國委曲求全，楚國蠻橫爭霸，態勢越來越明顯。

四、弭兵之後

晉、楚兩大強國協議弭兵，從此避免一切戰爭的禍害，再好不過。但是楚國要求從屬之國「交相見」，所有的次、小國家必須兩邊討好，使節往來，疲於奔命。當時還有貢稅問題，兩倍的稅負讓這些國家大感吃不消，以致連魯國都要求把本國降等，比照邾、滕等小國的稅負。更嚴重的是，楚國起始就沒有誠意，「弭兵」之後，照樣四處動用干戈。子木死後，公子圍繼任令尹，跋扈猶有過之，連到鄭國聘娶，都「包藏禍心」。不久，他篡位做了楚王，更存有「辱晉」之意，把晉國看做大敵，並沒有和平共存的體認。

楚國一方面大力對付東方新起的吳國，一方面毫不顧慮的肆意侵併。晉國的趙文子跟叔向一直採取道德修養論，認爲楚國君臣的暴虐惡貫滿盈之時，自然會有報應，對現實問題並未積極干涉。事實上有可能是晉的軍力漸趨

衰薄，也可能是領導人物的方針影響晉國的霸業。鄭國向晉請求允許去楚國朝見，叔向回答說：「苟有寡君，在楚猶在晉也。」這純粹是精神層次的意義，既有「弭兵」之議的約定，楚取實質利益，晉的霸業逐漸傾頹，也只能求取精神上的滿足了。

最明顯看出晉國過分卑屈的，是對於楚國滅陳、滅蔡，都毫無救援陳、蔡的表現，也沒有聲討楚國的勇氣。西元前五三四年，楚國滅了陳，改為楚國的一縣；晉國未有堅持「弭兵」原則的任何抗議。三年後，楚國又誘騙蔡侯，在宴會上殺了，圍困蔡的都城，世子堅守八個月，希望諸侯國能夠仗義馳救。無奈晉國的韓宣子只採取低姿態，派人要求楚國撤兵，被楚國悍然拒絕。楚國全力攻城，城陷之後，俘虜蔡世子，當做犧牲活祭。蔡國抗暴，可說壯烈之極，楚國無信無義，慘無人道，晉國卻坐視悲劇發生，這是弭兵之後的第十五年，盟誓完全沒有約束野心侵併的作用。

宋國自從西元前六三八年，襄公在泓之役被楚國重挫以來，國勢一直未能提振到大國的行列，《左傳》明言向戌「欲弭諸侯之兵以為名」，他不過是迎合趙文子弭兵的心意，藉以求名罷了。但是，「弭兵」之議提出，晉、楚不能不要這份高名，宋為他們促成了「功德」，當然多少有感激之心，宋就可以藉此保全，事實也是如此。「弭兵」之後六十五年內，宋國沒有兵禍，這不能不歸功於向戌，他多少也為宋國謀取了六十五年的和平。其他像魯、衛、曹、邾、鄭等國也都有四、五十年的和平。所以說，「弭

兵」之後,戰爭雖未能全免,次國、小國畢竟多少還是蒙
受了利益的。

五、弭兵之外

　　向戌的事蹟,只見於《左傳》,其他的書籍不曾著
錄。他倡議「弭兵」,闖出點國際聲譽,在宋國左師任
上,大體謙和知禮。「弭兵」後一年,爲了履行條約的規
定,魯、宋、陳、鄭、許等國君主都要到楚國朝見,到了
漢水濱,傳來楚康王的死訊。魯國君臣研究後,仍舊去楚
國,結果留下來參加喪禮,楚國人堅持要魯君爲死者穿衣
服,等候送葬,到第二年五月才回到魯國。至於宋君,則
依從向戌的主張,權宜應變,當場就取道回國,等立了新
君再說。他說:「我一人之爲,非爲楚也。」有這句話,
我們了解向戌弭兵的初衷大抵還有相當的理想,並非專意
偏袒楚國,後來的局面,不是他所能控制;而他敢於當機
立斷,不曲意逢迎,就比魯國君臣有主見了。

　　除了弭兵之外,向戌的政治生涯,《左傳》還有兩處
記載,都有瑕疵。西元前五五五年,向戌爲左師已有二十
年,宋國大夫華臣派刺客殺死姪兒皋比家的家宰華吳,殺
人地點正好在向戌的屋後,向戌嚇壞了,求賊人饒命。宋
君追究責任,要放逐華臣,向戌主張:卿大夫暴亂,是國
家的恥辱,不如掩蓋、不聲張的好。不知向戌是否受到恐
嚇,這樣處理,顯然曲袒貴族,雖然後來華臣自動出奔到
陳國去,向戌仍不免顢頇之評。

　　弭兵之會的前一年,宋室內廷有動亂。太子內師伊戾

設毒計誣陷太子叛亂，宋君徵詢侍姬芮棄及左師向戍的意見，兩人都說：聽過這些事。於是宋君殺了太子，另立芮棄的兒子佐，芮棄母以子貴，僕人都擺出架勢，向戍還阿諛她為「君夫人」。揣摩前後情節，伊戾和芮棄、向戍可能事先同謀，但後來伊戾被殺，卻一身承擔了全部的罪過，芮棄照樣得寵，向戍依舊被重用。如果以歷史公允的高角度來批判，向戍參與了權臣與侍姬合謀的一次政變，向戍不過是個權臣而已。

子產善相小國
——善掌相權的子產

西元前五二二年，子產（公孫僑）死了，孔子當時三十歲，很感傷地說：「古之遺愛也。」他讚美子產擁有古代仁愛的精神。有人說，一部《春秋》，有兩個重要政治家，前半部是管仲，後半部是子產。比較起來，管仲的缺點比子產多，雖然管仲的功業大，澤被天下，但他的憑藉條件好；子產所輔相的鄭國幅員小，問題多，但他周旋晉、楚大國，有魄力，有擔當，對內力求改革，寬猛相濟，從西元前五五四年為卿，西元前五四三年執政以來，三十三年之間，他在政治舞台上的表現沉穩幹練、可圈可點。

改制　為了救世

子皮選定子產做接棒人，子產曾推卸說：「國小而偪，族大寵多，不可為也。」幾句話，把鄭國外內的局勢剖析得恰如其分。子皮有見識，也有雅量，他表示全力支持，任何問題，他都願意全力協助，子產就不再推辭，毅

然接下沉重的擔子。他對內裁抑公族，立法鑄鼎把法令編著成文，又加以公布，突破以往貴族平民不同等次的彈性法制，要求公族也得奉公守法。就當代貴族立場，這種改革是削奪權力，對百姓來說，則是合理的保障，所以晉國的賢臣叔向都不贊同子產的作法，子產卻認為是因應需要，有安定世局的作用，他回答說是為了「救世」。他制作「丘賦」，百姓毀謗他說：「他的老爸被人殺害，死在路上；他自己像毒蠍子一樣，只會毒害百姓。」子產聽了以後，說：「只要對國家有利益，我把生死置之度外，都要加以貫徹。」事實證明，子產有許多政策都以人民的福祉為考慮的重點，但因為是改革，手段上有些獨裁，人民就不免抱怨，不過施行久了，果然顯現了實質的效益，足見子產的施政由於目標正確，眼光高遠，確實禁得起考驗。《左傳·襄公三十年》（西元前五四三年）記載：子產為政一年，有歌謠諷刺他說：「拿走我的衣冠，藏了起來；拿走我的田地，重新規劃成五家相保。誰要是去殺子產，我就幫助他！」等到三年，又傳誦說：「我有子弟，子產教誨他們；我有田地，子產使它增加生產量。子產要是死了，有誰能接替他的工作呀！」從埋怨到折服，即使是有特權的貴族，也被他的良法美意展現的實效所感動。孔子讚揚他說：「其養民也惠，其使民也義。」（《論語·公冶長》篇）一點都不誇張。

裁抑強宗　費心多

　　鄭國的部分公族強悍驕縱，是子產起初不肯接手相位

的因素，一旦接事，便又不能不管。首先他安撫公孫段，藉一個名目，託他辦事，就送他都邑。他的理由是，人要做到無欲真的不容易，先安撫勢大的公族，彼此能和睦相處最要緊。後來讓公孫段接替已死的良霄做卿，公孫段辭了三次，終於接受。子產有些嫌厭他的虛假，也顧慮他勢力龐大，想自己直接督察，就把公孫段安置在自己的其次位子。當然子產含容力夠大，牽制力也夠強，安撫公孫段這種強勢公族，他可真是深穩圓妙，有常法，有權變。

另外一個棘手的公族是公孫黑（子皙），子產的對策是儘量容忍，等時機成熟了，才加以制裁。鄭良霄（伯有）要任派公孫黑出使楚國，公孫黑認為鄭、楚關係惡化，去了不利，良霄一再勉強他，他就聚了族人殺掉良霄。子產斂葬良霄，公孫黑一族人還想攻擊子產，被子皮憤怒阻止。其次，公孫黑與公孫楚爭娶徐吾犯之妹。公孫楚先聘，女方也屬意公孫楚，公孫黑攻擊公孫楚，想殺他強娶其妻，結果反被公孫楚用戈刺傷。子產判公孫楚流放，因為「幼賤有罪」。就事論事，公孫楚雖係自衛攻擊，畢竟傷了人，斷他有罪，表面上也說得過去，貴族封建，本來講究尊卑貴賤，法制上並不平等。不過，子產實在是容忍公孫黑，他過於強悍，宗族勢力又大，不敢強制處罰。所以他向公孫楚同族的大臣游吉（大叔）致意，大叔安慰他，只要為鄭國大局著想，「利而行之」，他諒解，也支持。子皮與大叔可說是子產的知己，春秋賢臣公忠體國的典範。第三，為了公孫楚放逐的事，鄭伯與六個大臣盟誓約定，公孫黑堅持強押一角，把名字添入。子產仍然忍耐

沒有聲討。公孫黑的強悍形成鄭國政局的陰影，連宗主國
晉國的大臣叔向都忍不住幾度詢問及公孫黑的現狀。到了
西元前五四〇年，他惹事生非已有五年，竟然想殺掉游
氏，取代子大叔的卿位，這簡直是目無國法，作亂叛變
了。他被公孫楚擊傷的舊創發作，作亂未成，但叛意很明
顯了，連他的家族駟氏和一些大夫都要殺他。他惡貫滿盈
了，子產接到消息，坐了接力快馬車趕到，派官吏細數他
的罪過，賜他自殺。這之前，子產一味容忍，此時則趁機
討伐，刻不容緩。由此可見子產的周密和魄力。

以實力表明不可侵犯的尊嚴

在春秋時期，鄭國對晉、楚而言是小國，對陳國而言
則是大國。鄭國為了自身安全及利益，周旋晉、楚之間，
實有不得已的苦衷，但也常受兩國報復性的懲罰。晉、楚
是大國，無可奈何，而陳以小國，卻在隨楚伐鄭之際，舉
凡陳國軍隊所經之地，是「井堙木刊」，把水井填塞了，
把樹木砍伐了，比楚國、許國軍隊敵意重，惡意大，鄭國
人怨恨得很。次年子展和子產率領七百輛兵車去攻伐陳
國，夜裡突襲，進了都城，陳侯和太子逃往墓地。鄭國軍
隊不入宮廷，不侵擾掠奪。陳侯派人贈送宗廟祭祀、禮樂
之器，自著喪服，把親族男女綑綁了，在朝中等待。子展
向陳侯行外臣的禮節，子產數過俘虜的人數，把委派官吏
的符節印信都還給陳國，真正做到了「秋毫無犯」。他們
用兵的目的是要陳國屈服，並不想滅掉陳國，相對於陳國
的肆虐，子展、子產表現了守禮而寬和的器度，重要的

是：鄭國展現實力，讓世人知道，鄭國雖小，卻不容侵犯。

　　子產到晉國，報告伐陳的捷報，晉人責問陳國有什麼罪？子產說鄭出於周，陳忘周的大恩，背棄姻親，仗恃楚國軍力強盛，侵凌鄭國，鄭早向晉國請求過要伐陳，沒得到允許，陳又隨從楚國來侵略，「井堙木刊」，令鄭國大為恐慌，我們才攻打陳國的，蒙天庇佑，陳國人認罪了。晉人又問：為什麼侵凌小國？為什麼穿戎服來獻功？子產駁辯，晉國等大國若非侵凌小國，怎成得了大國？事實上鄭國入陳秋毫無犯，而且還曾稟告過晉，不算是侵凌小國，晉人竟然還逼責，子產言辭就凌厲了。子產引述晉文公以往讓鄭文公戎服輔佐周王接受楚俘，目前陳國隨從楚國，我戰勝陳，等於勝了楚，來報捷獻功穿戎服，是稟承王命。一番言辭讓趙文子不得不承認鄭國伐陳順理，接著還讓鄭簡公到晉國拜謝。在春秋多事之際，鄭國不但以實力表明不可侵犯的尊嚴，還要向宗主國爭得合理合法的認可。

據理抗爭　不卑不亢

　　子產對於晉國，謹守禮節，但必要時，也據理力爭，不達目的，不肯干休。可以從三件事來說明。第一件事是「爭承」：范宣子執政時，諸侯獻貢的錢幣滿重的，鄭國覺得吃不消，子產寫信給子西讓他告訴范宣子，劈頭就說：「您掌理政事，四鄰諸侯沒聽到什麼好的讚譽，只聽說徵收苛重的錢幣，我很迷惑。」他鋪論徵收過多的錢

財，往往讓諸侯離心，對晉國，對范宣子都沒有好處，結果范宣子聽得高興，果然減輕納貢的錢。二十年之後，西元前五二九年，諸侯盟於平丘，子產當眾向晉國「爭承」，他的看法是，諸侯按名爵，國有大小，所承擔的貢賦應有等差，讓鄭國以伯男承擔公侯的貢賦，絕對不合理。本來諸侯締結盟約，是爲保存小國，結果竟是讓小國被無窮無盡的貢賦逼向毀滅的道路，這不合理，一定要改變辦法。他從中午爭論到黃昏，晉國人答應了。事後子大叔責怪他，萬一引起諸侯合兵聲討，豈不糟糕？子產很篤定，他看出晉國六卿爭權，政令不統一，而且他確信，自己不競爭圖強，永遠要讓別國侵凌。

第二件事：西元前五二一年，鄭國駟偃過世，宗族立了駟乞，另有兒子駟絲，舅舅是晉國大夫，這晉大夫到鄭國來詢問爲何立駟乞不立駟絲。駟乞嚇壞了，想逃亡他國，子產不讓他走；要求占卜吉凶，子產也不准。子產對晉大夫說：「若是晉大夫想專制，干涉鄭國立子嗣的事，那麼鄭國就變成晉的都邑，還算什麼國家？」他辭謝晉人的禮物，堅持不讓晉國人干涉內政，言辭犀利，立場堅定。

第三件事：西元前五四二年，子產相鄭簡公到晉國去，晉平公遲遲不肯接見他們，子產就把賓館的圍牆拆毀了，來安放車馬。這樣總算招來了士1，先是指責，子產卻從容談出一番道理：鄭國承應大國的需索，搜集了全國的財物來進貢，可是見不到執事人，得不到命令，不知進見的日期。既不敢直接獻上財貨，也不敢讓財貨日曬雨

淋，腐朽壞了，就加重我們的罪過。晉文公時賓至如歸，絕不像這樣怠慢賓客的。現在的情況是：賓館像奴隸住的房子，門口開不進車子，又不能翻牆而入，不拆除圍牆就沒地方收藏財貨，財貨壞了又加重我們的罪過。請問還有什麼指示？只要及早讓我們進見，奉上了財禮，我們願意把圍牆修葺好再回國。士匄去向趙文子報告，趙文子就派士匄向子產道歉，晉平公接見了鄭簡公，禮數周到，贈送優厚的禮物，歡送他們回國。子產以他的口才維護了鄭國的尊嚴，義正詞強，但不偏不激，能令晉國折服，也驚動諸侯，外交手段算是高明的了。

　　第四件事：西元前五二六年，晉國的執政者是韓宣子（韓起），他有一只名貴的玉環，打聽到另一只玉環在鄭國商人手中，想索求來配成一對。他趁訪問鄭國的機會，向子產提出要求，子產委婉地拒絕了他。他說這玉環不是官府管理的東西，國君不知道下落。子大叔及公孫揮都勸子產說：「韓起也沒什麼大不了的要求，就答應他吧！他執掌政權，我們得罪不起呀，不能輕慢他呀！」子產認為，鄭國並非苟且敷衍，而是始終專意事奉晉國，不給他所需要的玉環，正是對他忠信。如果大國的大臣隨意向小國需索，都能達到要求，那將怎麼供應？不藉禮節拒斥他，他哪有滿足的時候？如此一來，鄭國就沒有地位了。就韓起立場說，他個人的需索並非公事，假公濟私也有罪。答應他的要求，對鄭國，對韓起，都沒有好處。韓起自己找到那商人，要買玉環，商人說要稟告子產，子產還是拒絕他。一面說了以上的道理，一面提及讓鄭國的商人迫於大

國上卿的威勢，勉強低價賣出，實際上就是掠奪，這增加您的貪婪，是罪惡；再說大國的上卿從小國奪取珍寶，諸侯能不怨恨嗎？這對您個人和晉國都不好哇。韓起想通了，放棄了那只玉環。

敏言慎行　善於應變

　　楚國在當時國際上，有新興國家的銳氣和霸氣。向戌倡議弭兵，楚國的附帶條件，便是晉、楚的附庸國家交迭進見，害壞那些左右逢迎的小國。子產很守禮儀，他藉此向晉國禮貌性請准去楚國履行外交任務，唯恐晉國認定鄭有另外求好於楚國的心理，結果晉國很大方，說「苟有寡君，在楚猶在晉也。」晉國的霸勢逐漸走下坡，面對楚國的強蠻態度，也只有以「心理上有盟主國就好」來自己轉圜。而子產洞察時局，早知道晉國不致阻攔，卻禮貌地給予出充分的尊重，這是他的圓融之處，也是《春秋》讚美他「守禮」的理由。

　　子產其實是敏銳而善於應變的，西元前五三九年，他輔佐鄭簡公到楚國去，楚靈王設宴款待，席中歌詠《詩經・小雅・吉日》，子產意會到靈王想約鄭簡公田獵，等宴會完了，子產已經把打獵的用具裝備都準備好了，楚靈王就高興地邀請鄭簡公一起到長江南岸的雲夢澤去打獵了。然而楚國並不好相處，靈王篡弒自立的前一年，到鄭國來聘娶公孫段的女兒，帶了一大堆隨從士兵，打算直接到虢地盟會。鄭國怕他施詐偷襲，要求一干人眾在城外落腳；行聘以後，楚公子又要帶士兵迎娶，子產不放心，派

公孫揮再去辭謝，楚公子搬出列祖列宗的門面與尊嚴，公孫揮乾脆直接指出楚國「包藏禍心」，鄭國雖小，早有防備，楚國若有行動，只怕人心共忿，諸侯解體，於楚大不利。於是楚國軍隊解除弓箭才入城，鄭國對應強國又爭取了一次國格。

　　早在西元前五四七年，子產尚未做鄭國的執政卿，許靈公到楚國，請求討伐鄭國，楚不出兵，許靈公就不回國，沒料到真的死在楚國，楚康王覺得道義上得給許國一個交代，就出兵討伐鄭國。鄭國人準備抵抗，子產說：「晉、楚將要談和了，諸侯可以和睦相處。楚王這次貿然發兵，有些意氣用事，不如讓他們得意暢快一下，很快就會班師回去，未來談和就容易了。」子展聽了很高興，略作部署，真的不作正面抵抗，讓楚國軍隊俘去了九個不及入城避難的鄭國人，楚軍涉過氾水就回去，安葬了許靈公。子產可以說是深諳楚王的心理，也熟知國際情勢，知道楚王不至於殘害鄭國，鄭國又必然戒備森嚴，並非完全撤防，不過是運用謀略，滿足楚王的意圖，不正面衝突就是了。

　　子產對楚靈王之急欲霸諸侯，不敢拒斥，但也委婉表達了個人的建議。西元前五三八年，楚王對於自己是否足夠招徠諸侯仍不無疑慮，他問子產：「晉國會不會答應讓我單獨會見諸侯？」「諸侯會不會來朝見？」子產的答覆是肯定的，晉國有求安的心理，宋盟又有晉、楚從屬交迭進見的約定，諸侯既不憂晉國干預，又可以奉承楚國，當然會來，真正不來的大概只有和晉特別親密，被齊國威逼

的曹、邾、魯、衛，其他楚國威勢所及的，哪敢不來？楚靈王聽了不覺躊躇滿志，說：「照這麼看來，我所要求的沒有什麼行不通的囉？」子產看他的口氣過於傲慢，便慎重地回答說：「如果一味只想暢快自己的心意而無限制的要求諸侯，我想是行不通的。除非您能留意到個人的需求恰好合乎諸侯的需求，彼此才能蒙受利益。」子產極力周旋，卻不忘適可地提出楚王必須減少個人逞志的心理而兼顧諸侯欲求，甚至做到國際平等互惠的地步。

敬鬼神而遠之

鄭國大夫良霄（伯有）由於公孫黑蠻橫而慘遭殺戮，鄭國人有好幾年，老拿「伯有出現了」互相驚嚇，嚇著了就瘋狂亂跑，自己都不知道跑哪兒去。良霄死後第七年，有人夢見他穿了鎧甲，說：「我的忌日壬子那天我要殺駟帶，明年壬寅那天，我又要殺公孫段。」到壬子那天，駟帶真的死了，他曾經協助公孫黑攻擊良霄；次年壬寅，公孫段又死了，鄭國人越加害怕。第二個月，子產立了子孔兒子公孫洩及良霄的兒子良止做大夫，來安撫國人，鄭國人的恐懼才慢慢平靜下來。子產答覆子大叔，他相信鬼有了歸宿，就不會變成害人的厲鬼。子孔、良霄都是因為政爭而橫死，為他們立了後嗣，香煙不斷，自然是順民意的合理安排。子產到晉國，趙景子也問他：「伯有還能變鬼作祟嗎？」子產解說是：「能。一般百姓橫死，還可能依憑他人變成厲鬼，何況伯有，三代為卿，宗族又龐大有勢力，他所依憑的太雄厚了，而他橫死，能變鬼作祟，是理

所當然的。」

　　子產信鬼，但不表示他迷信，他其實是敬鬼神而遠之，錢穆先生認為孔子就受了他的影響。西元前五二四年，鄭國大旱，派屠擊、祝款、豎柎到桑山祭祀祈雨。三個人迷信砍樹木可以降雨，結果砍了樹木，天仍不下雨，子產認為祭祀求雨，目的就在養護山林，這麼做罪過太大了，就奪取三個人的封邑。從西元前五二二年宋、衛、陳、鄭四國的大火災，前後的商議、決策，也足以看出子產所謂「天道遠，人道邇」的意義。火災之前，魯國、鄭國的星占專家就看出異象，而預言將有一場大火。鄭國的裨竈是子產的重要幕僚，他提議用「瓘斝玉瓚」（玉製的酒杯、珪柄的黃金勺子）祭祀來禳除火災，子產不同意。里析建議遷都，子產也否決了。大火時，子產安排人手去疏散外賓，遷移各廟的牌主石函集中到祖廟保護，警戒防守寶庫、軍械庫，把宮中年邁宮女疏散到安全的地方，司馬及司寇各級屬官都到第一線上救火，防備不法情事，祭祀官在城北作壇場禳除火災，祈求平安。登錄焚燬的房舍，寬減受災百姓的賦稅、供應木材讓他們修建房子。因為國家有凶災，依禮君臣哭三天，國都商店不開市，讓外交人員到諸侯各國傳告受災的消息。子產能做的都做得周全，祭祀也盡了敬意。這時裨竈又提議用玉器祭祀禳災，子產仍不答應。他說天道渺遠，即使星占專家也未必能完全通曉，執政者盡人事，做最妥善的因應，那才是可以把握的切近的事。

　　火災後的第二年，鄭國有大水災，據報在時門外洧淵

有龍相鬥，鄭國人要求子產祭祀禳災，子產不肯。他說，龍相鬥，在牠的領域裡，干我們什麼事？他顯然不如一般人迷信是龍相鬥才引致水災的。他的智慧和理性建立了良好的政治家風範。

高度技巧的處世手腕

子產具有先見，早在西元前五六五年，他被父親子國怒斥為「童子」時，就已顯現出來。當時父親參與「侵蔡」的戰役，在眾人慶賀勝利的時候，子產就發表了「小國無文德而有武功，禍莫大焉」的論調，預見未來周旋於晉、楚之間，不得安寧的外交情勢。而在兩年之後，父親遭難的時刻，和同樣落入孤兒命運的公孫夏、良霄相比，更突顯了他臨危不亂、應變從容的理性。在「開盜」（聽說劫殺事件）的當時，他便有周密的計畫，要捕殺兇手，一網打盡，所以部署周詳，才去臨尸哭弔，攻擊殺人兇手，終於救了被劫持的鄭伯，殺了兇手，報仇雪恨。

子產做了鄭國的執政卿，《左傳》詳述他「擇能而使之」，能善用幕僚的長才，讓他們發揮所長，又能密切配合，所以很少有失敗。看來《論語·憲問篇》提及外交辭令的起章、審議、修飾、潤色，不會是誇大其辭，子產確實做到了集思廣益，也收到具體的實效。

子產為因應時局的需要，做了大刀闊斧的改革，過程中難免遭受謗議，卻能深察民意，寬和妥善地處理，「不毀鄉校」就是一例。他相信政治必須有成效，假以時日讓百姓理解有必要如此做，一般不滿意的輿論，儘管讓它自

由地宣洩，比盲目高壓的防堵好得多；又可以作爲政治上的借鑑，因此他放任人民在鄉學裡放言高論，不加干涉。

子產之所以能執政，建立相當不錯的功業，得力於子皮的舉薦。但是子皮有一回向他推舉尹何做邑大夫，子產卻堅持不可。子皮料不到子產不顧自己的情面，他說讓尹何藉此好好學習，子產能言善道，竟說出一番大道理，辯論要先學了再入仕途，不是入仕途才學，好比先學會駕車射箭，才可能打獵是一樣的。他的話感動了子皮，一方面是眞有道理，一方面當然是由於子皮確實賢達有雅量，也唯有如此，子產不成其爲不敬，反倒是知己才知無不言，坦誠相待。

子產的言辭，不僅在外交上輕重拿捏得恰到好處；在遊說技巧上，他還能從心理上掌握，爲對方留餘地，讓人不能不聽從他的建議。西元前五三五年，他替豐施歸還州田給晉國的執政卿韓宣子，一番巧辭便滑利中聽。州縣本是晉大夫欒豹的封邑，欒氏敗亡後，范宣子、趙文子、韓宣子都想據爲己有，後來三個大夫都不便爭議。豐施的父親公孫段輔相鄭簡公到晉國，態度恭敬謙卑，晉侯印象很好，韓宣子一向和他的關係親密，就大力促成，讓晉侯把州縣之田賞賜給他。公孫段在鄭國，是驕奢過分，子產並不喜歡他，把他安插在自己次等的卿位，小心地監督；他在晉國接受賞賜，讓晉侯僭越天子的禮節，子產是不贊同的。這年公孫段過世，他爲豐施遊說韓宣子收回州田，在他正是知禮。子產說：「昔日晉君所賜的州田，公孫段早逝，不能長久安享德惠，他的兒子不敢據有它，不敢煩擾

晉君，私下交還給您。」宣子不肯接受，子產又說：「豐
施怕不能勝任父親世襲的俸祿，更何況大國所賜的州田？
即使您在位能諒解，繼位的大夫如果提出領土紛爭的言
詞，敝國就有罪，豐氏要被聲討。您取回州田，等於是免
除敝國的戰禍，安頓了豐氏，所以膽敢提出歸還州縣的請
求。」這番話的技巧在於：韓宣子貪得，州縣還他是正中
下懷，但不能不為他找出堂皇的理由，變成是幫助鄭國免
除罪戾，是安頓豐氏的大恩惠。子產可說是深諳人心，巧
辭妙對。韓宣子由於以往有過爭議，不好擁有州縣，稟明
晉侯，晉侯賜給他，他就和樂大心交換了原縣。不管其中
的玄妙讓人深思，子產歸還州田，倒也是合乎禮，避免落
人口實的一項作法，而他的口才又一次使他順利的達成任
務。

叔向賢良，爲何絕後？
——都是「尤物」惹的禍？

晉國的賢臣叔向和楚國的令尹子文都有「絕後」的恐懼，兩家都出了「狼子野心」的敗家子。叔向的母親認爲「尤物」慣生敗家子，叔向的同父異母弟和兒子都成了見證。

春秋時代有許多熠熠閃著人格光輝的高華人物，卻因爲局勢混亂，美德不能長保，子孫出了事，不僅毀了家業，而且誅連全族，斷了後世香烟。絕後，在古代看重子嗣的傳統觀念來說，是了不得的大事。《左傳・哀公十七年》記載：趙簡子帶兵再度攻打衛國，引用晉國賢臣叔向的話說：「怙亂滅國者，無後。」當時衛國大亂初定，趙簡子撤了兵，理由是這樣趁人之危，會斷子絕孫的。趙簡子的後人，後來分晉，建立了趙國，是戰國七雄之一。但是他引用的說這句話的賢臣叔向呢？《左傳》從襄公十四年到昭公十五年，有很多叔向的事蹟，在他參政的三十年，爲國辛勞，擬定計畫，並沒有什麼疏失的記載，這個德化論者，本身謹慎謙和，論事公正，是於國有功的人；

但是很悲哀的，在他的兒子手裡就絕了後。如果人死後真的有英靈，他一定非常痛心。這關係到古代一人犯事，誅連全族的「惡法」；也牽扯到晉國君主失權，六卿專政，跋扈橫暴，排除異己的政治黑幕。更詭異的，這裡還關涉到吳公子季札的預言性的勸說，以及叔向賢母的「女人禍水論」。

一、六卿專權

西元前五四四年，《左傳‧襄公二十九年》記載：吳公子季札做了國際性的社交拜會，來到晉國，喜歡趙文子、韓宣子、魏獻子，說：「晉國的政權大約要集中在這三家了。」喜愛叔向，對叔向說：「您努力吧！國君奢侈，而優秀的臣下很多，大夫都富有，晉國的政權將要歸於私家。您個性耿直，喜歡直話直說，千萬要考慮使自己免於禍難。」《左傳》記述季札的言論，幾乎都是洞察情勢的智者預言，把季札這位一再辭讓國君大位的吳國貴公子，塑造成廣受列國重要人物歡迎的人，而且他不加掩飾表露喜愛，更奇妙地，他會像「高人」一樣充滿愛心地適切給人一些貼切的、受用無窮的「嘉言」。這些嘉言往往是在未來可以證實的，足以見出季札之高明的。叔向得到的善言正是如此。它包含了後來的「三家分晉」，以及叔向終究受兒子的拖累，絕了後，斷了香煙。

其實，歷史的演變軌跡是逐步漸進的，只要是具有相當睿見的智者，尤其是身在官場中的政治家，多少可以看出一些端倪的；並非只有季札一個人看得出韓、趙、魏三

家終將取代晉君的政權。《左傳‧昭公三年》就記載了齊國執政大臣晏嬰與晉國的賢臣叔向的一番私人談話：晏嬰感歎齊國的陳氏多少年施惠收買人心，齊國可能要變成陳氏的天下；叔向則感歎晉國的公室卑微，政權旁落，掌握在私家手裡，欒氏、郤氏等都已經淪落了，自己一宗十一族，如今只有羊舌氏還在。自己的兒子不好，公室又沒有法度，將來能得到善終就已經很僥倖，難道還期望受到祭祀？兩人都感歎已到了末世，晏嬰還有自處之道，叔向就很悲觀了。他的悲觀是有道理的。襄公二十一年（西元前五五二年），他就曾因同父異母弟弟的牽累，受了牢獄之災，差一點送了命。而推究肇因，其實又是一場由於家庭醜聞而引致的政治風暴：欒盈被自己淫蕩的母親誣陷，叔向的弟弟叔虎因為是欒盈的黨羽而被誅殺，基本上，則是范宣子排擠異己的手段。六卿專權，確實已呈現了明顯的跡象，只不過韓、趙、魏三家轉盛的狀況還不是很明露罷了。

當年欒黶娶了范宣子的女兒欒祁，生了欒盈。范鞅由於曾被欒氏逼迫逃亡，怨恨欒氏，所以和欒盈一起做公族大夫而不能好好相處。欒黶死後，欒祁和他的家臣頭子州賓私通，州賓幾乎侵奪了全部的家產。欒盈很懊惱。欒祁怕欒盈討伐，向范宣子告狀說：「盈將要叛亂，他認為范氏弄死了桓子（欒黶），而專擅政權。我怕會傷害到您，不敢不說；這一切范鞅可以做證。」欒盈喜好施捨，很多士人歸附他。宣子怕他的士多，相信了欒祁的話。欒盈當時做下卿，范宣子派他去著地築城，並且趕走了他。這年

秋天，欒盈逃到楚國。宣子殺了他的黨羽箕遺、黃淵、嘉父、司空靖、邴豫、董叔、邴師、申書、羊舌虎、叔熊，叔向受弟弟羊舌虎牽累，被囚禁起來。那個時候，樂王鮒來示好，表示可以替他說好話。叔向不回答，樂王鮒出，他也不拜送。他的手下都責怪他，叔向說：「樂王鮒是一切聽從國君的人，怎麼能幫我說情？祁大夫舉拔宗族之外的人不排除仇人，舉拔宗族之內的人不顧忌親人，他是真正公正的人，難道會獨獨遺忽我一個人嗎？他是正直的人，只有他能救我。」晉侯向樂王鮒問起叔向的罪過，樂王鮒說：「叔向很重視親情，他可能參加策劃叛亂的。」當時祁奚已告老休養了，聽說這情況，就坐上傳車去拜見范宣子，說：「說到謀劃而少有過錯，教育別人而不知疲倦，叔向是具備的。他是鞏固國家的柱石，即使他的十代子孫有過錯還要赦免，這才能勉勵有能力的人。現在他自己本身都不免，要丟了社稷離開人間，這不是很令人困惑的嗎？過去鯀被誅戮而禹興起，管叔、蔡叔被誅戮，而周公照樣輔成王。為什麼叔向要為了羊舌虎而被殺？您要是做了好事，誰敢不努力？多殺人幹什麼？」宣子高興了，和他一起坐了車子去朝見晉侯，請求赦免叔向。祁奚辦完事，不見叔向，就回去了；叔向也不向祁奚報告已經獲赦，就去朝見晉侯。

以上這段記載，有幾點值得注意：范宣子排擠欒盈，其實並沒有具體證據，主要原因，可能是欒盈豢養了很多的士，擁有相當的實力，是一大威脅。原來養士之風，並非起於戰國時代的四公子，而豪門鉅族傾軋，往往是不擇

手段，趕盡殺絕。把他調到著地，是先隔絕歸屬他的那些
壯士；趕走他，藉此殺絕他的黨羽，是斷他的後路；後來
又讓晉侯在商丘會諸侯，目的就在報私怨，要禁錮欒盈，
要求諸侯國家都不接受他。第二年在沙隨又會十二個諸侯
（多加了二個），再度禁錮欒盈，多麼狠毒的手段！欒盈終
於被逼得造反，罪過其實不在他。而更令人難以相信的
是，范宣子是欒盈的外祖父，他施展陰狠的政治手段對付
自己的外孫！而真正使欒盈遭逢噩運的人，則是他的親生
母親。為了個人的私情（不正常的男女關係，包括財務的
掠奪），她捏造事故，誣害親生兒子，這也夠駭人聽聞的
了。至於叔向與祁奚兩人的行事，倒顯現了兩種名臣的典
範：祁奚真正為國家保留人才，他不須額外對叔向示恩；
叔向知道祁奚的為人，心中固然感激，但他不需要特意去
致謝，因為他知道只要他繼續善為國家做事，就是對祁奚
最好的報答。讀者是否注意到：祁奚提到了，像叔向這樣
的國家柱石，有功於國，即使十代子孫有過錯也還要赦
免，當然像祁奚這樣的元老也一樣的。但是，在魯昭公二
十八年（西元前五一四年），叔向之子，祁奚之孫，都被
捲入另一場政治風暴，竟然就滅了族，絕了後。大夫私家
的權限更大了，公室完全失去控制力，無法無天，卻再也
沒有祁奚一樣的長老，肯為國家保留一些人才了。

二、美人是禍水

　　也就在叔向差點喪命的這一年，《左傳》記載了叔向
母親第一次發表的「女人禍水論」。據說叔向的母親早年

總是妒嫉叔虎（羊舌虎）的母親長得美豔，不讓丈夫和她在一起。兒子們都勸母親放開一點，母親說：「深山大澤之中，確實會生長怪異而又害人的龍、蛇。她長得美豔，我怕她會生下龍、蛇來禍害你們。你們是衰敗的家族，國內有很多受寵信的大官，不仁德的人要是從中挑撥，不是很難處嗎？我自己有什麼捨不得的？」就讓叔虎的母親去陪侍丈夫睡覺，後來生了叔虎，長得漂亮而又有勇力，欒盈寵愛他。這一次的事件，果然是由於美豔的母親生了漂亮的兒子，才惹來了災禍。羊舌虎雖然無辜，卻被殺了；叔向被囚禁，假如不是祁奚為國惜才，不顧「老朽」去見范宣子，極力保護，後果還不堪設想呢！

當叔向要議定婚娶對象的時候，母親對申公巫臣的女兒有意見，希望叔向能娶娘家的女孩。她持的還是「美女不祥」的觀點。原來申公巫臣的妻子是緋聞不斷、死過三個丈夫、牽扯到陳國的君臣及楚國的令尹、司馬，害死自己的兒子，使鄭、陳、楚、晉、吳國都受到波及的「尤物」。叔向的母親怕萬一娶了尤物之女，必然也是美人胚子，生下來的兒子只怕未必能克守家業，相反地，可能要斷送家族的命脈。叔向被母親說得恐懼了，想拒絕申公巫臣的女兒，也許巫臣另外托了晉平公吧？晉平公強迫他娶了巫臣的女兒，生了兒子伯石（楊食我）。西元前五一四年，楊食我因為和祁盈（祁奚的孫子）同黨，受連累被殺，滅了族。叔向和祁奚都絕了後。說來也奇怪，好像叔向的母親「美女不祥」的理論，還真有一點道理呢！

儘管叔向和祁奚都是賢臣，三十八年前，以老臣身分

力保叔向的祁奚，曾認為賢臣至少十世不絕後，誰也料想
不到，祁奚和叔向兩個家族竟然同時絕了後嗣！這只能
說，大夫專政跋扈的狀況更嚴重了，晉國再也找不到像祁
奚那樣一心為國的老臣了。

　　叔向賢母口中的這個「尤物」，最後一任的丈夫是楚
國大夫申公巫臣，在晉國應該說是邢大夫，這個人本事極
大，而且也說得上是情聖的；這個「尤物」，《左傳》記
述，叫做夏姬，是從姬姓的鄭國公室嫁給陳國的公族夏
氏。由於她和陳靈公私通，和陳國的卿士孔寧、儀行父也
有曖昧的關係，而且彼此似乎並不忌諱；一次三個人在夏
家喝酒，竟然拿夏姬的兒子夏徵舒開起玩笑來。他們嘲謔
夏徵舒長得像儀行父，也長得像國君，夏徵舒尷尬極了，
也恨透了。後來他殺了國君，儀行父、孔寧逃亡到楚國；
楚國趁機派兵到陳國，殺了夏徵舒，滅了陳國。因為申叔
時諫說，才又封立了陳國的國君。

三、尤物讓人疲於奔命

　　夏姬必定是絕色美女，楚國把她俘虜了以後，楚莊王
就被她迷住了，想收納她，巫臣竭力勸止了；公子子反也
想娶她，巫臣又以「不祥」勸說住了。楚王就把她許給了
連尹襄老，沒多久，連尹襄老在邲之戰陣亡了，連屍首也
沒找到。襄老的兒子黑要禁不住誘惑，亂倫和夏姬私通。
其實巫臣也愛慕夏姬，他煞費苦心擋住楚王和子反娶夏姬
的意圖，沒想到還有連尹襄老和黑要父子，但這些並沒有
讓他洩氣。他找人去傳話，示意說：「回鄭國去，我娶

你。」又替她設計，從鄭國召喚她，說是襄老的屍首可以得到，一定要親自來接。夏姬向楚王報告，楚王詢問巫臣，巫臣為她敲邊鼓，楚王就打發夏姬回鄭國。巫臣在鄭國聘她為妻，鄭君答應了。等到楚共王即位，派巫臣去齊國聘問，巫臣帶了所有的家財出發，到了鄭國，就讓副使帶回財禮，自己帶著夏姬走了。他想逃亡到齊國，當時齊國剛剛敗給了晉國，巫臣說：「我不住在打敗仗的國家。」於是逃亡到晉國。他借重郤至的引介，在晉國做事，晉君封他為邢大夫。子反到這時才了解，巫臣自己愛夏姬，他勸楚莊王和子反的話雖然很有道理，其實巫臣自己根本不信，也可以說，楚莊王和子反都上了他的當了。子反很不甘心，他向共王提出要求：花大錢，要求晉國人不錄用巫臣，禁錮他。楚共王沒有答應。

五年後，不甘心的子反終於聯合了公子子重對申公巫臣展開報復。過去在楚對宋國的戰役之後，子重曾要求楚王賜與申邑、呂邑部分土地，楚王答應了，由於巫臣反對而沒有到手，子重也很痛恨巫臣。子反和子重經過一番計畫，帶領了部屬殺了巫臣的族人子閻、子蕩及清尹弗忌，還有連尹襄老的兒子黑要，把他們的家產都瓜分了。巫臣聽到這消息，從晉國寫信給子反、子重，說：「你們讒佞、邪惡、貪婪，殺害許多無辜的人，我一定讓你們疲於奔命而死！」

巫臣請求出使到吳國，晉君答應了。吳君壽夢非常喜歡他，於是巫臣就促成晉國與吳國通好。他帶去三十輛楚國的兵車，留下十五輛，送給吳國射手和駕駛，自己做教

練，教吳國人使用戰車，教他們戰陣，教他們背叛楚國。
他還把兒子狐庸留下來，讓他做吳國的外交官。吳國開始
攻打楚國、攻打巢國、攻打徐國，子重奉命奔馳。在馬陵
會見諸侯的時候，吳國攻進州來，子重從鄭國奉命趕去。
子重、子反在這種情況下，一年七次奉命奔馳以抵禦吳
軍。一些屬於楚國的蠻夷，吳國全部都加以佔取，因此開
始強大，得以和中原諸侯交通往來。這一年是西元前五八
四年。吳國本來在南方就已經躍躍欲試，但是南方水國，
不擅長車戰，要和楚國對敵，如果靠水戰，地處下游，只
有挨打的份；巫臣教了車戰，正是吳國所迫切需要的，吳
國之所以能強大，成為楚國此後數十年的嚴重威脅，巫臣
是重大的關鍵人物。而巫臣之所以發誓要讓子重、子反
「疲於奔命」，真正成了叛楚之人，又全是由於夏姬的緣
故。巫臣的本事驚人，而夏姬的魅力，也真是千古少見。

四、狼子野心，招來滅門之禍

叔向當年議親，被母親「美女不祥」、「美人禍水」
的議論嚇壞了，不敢娶夏姬的女兒，無奈國君強迫他娶，
結果如何呢？據說：楊食我剛生下來的時候，叔向的嫂子
跑去告訴婆婆，說：「大弟婦生了個男孩。」叔向的母親
走去看新生兒。走到正堂前，聽到孩子的哭聲，她就往回
走，說：「這是豺狼的聲音。豺狼似的男子，心在田野，
必然粗野，不守規範，還會害人。要不是這個人，沒有人
能毀掉羊舌氏。」事實上，楊食我並不是首惡，而是跟著
祁盈作亂。祁盈為了整頓家風，逮捕了家臣祁勝和鄔藏，

卻被算計，反被晉侯逮捕。家臣因此殺了祁勝和鄔藏，晉侯就殺了祁盈和楊食我。嚴格說，楊食我只是結黨，並沒有大惡，也沒有叛國。但落得「狼子野心」，也夠悲慘的了，誰叫他真的讓羊舌氏絕了後呢？

《左傳》宣公四年，也用到了「狼子野心」這個成語，而且也和「絕後」有關。楚國的司馬子良生下兒子越椒，做過令尹的哥哥子文就說：「一定要殺了他！這個孩子，有熊虎的形狀，豺狼的聲音，不殺，他必然會促使若敖氏滅亡！俗話說：『狼子野心』，這孩子是一條狼，難道能養著嗎？」子良不同意，子文為這擔了很大的心事。到他臨死的時候，他召集了族人，說：「如果越椒一旦執政，你們就快點離開吧！不要遭到禍難。」他哭了起來，說：「鬼尚且要分享食物，若敖氏的鬼不是要挨餓了嗎？」等到子文死了，他的兒子鬥般做令尹，越椒做司馬，蒍賈做工正。蒍賈替越椒詆毀鬥般，並且殺了鬥般。越椒做了令尹，蒍賈做司馬，越椒領了若敖氏囚禁蒍賈，把他殺了。於是越椒攻打楚王，楚王要求把三代的子孫做人質，仍不接受。他和楚王作戰，箭射過車轅，穿過鼓架，射在銅鉦上。又射一箭，穿透車蓋。楚王派人到處喊話：「楚國的先君文王攻克息國，得到三支利箭，越椒偷去兩支，已經全用完了。」建立了軍心以後，擊鼓前進，就消滅了若敖氏。子文的孫子克黃出使齊國，回程經過宋國，聽到叛亂的消息，不顧隨行人員的勸阻，依照規定回國交差，自動要求監禁。楚莊王想起子文治理楚國的功績，特意赦免了克黃的罪刑，他說：「像子文這樣的賢臣，如果沒有

後代，還能用什麼來勸人為善？」就讓他依舊擔任原來的官職。

比較「狼子野心」招來滅門之禍的兩件公案，越椒領著若敖氏公然明刀陣仗，差點傷了楚王，顯然罪行重大得多了；令尹子文的孫子受牽累，捲入叛國的黑色漩渦，卻因為國君顧念賢臣而保留了性命，官復原職。叔向的兒子楊食我不過是和有「叛國之嫌」的祁盈結黨，但整個事件疑竇很多，他和祁盈就被殺了，使賢臣斷絕了香烟。也許從這裡就可以看出晉國政治已經走下坡，公室日趨衰微；而楚國新興，楚莊王遠比晉頃公賢明。

叔向賢良，卻絕了後嗣，究竟是什麼原因？吳公子季札有所贈言，叔向不能預謀自救的良策，令人惋惜！難道這一切後果全像叔向賢母所謂的是「尤物」惹的禍？其實《左傳》所記也有一部分是寄託感慨，敘述上也保留了某些微諷的含蓄筆法，全看讀者細心去揣玩了。

貳

《左傳》的故事

鄭莊公黃泉下會見母親

鄭武公的夫人叫武姜，是姜姓申國的女子，她生了兩個兒子──莊公和共叔段。據說生莊公的時候難產，姜氏被折騰了好久，受了驚嚇，因此給兒子取名「寤生」，內心裡就討厭大兒子；後來又生了共叔段，大概第二次生產順利，她喜歡共叔段，想立他做國君的繼承人，好幾次向鄭武公請求，武公總是堅持傳統嫡長子繼位的制度，不肯答應。到了莊公即位的時候，姜氏要求把制邑封給共叔段，莊公說：「制邑險要，當年虢叔在那兒喪了命，要是別的地方，我就可以照母親的意思封給弟弟。」於是姜氏改請京邑，莊公給了他，讓他住京邑，人們稱他「京城太叔」。

大臣祭仲向莊公請示，京邑過於廣大，超過先王制度的規定，恐怕對國君不利呀！莊公兩手一攤，無奈地說：「姜氏要這麼辦，我有什麼法子？」祭仲提出要及早防止，就像蔓草一樣，日子久了，很難除盡哪，何況是國君得寵的弟弟？莊公說：「壞事做多了，他自己會滅亡，你等著瞧吧！」接著，太叔強制命令西北邊境地區要兼屬於

自己，由自己管轄。公子呂對莊公說：「一個國家經不起離心兩屬，請問君主有些什麼打算？如果想把國家交給太叔，臣子就事奉他去；如果不交給他，那麼就除掉他，免得人民另生離心，背棄中央。」莊公說：「不必這樣子，慢慢地他會惹禍上身。」

太叔又進一步把西北邊境地區收歸自己所有，而且擴展勢力，達到廩延了。公子呂說：「夠嚴重了，再這樣下去，他的勢力雄厚，人民都要歸附他了。」莊公說：「他不講君臣之義，也不顧兄弟之情，侵佔的越多，崩潰得越快。」太叔修好了城池，聚合了民眾，儲備了軍糧，整治好武備，編了軍隊，就要攻擊鄭國的國都。姜氏說好要做內應，到時候為他打開城門。莊公探聽到太叔攻城的日期，就說：「可以行動了。」命令公子呂率領兩百輛戰車去討伐京邑，京邑的百姓叛離太叔段，段進入鄢，莊公命令討伐鄢，太叔段逃到共國去，所以稱他為「共叔段」。

莊公恨姜氏共謀，把她幽禁在城潁，起誓說：「不到黃泉，不要再見面。」不久卻又後悔了。潁考叔當時正好在附近的潁谷做地方官，他聽說這件事，便向莊公進獻貢物，莊公賜他一頓飯，他吃了飯卻把肉留下不吃，莊公問他為何不吃肉？他說：「小人有母親，他一向吃小人進奉的食物，從沒吃過君主賞賜的肉食，請君主准許我把肉帶回去讓她品嚐。」莊公感慨地說：「你有母親，可以帶東西回去給她吃，我卻沒有母親。」潁考叔問起因由，就替他出主意，說：「這有什麼憂慮的？如果把地掘深一點，見到泉水，開一條隧道，母子倆在隧道中相見，有誰敢說

不對的？」莊公照他的話辦了。莊公進入隧道裡，歌唱道：「在這隧道中，其樂也融融！」姜氏走出隧道，也歌唱道：「在這隧道外，精神多麼爽快！」於是母子倆又恢復了昔日的親情。

【筆者的話】

這是個母子衝突的政治倫理悲喜劇。故事發展的關鍵在於武姜和潁考叔，武姜釀造了悲劇，潁考叔則推己及人挽回一場缺憾，轉悲為喜，功德無量。

武姜因為生產時困難，驚嚇過度，而討厭寤生。在心理學上可以說得過去，這種嫌惡心理在普通家庭的母親角色上，也許由於古代婦女地位卑微，產生不了太大影響；但武姜生為國母，想立小兒子不成，便為他請求大都邑，鼓動他擴張勢力，甚而攻擊國都，自己要做內應；就暴露了婦人感情用事，放縱幼子，目無國體，漫無法紀的大過失，牽扯到了政治，也變成大罪惡。她差點遭到終身幽禁的命運，實在是本身個性的缺陷使然。婦人如果沒有相當的才情，還是安分一點的好，這是第一個教訓。

鄭莊公自從即位到攻克鄢，逼走弟弟太叔段，有二十二年的時光。從《左傳》的行文看來，他防備太叔段的工夫既細密且陰險詭詐。制邑因為是險要都邑，不能給太叔段，卻說得動聽，完全是一副愛弟口吻；他故意縱容太叔段，卻密切留意他的行動，太叔和母親的計畫逃不過他的監視。時機成熟時，他命令一下，公子呂便達成了任務，他趕走了弟弟，囚禁了母親，安穩地坐在國君的寶座上。

　　有人從莊公故意縱容太叔「為惡」，再伺機攻擊，論定莊公做長兄的有失教誨。其實從另一個角度觀察，姜氏鼓動幼子對抗，甚而背叛，篡奪長子的君位，既不合為母之道；太叔勢力龐大，姜氏欲望無窮，莊公也確實難以做到「善加處置，及早教誨」。事實是，太叔不盡為弟之道，姜氏不盡為母之道在先，以莊公為君主的立場，趕走太叔，沒有殺他，已經比齊桓公對待公子糾好多了。他的不足之處，是對姜氏的安頓，囚禁也罷，還發誓：除非死了，不再相見。話說得太絕了，畢竟母子天倫之情，難怪他不久就後悔了。

　　潁考叔的可愛可敬，就在於善體人意，自己敬愛母親，也希望為國君彌補缺憾。春秋時代的人最重誓言，何況莊公是一國之主？潁考叔也確實聰明慧巧，提出挖隧道的辦法，讓莊公有個轉圜的餘地。當然，他切入正題的一番說辭，也是精心布局，活潑生動的一場表演。在專制時代，勸諫君主要顧及不傷顏面，不傷尊嚴，又要引導對方自動詢問，才好不露痕跡地提出建議。潁考叔進獻禮物，估量好莊公一定會賜飯；也估量好，留下肉不吃，必然引發莊公的好奇，藉機說是要進獻給母親，推想到莊公必定要觸景傷情，只要他感慨，便能把早就想好的意見提出來，完成一大善舉。

　　這個故事的教訓是：話別說得太絕，像莊公，差點造成畢生的缺憾。

　　這個故事的另一個教訓是：做母親的人要明理，識大體，像姜氏對太叔段，真是愛他反而害了他。

棄疾忠孝不能兩全

魯襄公二十二年（西元前五五一年），正是至聖先師孔子誕生的一年，在楚國卻演出了一齣讓人感慨萬端的悲劇。當時的楚康王，對令尹子南非常不滿意。因為子南寵愛一個名叫觀起的人，毫無名位，也沒有功績，子南就賜給觀起可以配備幾十輛車子的馬匹。觀起既富有又招搖，楚康王很在意，擔心令尹子南對國家不利，準備聲討他，把他除掉。

　　子南的兒子棄疾，是楚康王的侍衛，康王一向滿喜歡他的。自從康王決定要除掉子南以後，每次看了棄疾，想到悲劇即將發生，就忍不住掉眼淚。棄疾覺得奇怪，一次、兩次、三次，他再也顧不得康王是否會責怪自己，大膽地請問康王說：「君王看到我就掉眼淚，已經有好幾次了，我膽敢請教大王，究竟我的親人或朋友，有誰犯了什麼滔天大罪，以致您見了我，就憐恤我，傷感得要流淚呀？」康王猶豫了一會兒，終於說：「你的老爹，令尹子南為人不夠好，你自己是知道的。過不了多久，國家將聲

討他，你要好好自處哇。」棄疾料想不到父親竟然惹了殺身之禍，說話的人，準備採取行動的人，又是自己獻身侍衛的國君，他定了一定神，堅決地說：「父親被殺，兒子留用，其實君王何必任用我呢？至於洩漏您的機密行動，依法是要科罰重刑的，我深明大體，這種事我是不會做的。」

楚康王果然找了個機會，在朝廷上殺了子南，觀起則被五馬分屍，子南的屍體暴露在朝廷，向群臣展示，觀起碎裂的屍體被運送到四方，向民眾展示。子南的家臣看不過去，要求棄疾從朝廷把子南的屍體移出到家裡停靈。棄疾回答說：「君臣各有應當遵守的禮節，還是等候君王的命令再行動吧！」依禮節，暴屍是對罪人的懲罰，通常是三天。過了三天，康王並不下命令讓棄疾移屍停殯，棄疾只好自己主動向康王請求，康王應允了他的請求。棄疾安葬父親以後，手下的人試探他說：「離開楚國吧？」棄疾沈痛的說：「君王要殺我的父親，我先已經知道了，等於是我參與謀殺自己的父親，我離開楚國，要流亡到哪個國家去？像我這樣弒父的人，能去哪裡？誰願意收留我？」手下的人又問：「既然這樣，那麼您是不是就安心事奉君王了呢？」棄疾長吁一口氣，沈重地說：「丟開父親被殺的事，全心去事奉殺父的仇人，我做不到哇！就事件來說，國君是殺父的仇人，就實際現況來說，國君是我忠心敬奉的主人。父仇不共戴天，但我這樣的父仇，這樣的仇人，我又怎麼敢報復哇！」棄疾終於自縊，用自我了斷的方式，解脫了忠孝不能兩全的矛盾與痛苦。

【筆者的話】

　　這是個忠孝衝突而產生的悲劇。棄疾顯然是個好臣子，也是好兒子。國君喜歡他，他又是大官的兒子，誰比得上他幸運？悲劇發生，關鍵在於令尹子南過分縱容觀起，以致被楚康王忌恨，說不定子南本人並不太壞，可就壞在屬下招搖，惹是生非。子南被誅以後，繼任的蘧子馮也有八個寵愛的家臣，沒有祿位，卻擁有許許多多的馬匹，幸好申叔技巧地諷諫，蘧子馮及時辭退了那八個寵臣，楚康王疑懼的心才安定下來。所以，做臣子的不應該讓國君疑懼，這是第一個教訓。

　　其次，楚康王本身處理事務不夠周到。他猜疑令尹，要嚴辦，可以理解。若真是非殺大臣不可，既然喜愛棄疾，為什麼不學堯、舜？即使鯀治水不稱職，不得不殺了，鯀的兒子禹很賢能，照樣秉公任用。偏偏哭泣感傷先洩漏要殺棄疾的老爸，又逼迫他留在身邊事奉自己，也不設身處地為棄疾著想，他內心的壓力有多大？這哪裡是愛護他，簡直是害他，連流亡其他國家的一條末路都走不通。

　　以棄疾的立場來說，葬父之後自殺而死，大約是早就下定決心的事。既然不能透露消息給父親，天天懷著預知橫禍將至的悚懼不安心理，勉強和父親虛應故事，他的「忠」君美德，是如何與孝親衝擊，而產生巨大的悲痛？這種悲痛之深，使他決定事後以死亡來向父親交代，也算是向自己的良心交代。有人說，棄疾既然抱定一死的決

心，與其死於子南被殺之後，還不如在子南生前以死諫讓他自己檢討，說不定子南還可能大徹大悟，遣散觀起和那些馬匹，逃過劫難。筆者認爲，也許這只是一種推論，這樣的死，似乎就有意義一些，但棄疾本可不死的呀！據《左傳》的鋪敘看來，楚康王要殺子南，已經是勢在必行了，棄疾若是死諫，犧牲自己一條寶貴的性命事小，未必能感悟子南，而最嚴重的是，那樣就是「洩命」，犯了大忌，要被處重刑。雖說自己一死，重刑懲罰不到了，但根本上，是自己違背諾言，也違反忠君的操守。如果棄疾死諫，在楚康王看來，他就是「洩命」，罰他不得，必然遷怒子南，即使子南改過，遣散家臣和馬匹，也來不及挽救被殺的厄運。棄疾在忠孝不能兩全的狀況下，只好扮演悲劇的角色了。

子南的繼任者蔿子馮也有和子南近似的「缺點」，但是他比較運氣。因爲楚康王把這種毛病看得很嚴重，要以殺頭來懲戒，顯然子南並不自覺事態嚴重，也毫無警惕，康王是等計畫成熟之後，用突擊方式解決掉子南的。即使子南有機會接受兒子的忠諫，抑或死諫，（當然，那就得要棄疾先拋開對楚康王忠心的允諾，只求孝親，不顧忠君。）他有心改正，肯辭退觀起，把大量的馬匹捐給國家，他的重大錯誤早已鑄成，楚康王未必肯因此一筆勾銷，仍然重用子南，毫無芥蒂。從子南立場來看。他既不自覺對待觀起有什麼不妥，一時半刻也未必能猛省痛改。但繼任的蔿子馮就幸運多了。他本來也夠迷糊的，前車之鑑猶在，卻輕易地重蹈覆轍。但畢竟他才上任，財勢還沒

有大到一下子就讓國君疑懼的地步，而且楚康王之於子
南，必定也經過相當長時間的容忍，容忍到一定的限度，
看看沒有改善的跡象，便要大刀闊斧，要除掉他才痛快。
現在楚康王殺了子南，他對子南私養寵臣，放縱揮霍，不
能忍受，只要有心的知識分子都可以看得清清楚楚，楚康
王不允許大臣如此。所以，蔿子馮繼子南當令尹，他運
氣，楚康王的待大臣之道昭然若揭，雖然蔿子馮迷糊，仍
有申叔那樣的智者，肯花心思點化他，也虧得他敬老尊
賢，幾度碰釘子，仍是恭謹求教。更難得的是，申叔提到
自己懼怕被牽累，他就痛快果斷地辭退了八個寵臣。從善
如流，使他及時挽救了自己。

申生冤死，曲盡孝道

晉世子申生是晉獻公的長子，為人謙恭，很能為別人設想。晉獻公晚年寵愛驪姬，驪姬有心為兒子奚齊爭取繼承君主權位的機會。按照周朝一般諸侯國的規矩，申生已立為世子，就是未來的君位繼承人；即使申生不做國君，也還有獻公庶出的兩個兒子——重耳和夷吾，根本輪不到奚齊。自古宮闈間后妃爭寵，常常衍生的便是嫡庶爭立的風波。驪姬既受寵愛，便想進一步為奚齊爭取繼承權，唯獨奚齊做了國君，她自己才有保障。於是她不管合法不合法，合理不合理，便施展各種計謀，逐步展開奪權的詭詐手段。

西元前六六六年，魯莊公二十八年，驪姬和妹妹到晉國已經六年，各生有一個兒子。當時驪戎戰敗，獻出兩個女兒求和。這年驪姬賄賂了晉獻公的兩個男寵：梁五和東關嬖五，讓他們向晉獻公進言：「曲沃是君主宗廟所在的城邑，蒲城和屈是邊疆重鎮，要派知心的親近人選去，才能安撫百姓，防備戎狄侵犯。可以讓申生主管曲沃，讓重

耳主管蒲城，讓夷吾主管屈。」兩人窺伺獻公有些猶豫，就再把驪姬揣摩好了的話接下去：「在晉國的幾個都邑，就近遠眺戎狄廣漠的郊野，將來晉國要開闢疆土，不也自然得很嗎？」晉獻公聽了很高興，就答應照辦，申生、重耳、夷吾都調到邊疆外地，在京城只留下驪姬姊妹的兩個兒子——奚齊和卓子。

驪姬的第二步計謀，是讓申生去打仗。

西元前六六〇年，晉獻公派遣申生去討伐東山的赤狄皋落氏。大臣里克替申生說話，認為世子的身分不適合帶軍隊去前線，再說皋落氏滿強悍好戰的，但願君主另作考慮。結果獻公說了一句關鍵性的話：「寡人有好幾個兒子，還不知道要冊立誰做繼承人哪！」里克很識大體，知道多說也沒用。申生問里克：「我是不是會被廢黜？」里克委婉地勸導說：「凡事謹慎小心就是了，你只要擔心自己是不是盡了孝道，不要怕自己不能被冊立。能自己注意修身，不去苛責別人，自然會免除災難的。」

申生臨行之前，晉獻公送來一件兩色的衣服和一枚金玦。手下的人研究著：衣服純色表示親貴，雜色表示疏賤；佩玉飾，溫潤有祝福之意，如今是金玦，金是涼寒，玦有背離之意。看來晉獻公有廢棄申生的意思了。有人勸申生乾脆逃離，戰死尚且留個不孝之名，敵人不好應付，即使戰勝，宮內也還有讒言，驪姬會繼續中傷世子的。也有人主張不應該違背君命，背離職守，做出不孝不忠的事，盡孝道，安撫百姓，才是當務之急。申生純潔篤厚，他選擇了後者，他率領軍隊出擊東山皋落氏，出乎意料之

外，大戰勝利，奏凱歸來。

驪姬沒能讓申生在戰場戰死，她又進行第三步計謀：

西元前六五六年，驪姬對申生說：「你的父親夢到你母親齊姜，你趕快去祭祀，安慰亡靈吧！」申生在曲沃宗廟祭過，依禮節奉送祭肉給晉獻公。獻公剛巧出外打獵，驪姬收了祭肉，擱置在宮裡六天。獻公回來了，她放了毒，把它獻給國君。獻公把酒澆在地上，地就凸了起來；把肉給狗吃，狗就死掉；給小臣吃，小臣也死了。驪姬哭泣著說：「世子想害死你呀！」世子申生想謀害君主的消息傳揚開了，申生嚇壞了，一口氣逃奔到曲沃，晉獻公抓了申生的師傅杜原款，把他殺了。

有人勸告申生，一定要趕快到國君面前申辯，揭露驪姬的陰謀。申生搖頭說：「君主沒有驪姬的話，就吃也吃不出好味道，睡也睡不安穩。我若是把話說明了，驪姬一定有罪，要受懲罰。君主年紀大了，驪姬如果因此而死，國君不能過得安適愉快，我即使活著也不快樂。」那人又問申生：「那麼你是否考慮逃亡啊？」申生沈痛地說：「君主不能明察我的實際狀況，有了這種弒君弒父的罪名，逃亡到各國去，有哪個國家會接納我？」於是申生在曲沃上吊自殺了。

【筆者的話】

申生含冤而死，曲盡了孝道。這樣的悲劇，一則由於獻公昏聵，寵愛驪姬，不辨是非；一則驪姬奪權，實在老謀深算，陰狠險詐，又有外寵做呼應，獻公自然受蒙蔽。

而最大的關鍵，則是申生純厚的天性，只爲別人設想，寧願犧牲自己。

先從驪姬這個戰敗國俘虜絕地反攻說起：她要爭取地位，爭取保障，爲達目的，不擇一切手段，只求自己的利益，完全不顧他人的存亡，不顧晉國的安危。偏偏她又具有相當的機智，懂得運用各種策略，懂得逐步推動計畫，一點不露痕跡。她收買梁五及東關嬖五替她進言，效果遠比自己在枕邊嗲聲嗲氣要求管用，讓獻公錯以爲是臣僚的看法；話語中嵌入開疆闢土的未來遠景，是投合獻公貪婪、好大喜功的心理。試看「唇亡齒寒」的掌故，不正來自晉獻公攻虢滅虞？故意送禮示好，向虞國借道攻虢，最終又滅虞國，顯示晉獻公侵吞小國的野心和詭詐。驪姬摸透獻公的心思，成功地讓獻公蹈入她的陷阱，支遣出三個年長的兒子，只留奚齊和卓子在都城。她藉故讓申生祭母致送祭肉，然後唱做表演，誣陷申生弒父，也設計周密，使得獻公不易察覺。

就申生本人而言，爲了使父親晚年生活安適，不忍揭穿驪姬設計陷害自己的陰謀，寧願冤死，後人把事件歸咎於驪姬和獻公。獻公缺少明智的斷事能力固然是悲劇的肇因，但申生沒有據理爭辯，舉證申冤，也是因素。申生不申辯，自然有他的苦心以及對老父深刻的敬愛；不過，由大局觀察，申生只顧慮到獻公的安適，忽略獻公擁有弒父之子是否快樂？父子天倫畢竟是重要的親情。驪姬後來又進讒言：申生是畏罪自殺，重耳和夷吾也有關聯。以致糊塗的獻公派人去追殺兩個兒子，想想一時有三個兒子都背

叛自己，獻公又會安適到哪裡去？五年後，獻公死了，里克殺了奚齊和卓子；夷吾搶先做了君主，晉國仍是混亂，要等到重耳成了晉文公，局面才穩定下來，這已是申生死後十年的事。照這樣看來，申生自殺，並不是最好的解決方式，他談不上眞正的孝順；當然，驪姬苦心積慮陷害幾位公子，兒子反而被殺，她談不上眞正的智慧。

伊戾報私怨，誣陷太子

宋國的太子痤，身材魁梧，相貌堂堂，人人都說他是個美男子。可是他脾氣暴烈，待人苛薄，心腸狠戾，經常打罵侍者，伊戾是宦者的頭目，也不免常受到斥責，連朝中的宰輔——左師向戌也對他又畏懼又嫌惡。西元前五四七年秋天，楚國的大夫訪問晉國，經過宋國，這個大夫和太子痤是舊相識，太子痤邀請他在郊外飲宴，得到了宋平公的許可。

太子離開宮廷以後，伊戾去見宋平公，說：「太子在郊外宴請客人，屬下應該前去侍奉……」宋平公關切地問：「太子不是很討厭你嗎？」伊戾很謙恭地回答說：「卑微的小人事奉有地位的君子人，即使被嫌惡也不敢遠離他；即使被喜歡也不敢親近他。只是恭敬地等待他的命令，怎麼敢三心二意呢？現在太子在郊外，沒有人在那邊侍候，下臣放心不下，請求去侍奉太子……」宋平公答應了他的要求。

伊戾帶領了幾個親信心腹，秘密來到郊外，在太子痤

設宴的帳篷附近，挖了一個土坑，把事先寫好的盟書和盟誓用的祭品埋入坑內。掩埋好了，就騎馬馳回京城，向宋平公稟報說：「不好了，太子痤想要造反，他已經跟楚客秘密結盟了……」宋平公有點不相信，說：「不會吧？他已經是太子了，還謀求什麼呢？」伊戾煞有介事的說：「他想早一點做國君呢！」

我們必須補充一點，太子痤有個很可愛的同父異母弟弟，叫做佐。他長得並不好看，可是心地非常善良。他的母親出身相當傳奇，是宋國芮司徒的女兒，生下來時全身通紅，還長了長毛，芮司徒認為是不祥之兆，命令扔到河堤下丟棄。女娃兒命不該絕，剛好共姬的侍妾從河邊經過，好奇加上憐憫，把她撿了回去。女娃兒在共姬的宮裡長大，皮膚變得又白又細，長毛也不見了，出落得非常標緻，惹人喜歡。因為是個棄兒，名字就叫棄。有一天，宋平公來向共姬請安，看到她，就目不轉睛地盯著，共姬明白平公的心意，便把棄送給平公做侍妾。棄後來生了個兒子，就是佐。

宋平公聽說太子痤要造反，將信將疑，派人到郊外去視察，結果真有伊戾說的情況。他又問棄和左師向戌，太子痤平常有沒有什麼造反的跡象？都說早聽過他說想早一點做國君。於是宋平公下令囚禁了太子痤，太子痤說：「只有弟弟佐可以證明我沒有造反的意思，只有他能救我。」他派人去請佐，交代說：「到了中午，如果弟弟還不來，我就知道自己該死了。」他對那人叮囑的話，向戌都知道了，向戌故意找話和佐嘮叨，說個沒完沒了，一直

嘮叨過了中午，太子痤不見弟弟到來，派出去的人也沒回來，他就絕望地上吊自殺了。他一死，佐就立爲太子。後來宋平公逐漸了解太子痤並沒有作亂的意圖，自己上了伊戾的當，伊戾因爲不受太子寵信，因爲個人私怨，設計陷害太子。宋平公氣壞了，下令用鼎把他煮死。

事件過後沒有多久，有一天，向戌看到棄的蹓馬人，就問是誰家的馬呀！蹓馬人說：「是君夫人家的。」向戌心裡想：棄出身微賤，從侍妾到君夫人，眞是幸運，我得讓她重視我。他故意問道：「誰是君夫人哪？我怎麼不知道哇！」蹓馬人沒再說什麼，回到宮裡，把情形告訴了棄，棄派使者送給向戌許多錦緞和馬匹，並先用美玉作獻禮，說：「國君的侍妾棄讓我來向您獻禮。」向戌看看棄很有敬意了，就說：「要改稱君夫人了。」再拜又叩頭，接受了禮品。

【筆者的話】

這個故事的教訓是：千萬別得罪了小人，小人的報復是非常可怕，而又非常難以防範的。

這個故事的第二個教訓是：做國君的人，判斷是非，絕不能只根據表面的人證、物證。要知道臣下常會聯手欺騙君主，往往串通好了，安排得天衣無縫，就爲了公報私仇。

太子痤的個性有明顯的缺點，但還沒有嚴重到觸犯了死罪，他對待手下的人不好，那種壞，也絕不是須置之於死的壞。換句話說，他對伊戾不好的程度，遠比伊戾對他

的報復輕了許多。看他最後冤死，除了好心的弟弟佐，他一個可以申訴的對象都沒有，可見他是一個暴躁而無心機的人，是個粗線條的人。想想一個相貌堂堂的美男子，卻是個頭腦簡單，毫無謀略的膚淺人物，實在可惜。他的運氣太壞，碰到了權臣、嬖妾、宦者的聯手大陰謀。我們必須了解，這絕對是權臣、嬖妾、宦者的聯合設計，否則伊戾一個小小的宦官，即使再狠毒，也沒有那麼大的膽子，即使有，也不可能順利達成目的。

當時的左師向戌，相當於輔佐重臣。他在歷史上，倒是因為提議弭兵，使當時的晉、楚兩大強國暫時解除干戈，宋國獲得了實質的利益。然而在他的政治生涯中，他參與了這一次陷害太子痤的陰謀，卻是一大污點。我們從宋平公詢問他，平常可曾聽說過太子要作亂？他和棄一樣答覆：「早聽說過了。」就知道他故意這麼說的。而他故意和佐磨時間，拖延到中午，才真的是斷絕了太子痤的生機。也正因為他確實陷害了太子痤，幫助了實際獲得利益的棄，他才敢在棄那麼張狂自得的情況下，故意表示傲慢，說些「不知道有什麼君夫人」的話。他其實是向棄討功的，事實上要是沒有他的配合，這個陰謀未必能得逞，因為宋平公似乎並不怎麼昏聵。

以棄本身來說，要改變嬖妾的身分，只有一個辦法，那就是讓兒子佐做太子。而太子痤在世一天，佐就做一天太子恭順的弟弟，因為他天性婉順。棄知道佐不可能主動去爭取君位，要想了遂自己做君夫人的心願，唯有自己想辦法，除掉太子痤。太子痤要是死了，兒子順理成章就進

位為太子，兒子做了太子，做母親的當然就是君夫人囉！所以當伊戾設計陷害太子痤的時候，她一定樂極了。不論他們有沒有預先合計，宋平公詢問太子有沒有作亂的徵兆時，她便以非常肯定的口吻回答：「早聽說過了。」由於《左傳》的語調是左師和夫人一致的應對，與其說是作者隨手寫來，我們寧願看作是有意這樣安排的，那是權臣、嬖妾、宦官三方面先有過串通，先研究過如何設計，如何預防國君起疑，才有可能在對話上套合得天衣無縫，不著痕跡。果然是這樣的話，棄是最實際受惠的人，而她卻是躲在幕後，似乎是毫不相干的人，這是她的詭譎之處。正因為她是最實際的受惠者，她對參與其事、大力奉獻的權臣向戌，不敢絲毫怠慢；而會在他的暗示之下，慷慨地餽贈厚禮，巧妙地化解彼此的不快，不僅不致留下任何口實，還加強了籠絡的手段，這是她的高明之處。

就伊戾來說，本身是太子的宦者頭目，卻常受苛責，不被寵信，有些人可能就逆來順受，得過且過，也沒什麼大不了。但是伊戾承受不了。也許他的個性比較剛烈，顧不了身分地位，顧不了天理，顧不了國法，他竟然偽造文書，假造物證，誣告太子要作亂，他是狠了心腸，要置太子痤於死地，布署得那樣周到，讓國君看了不能不相信，而且還和左師及夫人先套好了說詞。即使他不曾與向戌、棄事先合謀，或者他不曾受命於棄，他這樣膽大妄為，也是很駭人聽聞，罪無可逭。事實上。大有可能是三人合謀，伊戾有恃無恐，相信計畫周詳，萬無一失。結果也確實冤死了太子痤，不知道他的心裡可曾有過不安之感？無

奈這畢竟是一樁冤案，不管用什麼手法，宋平公終於了解太子痤並沒有作亂之意，伊戾竟敢誣陷太子，死罪當然難逃。他是小人物，一出事，自然是由他抵罪了，這能怨得了別人嗎？

報父仇，伍子胥託身吳國

楚平王在蔡國的時候，郹陽封人的女兒曾私奔和他幽會，生了太子建。他即位以後，派伍奢做太子的師傅，費無極作少師，費無極不受寵信，便想在國君面前毀謗太子跟伍奢。他向平王建議：「太子可以娶妻子了。」平王爲太子到秦國下聘，費無極受命去迎娶，他私下勸平王自己娶了做夫人。

費無極又跟平王說：「晉國稱霸諸侯，楚國地處偏遠，所以不能和晉國抗爭。若是好好的營建城父，安頓太子來防守，用來溝通北方，而大王得以征服南方，那就能擁有天下了。」平王聽了很高興，就依照他的話去做。

第二年，是西元前五二二年，費無極對平王說：「太子建和伍奢將要以城父爲根據地叛變，自認爲割據了大都邑，和宋國、鄭國一樣是個國家了。齊國、晉國又兩面輔助他們，將會危害楚國的，事情已經部署得差不多了。」楚平王聽信費無極的話，責問伍奢，伍奢回答說：「君王又多犯一個過失了，怎麼就聽信費無極的讒言呢？」楚平

王拘捕了伍奢，派城父的司馬奮揚去殺太子建。奮揚還未抵達城父，先打發人去告訴太子建，儘速逃離。太子建奔逃到宋國。楚平王召見奮揚，奮揚讓城父的執事者逮捕自己送到都城。楚平王斥責他：「殺太子建的命令，話出自我的嘴巴，聽進你的耳朵，究竟是誰告訴太子建的？」奮揚從容地回答：「是臣告訴太子建的。過去大王交代臣：事奉太子就跟事奉我一樣。臣沒有才幹，不敢有三心二意，不忍心照您後來的命令去殺太子，所以打發他逃跑；接著也後悔，已經來不及了。」平王說：「你還敢來見我，為什麼？」奮揚回答說：「君王差遣，沒有達成任務；召見又不來應命，那是一錯再錯了，想逃也沒得逃了。」平王吩咐他回去照舊做他的事。

費無極又對楚平王說：「伍奢的兒子有才幹，如果留在吳國，必定變成楚國的憂患。不如用赦免父親的條件召喚他們。他們若是愛父親，一定會來；要不然，必將成為禍患。」平王派人召喚他們：「你們來，我就赦免你們的父親；要是不來，我就殺了你們的父親。」伍奢的大兒子伍尚對弟弟伍員（伍子胥）說：「你到吳國去，我將聽命回去，和父親一起死。我沒有你能幹，我和父親共同赴死，你將來為我們報仇。聽說可以使父親赦免的命令，不能不應命前往呀；父母被殺，不能不報仇呀！你好好努力，總比一起赴死，或一起逃亡來得好！」伍尚就回來接受楚平王的召喚。伍奢一聽小兒子伍員不來，就說：「楚國的君臣早晚不得安心吃飯了。」楚國殺了伍奢及伍尚父子。

伍子胥到了吳國，對吳王僚談論攻伐楚國的好處。公子光說：「這個人是本家被殺，而想借我國的兵力去為他復仇，不能聽他的。」伍子胥想：「看來公子光有不尋常的心願，我姑且替他尋找敢死的力士，留在偏遠的邊邑等待機會。」於是他會見了大力士鱄設諸（《史記》作「專諸」），在邊邑耕種，暫時定居。

西元前五一六年，秦女所生的兒子軫八歲了，楚平王過世，就由他即位，這就是楚昭王。西元前五一五年，吳公子光得到鱄設諸的幫助，弒殺吳王僚，做了吳國國君，即吳王闔廬。另一方面，在楚國，詭計多端的費無極設計陷害賢臣郤宛，引起公憤，令尹子常終於接受諫言，殺了費無極，大快人心。

西元前五〇六年，伍子胥做了吳國的外交人員，計謀削弱楚國。楚國自昭王即位以後，沒有一年沒有吳國軍隊入侵，這年吳軍多次追擊楚軍，攻入郢都，昭王倉卒攜帶妹妹出奔，涉過睢水，渡江進入雲夢澤中。又出奔鄖，奔隨，都有賢臣保護，申包胥又遠到秦國求援，七日七夜，感動了秦哀公，終於出兵解了楚國之危。

吳、楚爭戰之際，越乘虛入吳，吳伐越，句踐傷了闔廬，闔廬子夫差誓報父仇，西元前四九四年，圍勾踐於會稽。勾踐只剩五千士卒，危在旦夕，使用文種及范蠡的建議，卑躬屈膝，走太宰伯嚭的門路，送優厚的重禮，投降求和。夫差想答應，伍子胥進諫說：「建樹德行最好要不斷培植，去除毒害最好要掃除乾淨。勾踐親近百姓，獎賞有功之人，不能小看他。吳、越世仇，現在越敗在我們手

下，您卻想放過他，違背上天的旨意，助長仇敵的威勢，將來會後悔不及的，萬萬不能答應。」夫差不肯接納諫言，伍子胥預言：二十年之後，越國一定復興，吳國要被滅亡，宮室毀壞，淪爲沼澤污地。

西元前四八四年，吳國準備攻伐齊國，越王勾踐帶領眾臣來朝見，攜帶貴重禮物，夫差、太宰伯嚭及眾大夫都有餽贈，大家都高興，只有伍子胥憂心忡忡，他提醒夫差，越國這是一種手段，像養牲口的人一樣，目的在殺牲口呀！越國是吳國的心腹之患，眼前的禍患不去除掉，卻遠征齊國，即使勝利，也沒有好處，何必勞民傷財，反倒給越國乘虛而入的時機；越不滅亡，將來一定滅吳。伍子胥的諫言，夫差聽不進。不久，他被派出使齊國，便私下把兒子囑託給鮑氏，改姓爲王孫，希望能逃過吳國滅亡的災禍。他回到吳國，夫差知道他這些舉動，大怒之下，賜他屬鏤寶劍，要他自殺，伍子胥就這樣冤死在吳國。十二年之後，勾踐果然滅了吳國，越國對待夫差，可全跟當年伍子胥教導夫差的一套相同，夫差只有自縊一條路可走。

【筆者的話】

伍子胥苦心忍辱，終報父仇的主體故事，《左傳》之外，《國語》也有精彩的描敘；漢代《淮南子》及司馬遷撰寫的《史記》更是添枝加葉，情節愈益繁雜，後代許多戲劇也取材於此，其中可以討論的地方不少，他的故事確實引人深思。

伍子胥的家變，關鍵在讒臣費無極，這人由於無寵於

太子建，便布署周密的計畫，用「浸潤之譖」來陷害太子建以及他所嫉恨的伍奢。他故意提議爲太子娶妻，又讓平王自娶，輕易離間了父子親情，此其一；他以霸天下的論題引誘平王，深諳心理；虛意營建城父，安頓太子，毫不引人懷疑；突然誣陷太子與伍奢要叛變，令人措手不及。楚平王原本也不太腐敗，他責問伍奢，伍奢忠直耿介，偏偏不懂諫說技巧，直言傷了君王的自尊，直接挑明了君王的過錯；伍子胥後來對待夫差的態度，幾乎是老父的翻版，個性是造成悲劇的因素之一，由此可以得到證明。試看奮揚私放太子建，卻能婉轉致意，取得楚平王的諒解，想想伍奢耿直卻過於忠烈，不免令人惋惜。

　　《左傳》詳敘費無極陷害楚國賢臣郤宛的經過，再度呈現一世奸臣的詭計陰謀，多端反覆，令人防不勝防；一則與伍奢遇害相映襯，另一方面，他終被處死，也讓讀者省思，罪魁禍首已伏法，伍氏父子的家仇，是否可以至此終結？事實並不，吳國攻入郢都，已成必然之勢。伍子胥投奔吳國，選擇了南方新興國家，也選擇了可以抗衡楚國，勢將成爲楚國強敵的國家。那時只要是由楚國逃離的，志在報復楚國的，多數投奔吳國，不只是伍子胥，太宰伯嚭也是。正因爲吳國足以危害楚國。所以，即使伍子胥由於費無極已死，不再仇視楚國，吳王進兵楚國郢都仍是既定決策。再說，伍子胥爲了父兄之仇，含垢忍辱，未必就此罷手，突顯他的強烈個性，便是《史記・伍子胥列傳》所述的：挖掘平王的墳墓，把屍體起出，用鞭子狠抽三百下。「鞭屍三百」，在人死十年之後，是否可信，很

成問題，戲劇效果無疑卻是非常大的。至於吳、越之爭，伍子胥赤誠不被夫差重視，則是太宰伯嚭投合夫差享樂的心意，顯然佔了優勢；吳國闔廬時期的儉樸，是興盛之象，夫差的逸樂，便是頹敗之象，興亡之兆呈現了歷史的軌跡；而伍子胥的忠烈，直言不諱，與乃父個性相近，似乎也注定了做悲劇人物，後人讀史，只有感嘆再三了。

不孝不慈，蒯聵爭立

春秋後期，衛國的幾個君主都不是很賢明，蒯聵的父親衛靈公，兒子衛出公，以及蒯聵自己都是缺點很多的人。

西元四九六年，衛靈公答應夫人南子的要求，以國君的名義召見了宋國的公子朝，與南子在洮地會面。南子是宋國國君的女兒，長得很標緻，出嫁之前就和公子朝有隱情，衛靈公儘管知道他們的關係有些曖昧，為了愛她，還是娶了她，對她格外寵愛，有求並應。

衛靈公的世子蒯聵到齊國訪問歸來，路過宋國，車子在郊外緩緩行駛，他聽到有歌聲傳來，是老百姓唱的民謠，歌詞是：

> 南子像一隻發情的母豬，
> 勾引了我們的公子。
> 母豬已經滿足了情慾，
> 為什麼不放回那頭漂亮的公豬喲！

　　世子蒯聵聽了這首民歌，羞愧得不得了，他覺得眞丟人，因爲宋國的老百姓都知道南子和公子朝通姦。他回到衛國以後，找來親信家臣戲陽速，對他說：「你跟我去晉見君夫人，你身上暗藏著兵器，看我的眼色行事。我給你使眼色，你就殺了她。」戲陽速答應了。

　　第二天，他們一起去拜見南子，蒯聵趁南子轉身的時候，給戲陽速使個眼色，戲陽速假裝沒看到，垂首不動。蒯聵又使了個眼色，戲陽速還是不動手。當蒯聵第三次使眼色的時候，被南子發現了，她看到世子臉色陰沈，兩眼露著兇光，知道事情不妙，嚇得拔腿就往外跑，一邊跑一邊哭號著：「蒯聵要殺我呀！蒯聵要殺我呀！」衛靈公聽見喊聲，趕緊出來接應，拉了她的手爬上宮廷的高臺。蒯聵一看事情已經敗露，衛國待不下去了，只好逃亡到宋國去。衛靈公下令逮捕他，沒有抓住，就將他的黨羽全部趕走。

　　戲陽速因爲沒有聽蒯聵的命令殺南子，所以衛靈公特別赦免了他，照樣在宮廷做事。蒯聵事後越想越生氣，他告訴人家說：「都是戲陽速惹的禍，他害慘了我！」戲陽速聽到了，就解釋說：「世子沒道理，他要我殺他的母親，這擺明了是要把災禍加到我身上來。我要是不答應他，他立刻就會殺了我；我答應了。但是我若眞殺了君夫人，他就會把一切責任推到我身上，我仍然要被處死。因此，我只好這麼做，答應了他，卻不去執行他的命令，這樣才能免我一死。」

　　蒯聵逃亡到宋國以後，就開始了流亡生涯。衛靈公有

一次到郊外遊玩，公子郢給他駕車，衛靈公告訴他說：
「我沒有世子，我準備立你做國君繼承人。」公子郢沒有
作聲。後來又有機會兩人獨處，衛靈公又提起這件事，公
子郢回答說：「郢的才幹不能承擔社稷的大任，您還是另
作打算吧！」西元前四九三年，衛靈公死了，南子要立公
子郢，說是國君生前命令，公子郢不肯，他說：國君過世
時自己一直在身邊，如果有遺命，自己一定知道；再說，
世子雖不在國內，他的兒子在呀！於是衛國立了蒯聵的兒
子輒作國君，這是衛出公。蒯聵不甘心失去君位，向晉國
的趙簡子求援，趙簡子接受陽虎的意見，送蒯聵到戚地，
讓蒯聵露髻缺頂，八個人身著喪服，假裝是從衛國來迎接
他回國的。於是就住在戚地。

蒯聵的姐姐孔姬嫁給衛國的大夫孔文子，生了個兒子
叫做孔悝。孔文子有個僕人渾良夫，身材頎長，年輕英
俊，孔文子死後，便和孔姬私通，兩個人如膠似漆，就和
夫妻一樣。蒯聵在戚地，孔姬讓渾良夫去看望。他跟渾良
夫說：「如果你們能讓我回國去當國君，將來我給你大夫
的官服、車馬，你以後要是犯了罪，我還可以赦免你三次
死刑，你看怎麼樣啊？」渾良夫說：「好啊！一切照你的
意思辦！」他們兩人一塊兒發誓結盟，保證誰也不准背棄
諾言。渾良夫回來，在孔姬面前替蒯聵說話，與孔姬秘密
謀畫。渾良夫先將蒯聵接到都城，暫時住在孔氏宅第外的
一座園子。天黑以後，兩個人穿了婦人的服裝，由宦者羅
駕車，直接駛往孔氏宅邸。孔氏的老家僕欒寧上前盤問，
羅回答說是親戚家的女眷，於是就直接到了孔姬所住的地

方。他們好好吃了一頓飯，孔姬在前，手執兵器，蒯聵跟五個心腹侍從穿了鎧甲，載了公豬緊隨在後。他們劫持了孔悝，脅迫孔悝，強迫他結盟，逼著他上朝宣布蒯聵繼承君位，蒯聵就這樣完成了十五年來的心願，稱為衛莊公。他的兒子衛出公於是也步老爸的後塵，成了流亡的政治領袖。

孔悝和渾良夫合力擁護蒯聵奪取君位，兩人並沒有好的下場。蒯聵在外流亡久了，對出公的舊臣都有成見，不放心孔悝，他藉故把孔悝放逐了。起初是送了厚禮，夜裡酒宴之後遣送；因為回頭取家廟的神主，引發了佞臣殺人，幸好忠心的家臣許公為捍衛他，孔悝狼狽地出奔宋國。至於渾良夫，則捲入了新的君位繼承的糾紛。蒯聵念念不忘許多國寶被出公帶走，渾良夫向他獻計，讓出公輒帶了寶器回國，幾個兒子較量才幹，有才幹的就當繼承人。這個擬議早驚動了身邊現任的世子疾，他領了五個心腹，載了公豬隨行，劫持了衛莊公——蒯聵，強迫他立下盟約，立自己為君位繼承人，並且要殺了渾良夫。由於蒯聵曾答應要赦免渾良夫三次死罪，世子疾抓了傲慢的渾良夫，數落他三種罪名：「紫衣、袒裘、帶劍」，那是僭越禮法及大不敬，加上又想勾結流亡在外的出公輒，已經不能再赦免了，就殺了他。

衛國仍然是一片亂局，晉國來攻，衛國人把蒯聵趕出去，另立襄公的孫子般師。蒯聵又闖回來，般師避開了。他卻因為削奪戎州人的城邑，以及過度役使工匠，給自己製造困境。蒯聵要驅逐石圃，石圃聯合工匠造反，蒯聵逃跑，攀牆摔斷大腿；戎州人加入攻擊，殺了世子疾和公子

青，蒯聵逃入戎州己氏家。過去他曾經從城上看到己氏的妻子頭髮很美，就命人把它剪下來給自己的夫人呂姜做假髮。這時他逃到己氏家，拿出一塊璧玉說：「你們救我，放我一條路，我把璧玉給你們。」己氏說：「我們殺了你，璧玉又會落到哪兒去呢？」於是殺了他，取走了璧玉。衛國人又迎接般師回來，立他爲國君。不久齊國人伐衛，另立了公子起。第二年，西元四七七年，衛出公再度被石圃擁護出來做國君，又做了十一年才過世。總計蒯聵爭位，從兒子手中搶過來，再回到兒子手裡，也不過做了四年國君而已。

【筆者的話】

蒯聵爭立，起初肇因是由於對南子的淫亂不滿，他策畫殺南子，既違背老父的心意，也沒有周密的考慮，不過顯現莽夫的行爲罷了。戲陽速對應的不是沒有道理，他早已看出蒯聵不肯擔當責任。流亡十五年後，他利用姐姐和外甥的勢力，達到奪權的目的，可能是以姐姐的婚外情做要脅的。渾良夫出了大力，最後仍不得好死，所以《左傳》特別寫他出現在蒯聵的夢裡「叫天無辜」；而孔悝也逃不掉被放逐的下場。至於他待朝中舊臣的苛刻，對戎州人和己氏的蠻橫無理，對工匠的奴役，在在說明他的無道，都加速了他的敗亡。公子郢能避開政治漩渦，堪稱賢公子！蒯聵不孝不慈，爭了一輩子的權位，既不孝，又不慈，竟然只是爲了爭權而爭權，毫無政績可言，只是製造了紛亂，確實可嘆！

衛太子急與弟壽爭死

《左傳》桓公十六年（西元六九六年）記載：在衛宣公末年的時候，大約西元七○一年，宣姜和兒子朔在宣公面前說太子急的閒話，宣公決定殺掉太子急。他假意派太子出使齊國，說是可以藉此好好歷練；暗地裡安排殺手在邊界守候，只認定太子的車子的旌旗，就把太子截殺了。朔的同胞弟弟壽知道了這個消息，趕忙跑去告訴太子急，並且給他出主意，說：「你快點逃亡去吧！再不走就來不及了。」太子急搖搖頭說：「做兒子的不聽父親的命令，那麼要兒子幹什麼？再說我也沒有地方可以去呀！除非天底下有那沒有父親的國家，否則哪個國家願意收留我這個違背父親心意的兒子呢？」他終於整裝準備出發了。弟弟壽帶了酒來給他餞行，一再勸他喝酒，把他灌醉了，壽把他的太子旌旗插在自己的車子上，揮動馬鞭，向邊界趕去。那個被衛宣公買通的殺手，一看到果然有太子的馬車來了，車裡的人不用說當然是太子了，毫不考慮，就把壽殺了。太子急醒來，發現自己的太子旌旗不見

了，意會到弟弟壽可能爲自己替死，也趕忙往邊界趕來。無奈他趕到的時候，弟弟已經被殺死了。他又傷心，又憤怒，對那個殺手說：「國君要你殺的人是我呀！他有什麼罪？你竟然把他殺了！你還是把我殺了吧！」壞人眞的就舉起刀來，殺了太子急。

說起這兩個難兄難弟，算算年齡，至少相差了十五歲左右，而且同父異母，有著很複雜的家庭背景。正因爲這樣，他們兄弟表現出來的友愛，不惜付出生命來維護對方，更令人感動。他們的父親在還沒即位以前，收納了庶母夷姜，生了急、黔牟及昭伯。他即位以後，太子急已到了婚娶的年齡，他爲太子急到齊國迎娶新娘；新娘娶來以後，他一看眞美，喜歡得不得了，就不顧一切，自己要了，把新娘子送入自己的寢宮。這個新娘子就叫做宣姜。宣姜後來生了兩個兒子：壽、朔。宣姜和朔的政治野心比較大，想先奪取太子的地位，要排擠太子急，惡毒起來，便不斷進讒言，最好是把他害死。於是便有衛宣公派殺手殺太子急的悲劇。大出這對狠毒的母子意料之外的是，宣姜的親生兒子、朔的同胞親哥哥壽卻爲了救太子急，情願替死，平白犧牲了寶貴的生命。

衛宣公曾讓左公子做太子急的師傅，讓右公子做壽的師傅，由於朔設計陷害太子急，害死了太子急，同時也害死了壽，左、右公子對朔很不滿意。朔如意做了幾年君主，叫做惠公，到了第四年，也就是魯桓公十六年，他終於被迫流亡。《左傳》記述他之所以流亡，附帶說明了急、壽這對難兄難弟搶著要救對方，卻不幸先後犧牲的故

事。

　然而衛惠公流亡八年之後，又回國做了國君，殺了左、右公子，把黔车放逐了。他一直到西元前六六九年才過世，前後在位時間長達三十一年之久。

【筆者的話】

　讀《左傳》的人，讀到太子急和弟弟壽爭死的一段，很少有不感慨萬千的。這關係到宮廷權力鬥爭，一方面暴露了爭權者的猙獰面目，在急、壽兄弟身上也顯現了人性的永恆光輝。最難得的是公子壽，在狠毒的母親和弟弟長年累月的影響下，居然能夠不受污染，仍然是一片純良；太子急則是「晉太子申生」一型的純孝，父親的命令，不管有沒有道理，認定人子的天職就是服從。可恨的是亡命之徒的殺手，看著太子急那樣賣命趕來，為的不過就是要挽救弟弟的生命。他一定是氣急敗壞，當他知道了弟弟已經為自己犧牲了，他一定傷心得痛哭流涕。殺手知道殺錯人，惡人惡到底，竟然毫不同情，太子急既要求殺自己，他就手起刀落，連殺了兩個古今難有的純潔人物。可悲的是，公子壽空有犧牲自己、為大哥哥開脫的膽勇，因為太子急的固執，卻沒能達到目的，而做了平白的犧牲。他們兄弟倆的死亡，真正受到震撼的大概還是那兩位師傅。看來師傅真是疼惜他們，也為他們不平，以至於他們要在衛惠公即位四年之後，發動政變，趕走衛惠公，另立太子急的同胞弟弟公子黔车。也因為出於不平之心，發動政變，後續的發展又不能如願控制，八年之後，兩個師傅隨著惠

公復辟，終於斷送了生命。

　　談到急、壽這樣純潔的人物，他們的父親、母親又是怎樣的人呢？衛宣公很奇怪，他先是「烝」庶母夷姜，後來又是奪取為兒子所娶的老婆做老婆，成為「宣姜」。換句話說，他是把庶母和兒媳婦都娶了做老婆，要用後代比較嚴謹的說法，他是上下三代亂倫，簡直比禽獸好不到哪裡去。不過根據李宗侗《中國古代社會史》一書所作的研究，在春秋時代由於一夫多妻制的關係，「烝」的狀況似乎並不如後人想像的嚴重，因為「烝」所生的兒子，照樣有合法的繼承權，譬如太子急的地位，就必須要宣姜和公子朔苦心去破壞，以致要除之而後快。像晉國的申生，也是晉獻公「烝於齊姜」所生的兒子，他有合法繼承權，因此驪姬也才要煞費周章地、逐步設計陷害申生，當務之急是把太子害死，進一步再設法陷害群公子，她的美夢才能實現，兒子奚齊才有機會做國君。朔和壽的母親宣姜，在宣公死後，朔即位做國君成為衛惠公時，也因為娘家的壓力，和太子急的同胞弟弟昭伯「同居」，《左傳》閔公二年記載得很清楚：「齊人使昭伯烝於宣姜，不可，強之。」他們所生的兒子，後來做國君的有戴工、文公，女兒嫁往諸侯國做君夫人的有長衛姬，嫁給齊桓公，身分跟夫人差不多，是六個「如夫人」之一；還有許穆夫人、宋桓夫人，是道道地地的君夫人。而晉國申生的同胞姊姊更是赫赫有名的秦穆公夫人，因為晉國是姬姓，史書上就稱她為「穆姬」。從上面的資料看來，「烝」的事例可能不少，《左傳》現存的五條，是因為剛巧有事，才特別交代到，

其他的例子必然還有，只是沒有影響到政治，也就由於稀鬆平常，不備載了。最值得注意的是，它似乎是相當合法化，這樣關係所生的子女，都有合法的保障，不僅不被歧視，還有合法的繼承權。

按照前面的分析看來，太子急和壽這兩個純潔人物，父與母都有很複雜的婚姻關係。他們同一個父親，是上下亂倫的人；更糟糕的，他竟然盲目地對毫無過失的兒子下了殺手。有些做父親的被人矇騙，是在一時失察的狀況之下做了糊塗事；像晉獻公殺太子申生，是因驪姬周密的設計，使人上當。衛宣公就不近人情，不問是非，他就殺了太子急。「烝」的問題，既具合法性，算是較輕微的罪行。至於他搶奪兒子的配偶，對夷姜始亂終棄，逼得夷姜自縊，這是他慣於予取予求，藉專制政權的庇護，自私自利的做法；也是夷姜美人遲暮，難以挽回負心人的情愛，於是原可避免的悲劇便接二連三地發生，最可憐的是連累了急和壽。太子急既已失去了慈母，宣姜與朔又千方百計要奪取政權，他即使逃過這一劫，也未必能逃過另一次，除非他有晉文公的毅力和相當的勢力，包括肯追隨他出亡的得力助手；看樣子他沒有，那麼他被陷害是遲早的事。最無辜的當然是公子壽了，他的善心不僅使他捲入這場政治鬥爭，說不定他並沒有太大的政治野心，否則按照順位，他還是朔的哥哥，他的繼承權比朔要來得大。然而他不想大哥哥受到傷害，勸他逃亡沒有成功，他乾脆去替死。在那樣複雜的家庭及政治背景之下，更烘襯出他高貴而又純潔的心靈來，古今中外都難得一見。只可惜他的付

出並沒能解決問題，他甚至也沒能救得了太子急，他成了
毫無代價的犧牲，空有一腔俠義，留下了千古令人惋惜的
事蹟。

在這個政治陰謀的背後，朔和母親宣姜是不可小覷的
野心家。看情形母子倆的政治利益是相合的，他們母子也
能充分配合。在春秋的亂局裡，母親必須設法幫助兒子取
得政權，兒子做了君主，母親的地位才有保障。因此宣姜
也許並不在意嫁了老國君，而不是預計中的年輕太子，她
設想的可能是如何施展魅力，讓宣公寵愛自己，對自己言
聽計從，最重要的是把自己的兒子送上國君的大位。她做
到了。相對地夷姜的地位被取代，而且領會到未來的危
機，她沒有挽回局面的力量，她老大了，比不上宣姜年輕
貌美；她又不像宣姜來自大國，有娘家可以替她主持公
道。於是她只好選擇了千千萬萬弱女子無奈的選擇，在絕
望之下自縊而死。大約除了她的兒子們，也沒有多少人為
她一掬同情之淚吧！反觀宣姜，她如願讓朔做了衛惠公，
自己的地位有保障了。而在左、右公子因不滿而引發政
變，趕走惠公之後八年，惠公復入，根據《左傳》前後記
載的資料看來，可能還是得力於宣姜的協助。宣姜的母國
是強大的齊國，齊國可能為了加強對衛國的主控權，所以
安排昭伯和宣姜跨越輩分，做了夫妻；一旦有事時，宣姜
還是國母的身分，掌握相當的控制力量。協助惠公回國，
推翻公子黔牟，殺了左、右公子，是她重新掌權的必要手
段。所謂「壞人」不一定有什麼壞的結果，政治權力鬥爭
的勝利者是宣姜和她的那些同母異父的兒子們。她逼退了

公子黔牟，等於拔除了夷姜系統；諷刺的是昭伯也是夷姜的兒子，她和昭伯生了不少兒女，後來都做了國君和君夫人，夷姜成了她的婆婆，她的子子孫孫都是夷姜的後裔。我們算算這些衛國宮闈的爛帳，不免要懷疑：這些人究竟有沒有矛盾衝突？在這樣複雜的關係之下，他們要如何平順安逸的過日子？

宋襄公與兄目夷辭讓相愛

如果我們要在春秋時代推選最佳模範兄弟，大概宋襄公與庶兄目夷（字子魚）這一對兄弟是會拔頭籌的。在那個禮樂開始崩壞、孔夫子慨嘆難免有亂臣賊子的混亂時代，宋襄公和哥哥之間始終友愛，真的沒有可以比擬的。《左傳》僖公八年（西元前六五二年）記載：宋桓公病重，當時身為太子的宋襄公好幾次執意要求說：「哥哥目夷比我年長，而且他仁德，君主應該冊立他接替君主的大位。」宋桓公被他感動了，命令目夷替代他做太子。沒想到目夷也有意見，他辭讓說：「太子能夠把一國的君位推讓給我，還有誰比他更仁德的呢？他說我仁德，他才真是仁德呢！臣無論如何是趕不上他的。再說，我雖然年長，但是我是庶出的，在禮法來說，廢嫡立庶並不合宜。」於是目夷故意離開國都，遠遠避開。到第二年宋桓公死了，隔了一年，宋襄公正式即位，他認為公子目夷仁德，就派他當左師，來協助他治國，宋國因此安定，而目夷的後人用字做姓氏，魚氏就世世代代做左師。

　　宋襄公做了君主以後，表現得並不見得高明。儘管他對哥哥再三禮讓，似乎也只有目夷讓他心服，在國際間，他卻是急於稱霸。他即位第六年，舉兵討伐曹國，報復過去曹國跟著諸侯伐宋。其實西元前六八〇年宋國被侵伐，是齊國率領諸侯來的，何止曹國而已？如今不過因為曹國靠近宋國，倒楣就是了，確實這種出師並不足以服眾，想當霸主，這樣做是不成的。宋襄公八年，齊桓公逝世，五公子爭立，局面混亂；齊桓公曾把孝公囑託給宋襄公，所以這年孝公就出奔到宋國。齊國立了公子無虧。次年，宋襄公帶了軍隊伐齊，目的在護送孝公回國當國君。齊國人殺了公子無虧，仍然是意見不一致，結果兩國動武，在甗打了一仗，把孝公安頓好了，他才調兵回去。宋襄公十年三月，他拘捕了滕宣公；十月，命令邾文公在次睢的社祠，捉了鄫子凌虐他，敲擊鄫子的鼻子使他流血，用來祭祀社神。宋襄公是想用這種方式來向東夷示威，讓東夷來歸順，意思是：要是不服，下場就這樣。目夷為了這兩件事非常痛心，他說：「古代祭祀，六畜都有一定的用法，如果是小事，就不用大牲，何況是用人來祭祀呢！祭祀的目的本來是為了人，人民是神所關注的對象，如今竟然用人來祭祀，那麼究竟誰來享用呢？過去齊桓公設法保全三個國家，用這種方式來統御諸侯，義士還認為他的德義不夠深厚。現在君主一次盟會就凌虐了兩個國家的君主，而且還是用來祭享東夷淫昏的鬼神，並不是周人正常的祭祀啊！這樣的行為，想要做霸主，不是很難嗎？將來要是能夠善終，就是幸運的了。」

　　西元前六三九年，宋襄公十二年，他一心要會合諸侯，籌劃了鹿上的盟會，向楚國要求幫忙約集諸侯，楚國答應了。公子目夷說：「我們是小國家，卻跟大國搶著要當盟主，這是災禍的端緒哪！宋大概會因此滅亡啊！要是幸運一點，不致亡國，以後作戰也會失敗。」這年秋天，諸侯和宋襄公在盂盟會。目夷說：「災禍就在這裡了，國君的欲望已經表露得過分了，諸侯哪能忍受得了他！」果然楚國人捉了宋襄公，押了他來攻伐宋國。冬天，好不容易在薄地盟會，楚人放了宋襄公。目夷說：「禍患還沒完了，這樣的教訓還不足以使我們的國君得到懲戒。」

　　西元前六三八年，宋襄公十三年，宋國出兵伐鄭。目夷說：「糟糕了，所謂禍事就在裡了。」他向宋襄公固執地勸諫：「我們宋國是殷商的後代，無奈上天遺棄我們已經很久了。君主想重新振興殷商，去爭取霸主的寶座，行不通的了，算了吧！」宋襄公不聽從他的勸阻。這年冬季十一月己巳初一，宋襄公和楚人在泓開戰了。宋軍已經排好了陣勢，楚軍還沒有完全渡過泓水，目夷說：「對方的軍隊人數多，我們的人數少，趁他們還沒完全渡過河來，我建議就發動攻擊。」宋襄公說：「不成。」等楚兵都渡過泓水了，還沒排好陣勢，目夷又說：「這是出擊的時候了。」宋襄公還是不允准。楚軍排好陣勢了，宋襄公這才下令攻擊。結果宋國的軍隊打了大敗仗，宋襄公的大腿受了重傷，貼身的侍衛都被殺死了。宋國人上上下下都責怪國君。宋襄公自己解釋說：「君子人對受傷的人，不加重他的創傷；也不俘虜一些頭髮斑白的老人。古代的君子人

帶軍隊打仗，不在險隘的地方困阻敵人，當對方還未排好陣勢時，絕不擊鼓進軍。」目夷這才了解他的想法，實在又生氣又懊惱。他說：「君主實在不懂得戰爭。面對強大的敵人，選擇險隘的地勢出擊，搶在強敵還未列陣的時候擊鼓進軍，這不是很好的策略嗎？即使那樣用盡策略，還怕未必能戰勝呢！而且，現在和我面對面作戰的，都是我們的敵人，戰場上難免要拚個你死我活的，即使和我們動手的是個七老八十的老頭，我們能抓到他就俘虜了他，還顧慮什麼他是不是斑白頭髮的老者？我們訓練軍隊，要軍人明白國恥，奮勇殺敵，如今他們對付敵人，殺傷敵人了，敵人還沒死，怎麼可能要他們不再加重敵人的創傷？說些根本的道理：若是真的愛惜受了傷的敵人，那乾脆別打仗，自然不會傷害到他。若是愛惜敵人的老者，那乾脆投降服從敵人算了。」宋襄公的傷勢很重，第二年五月他死了。這年春天，過去他帶了軍隊押陣護送回國當了國君的齊孝公出兵討伐宋國，責備宋國在西元前六四一年不肯參與齊國的盟會。宋襄公一心想要爭取的霸業就這樣匆匆、草草地落幕了。

【筆者的話】

我們從宋襄公再三辭讓嗣君的位子給庶出的哥哥目夷看來，他真心認為目夷比自己更適合當國君。而從目夷堅持禮法，出走迴避來看，他也是誠心誠意要維持原狀，善盡臣禮。等到宋襄公即位以後，他的急功好名，一心求霸，為他個人及宋國引來了禍患，目夷三番兩次發表議

論，他並不計較；泓一戰，兄弟二人意見相左，事後檢討，目夷的辯論相當犀利，而且直陳是非，毫不顧忌。別人就難說，宋襄公對待目夷倒是自始至終尊重恭敬。我們沒看到他為哥哥的逆耳忠言著惱過，或者有什麼不愉快的反應。君臣一場，兄弟一場，他們為春秋史譜下了美麗的一章。

我們也許可以說宋襄公是個理想主義者，聽他談「不以阻隘」、「不鼓不成列」、「不重傷」、「不禽（擒）二毛」的一大套理由，真的是紙上談兵，迂腐得過分。也許還可以讚美他天真純美，但以一治國之君，竟然在實際作戰中，會有如此不切實際的看法，卻只能說他愚騃可笑。難道沒聽過「兵不厭詐」？要是實力雄厚，可以擺擺姿態，偏偏宋國國力並不如楚國。前一年，楚國已經捉了宋襄公，押了來攻打宋國，大約是因為目夷在國內坐鎮，局勢還很穩定，否則還不知道要受多少折騰。才一年，宋襄公竟然計較鄭國親楚的事實，想干涉也罷，居然打起仗來，還滿腦袋不合時宜，這樣的人物，真的絕無僅有。

從宋襄公的前後行為看來，似乎個性上並不很統一，甚至還有些矛盾。他和目夷辭讓相愛，泓一戰，也因為秉持仁義之念，既吃了敗仗，又送了性命。但是，他急於稱霸，卻只知道爭盟爭勝，而不懂得要度德量力，推己及人，以德服人。更糟的是他竟然用人替代畜牲來祭祀。他不能像齊桓公那樣籌劃幾十年，再向楚國開戰；而楚國的局勢遠較往昔強盛，他似乎並不理解。忝列為春秋五霸之一，他由於性格上有缺點，只能附驥尾了。

齊國五公子爭立

——桓公蟲流出戶而不葬

　　春秋第一個霸主——齊桓公，是個好女色而又不知預先杜防惡果的人。《左傳》僖公十七年記載：齊桓公娶了三個夫人：王姬、蔡姬、徐嬴，都沒有兒子。齊桓公喜歡女色，有很多寵幸的女子，宮廷裡受寵的女子地位如同夫人的有六位：大衛姬，生了武孟；小衛姬，生了惠公；鄭姬，生了孝公；葛嬴，生了昭公；密姬，生了懿公；宋華子，生了公子雍。桓公和管仲曾經把孝公託付給宋襄公，冊立他做太子。桓公的名廚易牙受到衛恭姬（大衛姬）的寵信，由於寺人（宮內太監）貂的關係，把美味的食物送給齊桓公，又受到齊桓公的寵信，齊桓公答應他們冊立武孟做太子。管仲死之後，除了孝公以外，五個公子都謀求立為嗣君。這一年，西元前六四三年，冬季十月乙亥，齊桓公死了。易牙進入宮中，和寺人貂靠那些齊桓公宮內寵幸的女子殺死一些大夫，立公子無虧（武孟）做了國君，孝公逃亡到宋國。十二月初八日，發了訃告。十四日，在夜間入殮。

　　隔年春季，宋襄公率領諸侯攻打齊國。三月，齊人殺了無虧，準備立孝公，受到四公子徒黨強烈的反對，齊和宋又開戰，宋襄公戰勝，立了孝公然後回國。八月，安葬了齊桓公。

　　九年之後，魯國把公子雍安頓在穀城，易牙事奉他。齊桓公另外有七個兒子都流落在楚國，做了大夫。

　　孝公在位九年，僖公二十七年過世，昭公繼位。文公十四年（西元前六一三年），昭公死，舍即位。密姬生的兒子——公子商人屢次在國內施捨財物，蓄養許多門客，把家產都用盡了，又向掌管公室財物的官員借貸，而繼續施捨。舍的母親是魯國國君的女兒，不受昭公寵愛，舍沒有威信。七月，某天夜裡，公子商人殺了舍，讓位給小衛姬所生的兒子——公子元（後來的惠公）。公子元說：「你謀求這個地位已經很久了，我可以事奉你。你如果不登位，勢必累積怨恨，你將會放過我嗎？你去做國君吧！」商人果然即位，就是懿公。公子元其實並不服懿公執政，始終不稱他為「公」，而說：「那個人」。

　　魯國請王室出面要求齊國讓昭姬（舍的母親子叔姬）回魯國，說：「已經殺了他的兒子，留著母親做什麼？」冬季，單伯到齊國請求送回子叔姬，齊國人把他抓起來，又抓了子叔姬。第二年，季文子到晉國請求協助，齊國這才答應放了單伯，讓他到魯國來致意；齊國人終於送回子叔姬。春秋特別記上一筆，是因為尊重王命的緣故。

　　魯文公十八年（西元前六〇九年），齊懿公被殺，齊國人立了公子元，就是惠公。齊懿公還是公子的時候，曾

和邴歜的父親爭奪田地，沒有得勝。等到即位以後，邴歜的父親已經死了，他就掘出屍體，砍去他的腳；卻又讓邴歜爲他駕車。他強娶了閻職的妻子，卻又讓閻職做他的隨車護衛。這年夏季五月，懿公到申池遊玩，邴歜和閻職在池子裡洗澡。邴歜用馬鞭鞭打閻職，閻職發怒。邴歜說：「人家搶奪了你的妻子，你不生氣；打你一下，有什麼妨害的？」閻職說：「那父親被砍了腳，卻不敢怨恨的人，又怎麼樣？」於是兩人一起計謀弒殺了懿公，他們把懿公的屍體丟棄在竹林裡。回去以後，在祖廟裡祭祀，擺放好酒杯，然後從容出走。

【筆者的話】

齊桓公死後，五公子爭立，引發了內亂，因而齊桓公的屍體在床上擱置了六十七天之後，才在夜裡入殮，經過十一個月才落葬。一代霸主死後如此悲慘，箇中因由相當複雜。《韓非子》、《呂氏春秋》都誇張地形容桓公死後的慘狀，說是「蟲流出戶」：屍體因爲腐爛，長了蛆蟲，蛆蟲爬到門檻外頭。齊桓公任用管仲而稱霸，卻因信任豎刁（《左傳》作「寺人貂）而蟲流，後世也就有褒有貶。三國時期蜀國的李密，以〈陳情表〉名聞後世，入晉以後，他被逼出仕，張華問起安樂公蜀後主，意存調侃，李密維護尊嚴，有這樣的名言：「可次齊桓。」理由是：「齊桓公任管仲而霸，用豎刁而蟲流；安樂公得諸葛亮而抗魏，用黃皓而喪國，是知成敗一也。」好好的一代霸主，落得悲劇下場，而且和亡國之君並論，多麼悲哀！

其實齊桓公顯然有許多個性上的弱點，在管仲輔弼的過程中，就常見管仲機警而又適度地轉化危機的巧妙，包括蔡姬盪舟，因而侵蔡伐楚，把一件丟臉的閨房勃谿，自然地變成了光榮的尊王攘夷的大事。事實上，好女色而又不知善加處置，是齊桓公的致命傷。早在僖公二年，《左傳》就記載：在齊桓公縱容之下，寺人貂敢於洩漏軍機。《韓非子・難一篇（三）》說是豎刁為了「桓公妒而好內（女色）」，想巴結他，因而「自宮以治內」。古今政治，最怕的是宮人為鞏固地位，聯結宦官，干預政治。《左傳》的記載，寺人貂洩漏軍機、介入立嗣紛爭，是引發齊國內亂的關鍵人物。問題是齊桓公信任他。《韓非子》同篇文章裡，記述管仲臨終遺言，請齊桓公要疏遠豎刁、易牙、衛公子開方；但齊桓公做不到。而更重要的一項工作是：早立太子，避免群公子爭奪君位，穩定政局，齊桓公也沒有注意到。《韓非子・難二篇（三）》引述一段記載：有人做謎題給齊桓公猜，桓公猜不出，管仲猜中了，其中談到了一項「君老而晚置太子」，可以說是管仲藉機為桓公臚列尚待解決的重要大事。想想看：國君年紀老了，對於未來嗣君的安排，還懸宕無定，兒子那麼多，誰不覬覦君位？不計後來在楚國做大夫的七個兒子，光是六位地位與夫人相同的內寵所生的六個兒子就有得爭的。本來武孟年紀最長，西元前六六○年，齊桓公曾經派他率領軍隊協助舅家──衛國在曹地戍衛。不知為何，他和管仲又讓孝公做太子？定了太子之後，偏又答應了寺人貂要立武孟；既要立武孟，卻又沒廢去孝公的太子名分。就在這樣模稜狀

態之下，齊桓公死了，除了孝公自以爲該立爲嗣君，沒人擁護他。而其他五位公子兩年前管仲過世以後，已經表明了爭立的心意，並不見齊桓公有什麼應變辦法；這個時候更是非爭不可了。武孟由於母親早聯合了易牙、寺人貂，他先聲奪人，做了君主，而孝公只好逃奔到宋國去。這麼擾擾，不自覺經過了兩個多月，齊桓公草草夜殮，已經「蟲流出戶」了。然而悲劇還沒有完了呢！

宋襄公盡了保護人的義務，發動軍隊送回孝公，武孟成了犧牲品，無奈其他四位公子仍然擺不平，宋襄公勉強又動用武力，才立了孝公。這一大段混亂之後，才有「餘暇」安葬齊桓公，已經是死後十一個月了。孝公事實上未能安撫人心，桓公另外有七個兒子在楚國落腳就是證明。昭公殺了孝公的兒子，自己接位；二十年過去，異母弟弟公子商人也殺了昭公的兒子舍自立。因爲昭公的妻子子叔姬是魯君之女，魯國特爲請王室出面，晉國說項，才平安接回子叔姬。從《左傳》的記載，公子商人苦心策劃，培植勢力，圖謀君位。公子元的話說得非常清楚：他是不做國君不會平心靜氣的。但是公子元內心裡實在瞧不起他。他搶奪君位，對國母、王室無禮。本身又犯了重大的錯誤，多行不義，侮人不留情面，不顧他人的尊嚴，終於兩個受害人同心協力把他殺了。《左傳》特別描寫兩個弒君的「兇手」從容地回祖廟祭祀，從容地出走；目的在於突顯齊懿公的暴虐及孤立，到了眾人都贊成「殺了他」的地步。桓公有這樣的兒子，何止是「不肖」二字可以賅括？

公子元接位，是爲惠公，做了十年君主，他是齊桓公

兒子輩爲君的最後一位，不過平平凡凡，《史記・齊世家》並沒有記載什麼事蹟，更別提繼承霸業，發揚光大了。

叔孫穆子毀於私生子豎牛之手

《左傳·昭公四年》記載了魯國賢大夫叔孫穆子（叔孫豹）的家庭悲劇。

叔孫豹出身魯國三大家族之一的叔孫氏，他的哥哥叔孫僑如曾經和魯成公的母親穆姜通姦，一心想除去孟孫氏和季孫氏。叔孫豹逃往齊國，到庚宗，住在一個婦人家裡，後來生了一個兒子，就是豎牛。叔孫豹到齊國，娶國氏女，生了兩個兒子——孟丙和仲壬。哥哥叔孫僑如事敗逃走，魯成公召叔孫豹回國，立為叔孫氏。他自己先回魯國，沒有告訴哥哥，回國後，也沒有立刻派人去接妻子國姜和兩個兒子。他曾經做過一個夢：他夢見天塌下來壓著自己，快頂不住了，回頭看到一個人，黑皮膚，肩膀向前彎，摳眼睛，豬嘴巴，就喊叫說：「牛，來幫我！」這才頂住了。叔孫豹立為卿以後，在庚宗和他一起的女人帶了野雞來進獻，談起兒子，召來一看，和夢中所見的人一模一樣，叔孫豹直接喚他「牛！」他應了一聲：「是。」叔

孫豹把手下的人召來，讓他們見見這個孩子，就讓他做了家僕。豎牛受到寵信，長大以後，叔孫豹便讓他主管家務。另一方面，叔孫豹在齊國的時候，與公孫明交情很好，他回國後，沒去接妻兒，公孫明就娶了國姜。叔孫豹遷怒於兩個兒子，等到他們長大以後，才派人把他們接回魯國。

叔孫豹出外打獵，就得了病。豎牛想攪亂他的家室，加以佔有，強迫孟丙和他盟誓，孟丙不肯。叔孫豹爲孟丙鑄了一口鐘，告訴他說：「你還沒有正式和人交際，不妨藉這機會，讓你做主人，宴享大夫們，舉行釁鐘的典禮。」鐘鑄好了，一應典禮事宜都準備就緒，孟丙讓豎牛傳話，向叔孫豹請示訂個日子。豎牛進去，並不報告這件事，出來，假傳叔孫豹的命令訂定日子。等到賓客來到，叔孫豹聽到鐘聲，豎牛說：「孟丙那裡有北邊的婦人（指國姜）。」叔孫豹發怒，準備前去，豎牛阻止了他。客人走後，叔孫豹派人拘禁了孟丙，而在外頭把他殺了。豎牛又強迫仲壬和他盟誓，仲壬不肯。仲壬和昭公的駕駛萊書到魯君的宮廷遊玩，昭公賞賜給他玉環。仲壬讓豎牛送去給叔孫豹看，豎牛進去又出來，沒把玉環交給叔孫豹看，就假傳叔孫豹的命令，讓仲壬佩帶。豎牛勸叔孫豹領著仲壬去謁見國君，叔孫豹問起原因，豎牛說：「其實你不讓他進見，他自己老早見過國君了，國君賜給他玉環，都已佩帶上了。」叔孫豹一怒之下，就把仲壬趕走，仲壬逃亡到齊國。

後來叔孫豹病危，命令召回仲壬，豎牛口頭答應，卻

不召回。杜洩去見叔孫豹，叔孫豹告訴他又飢又渴，拿了戈給他，要他殺掉豎牛。杜洩認為食物的問題可以解決，何必要殺豎牛？豎牛對外宣示：「老人家病得很重，不想見人。」讓手下的人把食物放在廂房就離開。豎牛不把食物送進去，便倒掉，讓人撤去餐具。叔孫豹終於餓死，豎牛立了昭子。

魯昭公派杜洩料理叔孫豹的安葬事宜，豎牛賄賂叔仲昭子和南遺，讓他們在季孫那兒毀謗杜洩。叔孫豹曾到王室聘問，得到天子賞賜的路車，杜洩主張用路車隨葬，完全用卿的禮儀安葬。南遺在季孫面前大搬口舌，杜洩力爭，才讓他用路車隨葬。季孫想毀掉中軍，豎牛說：「他老人家本來就想去掉它了。」季孫逼著杜洩在叔孫豹的靈柩前報告：「您本來就想毀掉中軍，現在已經毀掉了，特意向您報告。」杜洩哭泣，不肯照做。仲壬由齊國趕回，季孫想立他為叔孫的後嗣，南遺反對，又幫助豎牛攻打仲壬，仲壬被射傷眼睛死了。豎牛取得東部邊境的三十個城邑給了南遺。

昭子即位，召集家族上下等人朝見，提出豎牛攪亂家族，應該趕緊殺死他。豎牛害怕，出奔齊國。孟丙和仲壬的兒子把他在塞關之外殺了，把他的腦袋扔在寧風的棘荊上。

【筆者的話】

在有關慶封敗亡的故事中，叔孫穆子（叔孫豹）的角色扮演，似乎是個賢大夫：他看出慶封的自大、無禮、貪

婪，能預言慶封的富裕只是短暫的豪華享樂，終究要敗
亡。但是在叔孫穆子的家庭管理上，他卻是十足的愚笨、
昏昧，《韓非子‧內儲說上篇》就藉他的事例來說明「無
術」、不能多方聽取意見、多方考察實情的大禍害。雖然
《韓非子》中把情節簡化、誇飾，使叔孫父子看來相當愚
拙可悲；但無可諱言的，叔孫穆子對豎牛的過度寵信，演
變到豎牛敢於專斷胡為，實是叔孫穆子的致命傷。

　　首先，我們探析穆子的家庭悲劇產生的前後因由，豎
牛這個關鍵人物不可忽視。庚宗婦人來路不明，以穆子的
階級觀念衡量，他沒有為庚宗婦人「正名」的打算，豎牛
便注定做私生子了。他雖然得到穆子的專寵，但身分永遠
只是「小臣」，只是家奴，即使是個總管，也是底下人而
已。嫉妒心哨蝕他的人格，終究做出許多的昧心行為，包
括餓死自己的生身父親，一個對自己極端信任的慈祥主
人。他偽善、險惡。他利用自己的職權，做些假工夫，玩
弄叔孫父子三人，離間親情，製造衝突，使叔孫穆子殺死
長子，趕走次子；最後還讓穆子餓死，並且誣陷他有意毀
掉中軍。他簡直把穆子當做仇人一般對待，為了對應杜洩
的忠貞，他不惜賄賂南遺，用金錢，用都邑，反正都是從
叔孫穆子家中搜刮得來的。豎牛十足是個惡性重大、毫無
人性的小人。

　　穆子的兩個兒子——孟丙和仲任，看來是頗為知禮
的。他們敬重父親，有重大的事項都要向父親請示。他們
沒有錯，悲劇的造成，除了豎牛的險惡，叔孫豹本人難辭
其咎。第一，他既不迎接國姜來魯國，她改嫁了，又遷怒

到兩個孩子身上，顯然他和兒子的關係很疏遠，否則父子根本經常會面，不必藉由豎牛傳話，一切問題就不致發生。第二，他偏聽一人，凡事不經證實就做決定，確實是重大的缺失。《韓非子》強調的「眾端參觀」，那種主管人物的方術，他是絲毫不懂的。第三，他衝動，有勇斷，卻都是錯誤的決斷。殺孟丙，趕走仲壬，明顯都是錯誤的。等到被豎牛控制，忍渴挨餓，又要杜洩殺掉豎牛。殺豎牛是對的，但命令似乎也是很突然，杜洩知道豎牛是穆子的最愛，怎敢輕易殺了他？杜洩又是個溫和的好人，只要能解決飲食的問題，確實不需要流血呀！當然，也有可能豎牛仗著叔孫穆子的寵信，早培植了潛存的勢力，杜洩根本不敢得罪他。

杜洩的角色，是個忠貞、擇善固執的好部屬。他先是為叔孫穆子的葬禮爭取路車隨葬，再則堅持不肯壞了主人的名聲，不肯聽從季孫的指使，落實叔孫穆子有意毀去中軍。再其次，則堅持一切葬禮按照「卿」的儀節進行。其中關於毀掉中軍的事，主要關係季孫氏攬權的問題。去掉中軍以後，只有上下軍，季孫管理其一，孟孫、叔孫合管其一，季孫氏等於掌握了國家二分之一的兵權。叔孫穆子活著的時候，還可反對毀掉中軍，他一死，就沒人敢和季孫對抗，所以叔孫穆子其實還可以算是社稷之臣呢！

至於豎牛所立的叔孫昭子，雖是庶出，倒很精明幹練。他一登位，就宣布豎牛的罪行，大力聲討，很有主見，稱得上英明。他逼得豎牛逃奔齊國，而孟丙和仲壬的兒子也夠英勇，攔截了豎牛，為父親報仇。惡人終究難逃

一死，悲劇沒有再蔓延擴大，畢竟叔孫氏的後人還是不弱
的，這是不幸中的大幸。

晉文公漂流婚娶

春秋時期的第二個霸主——晉文公，在即位之前經歷了十九年流亡漂泊的生活，吃過不少的苦頭，可以說是辛苦備嚐。然而，單就婚娶方面來說，他倒是留下了一些很有趣的故事。在他的漂流生涯之中，《左傳》記述了三個他的女人的故事，那是季隗、姜氏、懷嬴，三個完全不同意義、不同性質的故事。

話說晉文公的父親——晉獻公二十二年，西元前六五五年，驪姬讒毀諸公子已經多年，晉文公還是晉公子重耳，他防守蒲城也已七年，世子申生已被迫自殺一年，獻公派人到蒲城追殺重耳，重耳逃亡到狄人那裡，跟隨的人有狐偃、趙衰、顛頡、魏武子、司空季子五個賢臣。狄人攻打廧咎如，俘虜了他兩個女兒：叔隗、季隗，送給公子重耳。重耳娶了季隗，後來生了伯儵、叔劉；他把叔隗給了趙衰做妻子，後來生了趙盾。

他在狄待了十二年，心裡還是不忘想法子回到晉國。他準備到齊國去，他對季隗說：「你等我二十五年。要是

我二十五年還不回來，你再改嫁。」叔隗回答說：「我已經二十五歲了，再過二十五年，而談出嫁，那就要進棺材了。唉！說歸說，我等您就是。」

重耳經過衛國，到達齊國，春秋的霸主齊桓公爲他娶妻，婚配齊女姜氏，給他二十輛車子，八十匹馬。重耳安於齊國安適的生活。跟隨的人認爲這樣下去不成，得想辦法讓公子離開齊國，他們在桑樹下商量。姜氏的養蠶的侍妾正好在桑樹上忙碌，她聽到了他們的計畫，把事情告訴姜氏。姜氏殺了養蠶的侍妾，告訴公子說：「我知道您有遠大的志向，聽到的人，我已經把她殺掉了。」公子慌忙否認，說：「沒有這回事。」姜氏說：「走吧！留戀妻子貪圖安逸，男子漢大丈夫這樣子，確實敗壞名聲。」公子不肯聽她的勸告。姜氏和狐偃（舅犯）商量，安排了酒菜，把重耳灌醉，然後把他送走。重耳酒醒，一批人馬早已離開很遠了，他又急又氣，拿了戈就往舅犯身上刺，刺不到，還追逐了好一陣子。

重耳離了齊國，經過曹國、宋國、鄭國、楚國，然後到了秦國。秦穆公送給他五個女子，其中包括了懷嬴——晉懷公的妻子。懷嬴捧著盥洗的用具侍候他洗臉。重耳洗完了，不用拭巾擦手，就甩手把水甩掉。水花濺到了懷嬴身上，懷嬴生氣說：「秦國和晉國地位對等，你憑什麼輕視我！」重耳害怕，趕緊換了衣服，自我囚禁，表明謝罪之意。

當秦穆公爲他辦喜事，一口氣送給他五個秦國女子，懷嬴只是陪嫁的媵妾，主角是文嬴——文公的夫人，所以

稱文嬴。《左傳》記載文嬴，不在愛情浪漫方面，換言之，不是像前列三位女主角那樣，與晉文公各有一段動人的情感。文嬴的角色扮演，重點在於政治性的影響。《左傳》僖公三十三年記載：秦、晉殽之戰，秦國理虧，也吃了敗仗，三位出兵偷襲鄭國的將領被俘虜。因為父喪而身著喪服上陣的晉襄公，卻聽從了嫡母文嬴的花言巧語，釋放了三位秦國的將領。這就是有名的：「文嬴請三帥。」

【筆者的話】

我們先嘗試把文嬴的故事釐清出來。晉公子重耳的漂流婚娶故事，應當著重在男女婚姻關係的探討，文嬴的故事政治意義過於愛情意義。她託老爸的庇蔭，後來居上，做了晉文公夫人，但在殽之戰的關鍵時刻，文嬴達成的是接近間諜的任務。當然從兩國長久關係來說，這樣留個餘地未嘗不妥；以當時的情形分析，她的秦女身分顯然重過晉國君夫人的身分。她為秦國顧慮的心思，遠過於她為新即位的晉國君主──自己的兒子著想的心思。足見「永結秦晉之好」並不容易，因為許多國際微妙關係，使得「秦晉之好」常是政治意味大於純粹的男女平等的愛情關係。

晉公子重耳遭遇禍難而漂流婚娶的故事，記載在晉公子重耳接受秦穆公的贊助回到晉國做國君的那年，魯僖公二十三年，西元前六三七年。這是《左傳》常用的逆溯手法。由於是賅括十九年的困苦經歷，包含了流亡生涯橫遭白眼的無奈與春秋英主──齊桓公、楚成王的慧眼青睞。此外，在流亡公子的漂流婚娶方面，《左傳》幾乎採取的

是精華的橫切面，極類似現代極短篇的一段重要情節，卻雋永耐玩，可以由此推引出許多耐人尋味的言外意旨。

從季隗、姜氏的身上，我們可以發現春秋時代女性的兩種層面：一個有情，一個有義，她們都為重耳著想，完全摒除了個人的私情。季隗是伐廧咎如虜獲的女俘虜。廧咎如就是殷高宗討伐的鬼方，姓隗。姐妹兩人同時被俘，都送給了重耳；重耳留下妹妹季隗，讓趙衰娶了姐姐叔隗，這之間就顯現他對季隗的情分，以及對趙衰的義氣。想像得到，夫妻倆的情感很好，第一，公子一住就是十二年，娶妻生子，幾乎成了狄人了。其次，從臨別時兩人的對話，也可以窺知一些痕跡：季隗嫁給重耳才十三歲，如今二十五，正是成熟期的婦人，她和重耳的情感彼此都深重，所以重耳半開玩笑要她等過二十五年再出嫁。女人的青春有限，即使春秋時代並不拘泥女子再嫁，但二十五年等待下來，真的是老婆子一個了，壽命短的早進棺材了，這話一點也不誇張。重耳其實是希望她別再嫁。讀者都知道齊桓公因蔡姬盪舟而休了蔡姬，不久又想接她回來，不料蔡國已經把蔡姬嫁掉了，為此引起大風波。至少，我們知道，春秋時期婦女再嫁的風氣是挺盛的。重耳不好苛求季隗為自己守節，故意說傻話，要她等過二十五年再嫁。季隗對重耳有情，所以先是伶俐地駁斥他的話不通情理，最後還是留下了承諾，一種不分古今有情男女常見的承諾：「我等你。」因為當代是男尊女卑的社會，所以我們知道，季隗必是稱「您」的。第三，這個落難公子寄居狄地，大約並不像一般富貴人家有三妻四妾，他對季隗專一

用情，季隗理所當然願意等候他回來。十九年後，這對患難夫妻終於團圓了，只不過由於秦國的援助才能入主晉國，君夫人輪不到年老色衰的季隗了，古代版本的王寶釧等待沒有落空，而命運還是不濟。

　　齊桓公讓重耳娶了姜氏，美人之外，又有馬有車，安適的生活消弭了英雄的壯志。隨從們的未來卻是下了晉國君主的大賭注，皇帝不急急死太監，想像中，趙衰這些人在桑樹下商議機密大事，必定還牽扯到齊國的禁忌。重耳無疑並不能隨意來去遊走自如。根據《國語・晉語》的說法，那時桓公已死，孝公在位，姜氏得知隨從者的密謀以後，立刻殺了養蠶的侍妾，就是怕洩漏祕密，觸惱齊孝公，對重耳不利。這是微妙的國際關係。姜氏極為理性，有政治頭腦，她的兩項作為，都超越常人所能為。她當機立斷殺了養蠶的侍妾，以免重耳主僕的意圖被發現。說來那蠶妾就非常倒楣，姜氏殺她根本不合公義。她向女主人報告所發現的祕密，立意也未嘗不好，她可能是為女主人著想，要她防範重耳主僕多人也許會逃離，基本上是忠心。不料姜氏純粹站在重耳的利益考量上，認為最好保密，她便成了犧牲品。讀者難免感歎為婢也難！大約這蠶妾和姜氏的關係也並不密切，交淺言深，不能取得女主人的信任，才會得到這種下場。再其次，當代貴賤有別，賤者人命微薄，主人權力過大，沒有人權的保障，是蠶妾枉死的重要原因。而姜氏得知隨從們的密謀之後，猛然醒悟重耳的前程仍在晉國，齊國不可能助成他的大事，那麼為他著想，就得催他走。這個理性的婦人，苦心計畫，完全

拋開兒女私情，和重耳的舅舅配合，必定還表演了一段蠱惑的工夫，讓他喝醉酒，囑咐舅犯等人好好侍候公子，她也許是含著淚送走喝醉不醒人事的重耳的吧！這樣的深明大義，背後仍是有著一段深情支撐的。至於重耳醉醒之後揮戈追逐舅犯，一則顯示他其實也不過是個難過美人溫柔鄉的平凡人，一則反襯出姜氏必有她令人迷戀的過人之處。《國語‧晉語》和《列女傳》都提及姜氏後來被接回晉國的事，無疑地，姜氏的果決直接促成晉文公的成就。懷嬴算來是重耳的姪媳婦，她等於做了文嬴陪嫁的妾媵，但論身分，她和文嬴一樣是女公子。女公子有女公子的氣勢，她發怒中發言，在在呈顯了秦國女公子的傲氣，《左傳》要呈現的也是這點，至於對重耳的情義，就不得而知了。

齊大非耦
——鄭太子忽拒婚

《左傳‧桓公六年》記載：齊僖公有個女兒名叫文姜，僖公想為她挑個如意郎君，挑來挑去，看中了鄭國的太子忽。齊僖公高高興興地派人去提親，心裡盤算著怎麼樣熱鬧地給女兒辦喜事。沒想到鄭國太子忽竟然一口回絕了婚事的提議。人們覺得很奇怪，齊國是大國，國力雄厚，諸侯中的貴公子誰不想攀附著結親，有事沒事也好有個支應，甚至在緊急狀況下，多少也可以有個依靠；這樣的好機緣求都求不到，為什麼要回絕呢？太子忽解釋說：「我的看法是：每個人應該選擇自己合適的配偶。鄭國是小國家，相對的，齊國是大國，兩國情勢差得太多了；正因為兩國實力並不相當，我認為，齊國太大了，齊君的女兒並不是我合宜的婚配對象。我知道大家都覺得這是一個好機會，可以藉這個婚姻關係加強我國和齊國的親密關係，放棄了實在是很可惜的。但是我相信：一切還是要靠自己，《詩經‧大雅‧文王》不是說過嗎？要『自求多福』。凡事還是要靠自己去努力的，大國有什麼用

呢！」太子忽滔滔不絕說了一大套道理，看來他意志堅決，勉強不得了。齊僖公雖然大失所望，齊國既是大國，女兒又不是老醜嫁不出去，儘有更好的對象，可以由他去挑選，文姜不久就嫁到魯國去，做了魯桓公夫人了。

文姜出嫁以後四年，北戎侵擾齊國。鄭國曾經對付過北邊的這些蠻族，有實際的作戰經驗，齊僖公向鄭國要求軍事援助，鄭太子忽率領軍隊去支援。在六月的大熱天，他奮勇作戰，把北戎打敗，擊退敵人，割下了對方三百個戰鬥兵的首級，俘虜了兩個主帥，全獻給齊僖公。齊僖公很高興，為了慶賀勝利，齊國準備了充足的糧米和牛羊，犒勞來自鄭國的援軍。

犒勞完鄭國援軍的將士之後，齊僖公想起曾經要鄭太子忽做女婿的事，便又談到這個話題。既然文姜已經出嫁了，不談她啦，寡人還有另外的女兒，怎麼樣？做寡人的女婿很不錯的。鄭太子忽還是辭謝了，很堅決地婉拒了。人們又弄不清他是怎麼想的，大家都來詢問究竟是什麼道理？太子忽說：「過去我對齊國沒有什麼功勞的時候，我還不敢高攀，和齊國結親；現在奉了國君的命令，帥兵前來支援齊國，僥倖能完成任務，為齊國解除急難，如果我答應這門婚事，那就變成是利用出師打仗來完成個人的婚事了。鄭國朝野上下不就會以為我勞師動眾，只是為了個人的私利嗎？這是萬萬不能這樣做的，這不僅是以前說過的『齊大非耦』的理由而已了。」因為上回已經拒絕過一次了，那時是自己擔當，自己辭謝的；這次再不好說自己的意思，就勉強說是老爸的意思，說是鄭國的國君不敢高

攀了。

　　或許鄭太子忽真的失算了，時間飛逝，五年後（西元七○一年），他的父親鄭莊公去世，原本擁有繼承權的太子忽竟然被同父異母弟弟厲公奪走了君位，匆匆忙忙出奔到衛國去。一直到四年之後，經過政變，他才重新回到鄭國，登上國君的寶座，就是歷史上的鄭昭公。但是他也只做了兩年的國君，就被臣子高渠彌弒殺了。

【筆者的話】

　　鄭太子忽兩度拒絕齊國的議婚，不僅留下「齊大非耦」的成語典故，他所說的一些理由，以及他日後的遭遇，也有很多引發人思考的地方。

　　首先，我們檢討一下，「齊大非耦」的說辭究竟有沒有道理？自古以來，談到婚姻，人們總會想到門當戶對，乍看似乎有些門第觀念，不免勢利；但若是從生活背景、價值判斷、處事態度來說，門當戶對夫妻衝突顯然要比貧富懸殊的夫妻衝突少得多。而在古代男尊女卑的社會背景之下，若不得已，締結了門不當戶不對的婚事，通常的狀況也是：男方富貴、女方貧賤，比男方貧賤、女方富貴的衝突要小得多。明末清初的學者魏禧曾經針對「齊大非耦」一語發抒感慨，說：「衰族而取（娶）巨室，貧士而取（娶）富家，不爲婦女所陵者鮮矣！」他所顧慮的，不僅是彼此適應不良的問題，還牽扯到女方可能倚仗娘家的財勢，大悖溫馴的婦德，欺陵到丈夫頭上來，那在男權社會中是非常重大的問題。所以宋代政治家兼史學家司馬光

便說過這樣的話：「嫁女嫁勝己者，取（娶）婦取（娶）不如己者。」這是老於世故的話，也反映出男權社會男尊女卑的大致狀況。

如果從太子忽所顧慮的情形來說，他顯然不希望娶到一個自己比配不上，事事不受自己約束的新娘子。試看《左傳》所記載的文姜，嫁到魯國來，成為君夫人之後，受盡尊寵；齊僖公過世，新的君主是襄公，算起來是文姜的哥哥，兄妹兩人居然通姦，魯桓公責備文姜，文姜就告訴齊襄公，齊襄公乾脆派彭生把魯桓公給殺了。看情形文姜是相當嬌貴，放誕無禮，可能就是倚仗齊國的優勢，一向我行我素慣了，等發生了重大是非，也就恣意驕縱，才會鬧出醜聞，弄到齊、魯兩國關係緊張。這不單是魯桓公懦弱的問題，真的是「齊大非耦」呀！

話雖如此，過於拘泥「齊大非耦」的原則，有時又好像顧慮欠周。在春秋時代那種相當複雜的國際關係，像鄭國那樣的小國，如果真的能夠和齊國締結婚約，在相當時機，可能還是會多一層保障，可能得到更多的照應。太子忽儘管具備繼承人的資格，面臨緊急關頭，還是被奪走了權位。而他的同父異母弟——後來的厲公，就完全是靠舅家的支持及謀略，才有辦法奪取政權。若是太子忽當時答應了齊僖公的議親，真的做了齊國的女婿，厲公光憑輾轉攀附宋國，舅家也不過是宋國的大夫而已，無論如何爭不過齊國的，說不定厲公就根本不敢有什麼貪圖君位的奢望。那麼太子忽絕不需要逃亡，可以順利地當上君主，以他的美德，憑他和祭仲原就有的親密關係，他治理鄭國，

必不至於像屬公那樣逼得祭仲要鬧政變，鄭國也可以安定，老百姓可以少受些苦楚。當齊僖公第二次向太子忽提親的時候，祭仲就曾經告訴他一定要接受，理由正是可以因此得到聲援。祭仲說得很清楚，鄭國的國君宮內得寵的姬妾很多，每個公子都有可能即位做國君，太子忽如果沒有支援，將來就不能順利登上國君的寶座。祭仲的話不幸而言中。

然而，就太子忽高貴的自覺來說，他相信一切要靠自己，不應該存心依賴別的國家，這種觀念是可貴的，也是值得讚頌的。他不僅自尊自愛，似乎也過分拘謹。他逃亡，不肯到齊國去求援，寧可選擇去小小的衛國，他的心中必然認為：既不答應做人家的女婿，擺明了就是不要高攀，不要大國的聲援，如今落難了，哪還有臉去懇求大國的協助？其實齊僖公對他真的很賞識，他既然兩度提議締結婚約，足見並不在意太子忽曾拒絕過，第一次不曾記「恨」，第二次被拒也未必就懷「恨」。說不定齊僖公三兩下就幫他解決了問題，讓他及早回國當個合法的國君，可是太子忽並沒有嘗試去齊國求援，他確實是只肯靠自己的。如果他能夠預知五十年後的晉公子重耳竟然流亡在外十九年，走遍各國，雖說也受到一些挫折，但當代英明的賢君——像齊桓公、楚成王、秦穆公都非常敬重他，不知太子忽是不是會因此學得靈活變通呢？

基本上，鄭太子忽稱得上是一個高貴而又厚實的人，可惜他輾轉回國即位以後，才兩年，就被小人弒殺了。彷彿美國總統林肯一般，他被殺的原因，不是個人的缺失，

而是兇手的行爲過分。鄭莊公在位的時候，有意要拔舉高
渠彌當卿，太子忽反對，表露很嫌惡的樣子，堅決抗諫，
莊公並沒有聽從；等到太子忽即位做了國君，高渠彌害怕
他會殺自己，所以先下手殺了他。根據這個事件，《韓非
子·難四篇》曾發揮議論，檢討君術的運用問題。其實當
年反對高渠彌當卿，也許只是秉公論事，現在當了國君，
高渠彌既沒犯錯，無端殺人，是不可能的；偏偏高渠彌小
人心計，竟然就爲了個人卑劣的意圖，把個好君主給殺
了。

護兄弟，穆姬出嫁不從夫
——韓之戰的始末

魯僖公十五年（西元六四五年），秦穆公在韓原戰勝了晉國的軍隊，俘虜了晉惠公，興沖沖地班師回國。

秦穆公的夫人穆姬是晉惠公的同父異母妹妹，她一聽說秦穆公凱旋歸來，高興得很；再聽說秦軍俘虜了晉惠公，心中就百味雜陳，矛盾不堪。想了一會，她吩咐手下的人在高臺上堆了木柴，自己帶了太子罃，另一個兒子弘，女兒簡璧，站到木柴堆上。命令手下的人穿了喪服去向秦穆公報告說：「上天降下災禍，使得秦、晉兩國的國君不能平靜地以禮相見，而竟然是兵戎相向，兩國大動干戈，秦國俘虜了晉國的國君。如果晉君早晨進入國都，那麼我晚上就自焚而死；如果晉君晚上進了國都，那麼我第二天早晨就自焚而死。請君主好好考慮考慮。」

穆姬的通告，明顯是對丈夫的要脅。她的意思是：若是秦穆公不肯釋放晉惠公，她就死。她並非一個人死而已，她一個人也許沒什麼值得珍惜，但是兩個兒子、一個

女兒必然是和她一齊燒死，這就太嚴重了。她可以說是拿
自己和兒女們的性命來要脅秦穆公答應她的條件，她的出
發點純粹是為母國考慮，絕對不是站在丈夫的立場。我們
可以這麼說，穆姬完全沒有後世女子出嫁從夫的觀念，相
反的，當娘家的利益與夫家的利益衝突的時候，她不是順
從丈夫的安排，而是為了娘家的利益不惜使出殺手鐧，要
脅丈夫順從自己的要求。

　　看到穆姬這樣不惜生命，不惜和丈夫撕破臉，要保護
晉惠公，讀者一定以為他們兄妹情感深摯，晉惠公必然是
很讓穆姬喜歡。事實卻不是如此。當晉獻公聽信驪姬的讒
言，殺了穆姬的同胞兄弟申生，群公子倉皇流亡四處。惠
公搶先得秦穆公的支助，回國做了君主。當時，穆姬提出
兩個條件：好好照顧申生的妻子賈君，接納所有流亡在外
的公子們。結果，晉惠公亂倫，收納賈君做老婆；而且不
肯接納群公子，穆姬怨恨透他了。此外，惠公答應秦國，
要割讓河東五個城池，沒想到，他一渡過黃河，就在幾個
城市建築起防禦工事，擺明了不再承認那個協議。西元前
六四七年，晉國鬧饑荒，秦國儘管對惠公不滿，基於道
義，還是提供了糧食；第二年，秦國鬧饑荒，晉國卻不肯
提供糧食的援助。所以秦國人恨他，他妹妹穆姬更是怨
恨，秦國待晉惠公的種種好，有絕大的理由，是因為有她
在。可以說，惠公表現得好，她在秦國臉上也有光彩；如
今惠公不僅對不起她，也對不起秦國，叫她怎能不懊惱？
就在這時候，秦、晉打仗，晉惠公戰敗不打緊，堂堂一個
國君還被俘虜了，而且正隨著秦國的凱旋部隊被押解到國

都來。如果你是穆姬，你怎麼辦？自己的兄弟忘恩負義，這樣的下場，實在是自作自受；穆姬有充分的理由可以不救他。但是，她終於拋開內心的怨恨，以激烈的、有效的抗爭手段，維護兄弟，使秦、晉兩國化解了報復性的仇恨狀態。

由於晉惠公背叛秦國，不守諾言，又以怨報德，坐視饑饉不救，秦穆公伐晉，是有十足的理由的。晉國有些的大夫也希望國君能自我反省，晉惠公對慶鄭說：「外敵入境，已深入我國疆域了。」慶鄭回答說：「君主自己招惹外敵深入的呀！」晉惠公準備迎戰，指示韓簡視察軍隊，觀測對方的軍力。韓簡回答說：「他們的軍隊比我們少，鬥志高昂的軍士卻比我們多。」惠公問：「這是什麼緣故？」韓簡回答：「當年您出奔在外，得到秦國的資助；回國即位，得到秦國的支持；晉國鬧饑荒，吃的是秦國的糧食。他們三度對我們施恩惠，卻不到報酬，所以興兵前來。現在晉國又要迎擊秦軍，我們的士氣低沈，他們的士氣高昂，他們高昂的士氣超過們好多倍。」這兩段話是實情，也多少含有隱微的諷諭。

兩國開戰之前，晉惠公占卜，看看派慶鄭做車右護衛是否吉利，結果是大吉，惠公卻因為慶鄭說話不恭敬，不肯用他。慶鄭注意到國君的兵車套的是鄭國出產的馬匹，又勸諫說：「從古以來，有重大的戰事，一定要駕御本國自己出產的馬匹，牠們生在本土，熟悉地理環境，也能了解主人的意思，調教容易，進退都能配合主人，可以操縱自如。現在駕御外地的馬匹去打仗，等到面臨戰場的緊張

氣氛，馬匹反常，就將不如人意，那時候操縱不了，進退不得，周轉不了，您一定會後悔。」惠公沒有接納他的意見。韓原一戰，晉君的軍馬果然陷入泥淖，無法迴旋，掙扎不出來。惠公大喊慶鄭，要他來救駕，慶鄭懊惱地說：「剛愎自用，不聽勸諫；占卜了又不肯遵循。自己活該，自己搞壞了，還想逃避災禍？」韓簡的兵車迎向秦穆公，慶鄭呼喚他去救惠公，韓簡一著急，就放開秦穆公；在這空檔，秦國的將士已經搶先一步俘虜了晉惠公。

　　晉國的大夫一見國君被俘虜了，就披散頭髮，跟在後頭。除草整地過夜，跟了好幾天。秦穆公派人去請他們回去，大夫行了跪地拱手俯首的大禮，還是不肯離開。臨近國都了，秦穆公又聽到自己的夫人——穆姬，拿自己和兩兒一女的性命做籌碼，要求釋放晉惠公。於是秦穆公說：「本來我們虜獲了晉侯，是一大勝利，照夫人就麼說，凱旋回國，可能又變成得辦喪事了。再說，晉國的大夫一直跟隨著我們的軍隊，憂慮悲愁，加重了我的負擔。我看還是送回晉君吧！」眾臣中，也有主張乾脆把晉惠公殺了的，最後，子桑提出了一個兩全的意見，放晉惠公回國，但是留質他的太子，這樣既不至於白費心血，要談判也還有籌碼。事情就這樣決定了。

　　晉惠公召見了瑕呂飴甥，瑕呂飴甥建議他召見國人，並且引咎自責，允許在國內另立太子圉來團結民心，藉此加強防禦工事，增多兵馬，勤加操練。就這樣晉國開始有了「州兵」。不久，瑕呂飴甥代表晉國到王城與秦伯會見，並締結盟約。秦穆公說：「晉國上下和睦吧！」瑕呂

飴甥回答：「不和睦。小人覺得國君被俘虜是一大恥辱，心中又悼念戰死的親人。不怕修築防禦工事，勤加操練，擁立了太子圉，發誓說：『一定要報仇，怎麼可以事奉蠻夷，聽秦國的安排？』至於君子，則愛國君，知道國君犯了過錯，他們不怕苦，修築防禦工事，勤加操練，說：『一定要報答秦國的恩惠，死了也沒有二心。』就這樣，小人和君子意見不同，所以我們晉國上下並不和睦。」秦穆公又問：「晉國人認為，晉君怎麼樣？」瑕呂飴甥回答：「小人很憂慮，認為恐怕免不了一死；君子推想秦君的寬和，認為國君一定會被送回國。小人說：『我們毒害秦國，秦國怎麼可能送回我們的國君？』君子說：『我們知道過錯了，秦國一定會送回我們的國君。』依我個人的鄙見，晉君有二心，您就捉了他；他已經屈服了，您就釋放他。從樹德來說，沒有更深厚的了；從論刑來說，沒有更威嚴的了。這一次的戰役，秦國很可能稱霸。若是初始協助他，送他回國做了國君，卻又不肯幫助他安定下來；寧可罷黜他，不再冊立他，我想秦君是不可能這樣做的。」秦穆公聽了瑕呂飴甥的話，說：「這正是我的心意呀！」於是把晉惠公移置到賓館，依循周禮，以侯、伯貴賓的禮儀相對待，用了七副牛、羊、豬做了盛宴來款待他。

　　蛾析想到慶鄭得罪了晉君，後果不堪設想。他對慶鄭說：「你為什麼不出奔去呢？」慶鄭說：「我這次意氣用事，害得國君戰敗被俘；國家戰敗了，我沒有戰死；現在如果逃亡，國君要殺我就殺不成，那就又讓國君『失

刑』；這不是人臣該做的呀！做人臣子，竟然不像個臣
子，即使出奔，能到哪個國家去呢？」晉惠公在談判的下
一個月回國了，他先殺了慶鄭才進入國都。

【筆者的話】

　　《左傳》記載的韓之戰，反映出許多人性的深邃複雜
之處，其中值得提出討論的人物，有：穆姬、晉惠公、慶
鄭、瑕呂飴甥、秦穆公等五個人。

　　首先，我們的敘述依循的資料有兩個地方必須提出說
明：根據劉正浩教授《太史公左氏春秋義述》的考證（僖
公二十三年「晉公子重耳之及於難也」條），穆姬是晉惠
公的妹妹，不應該是《史記》所說的姊姊。其次，杜預的
注解認為賈君就是晉獻公的夫人賈姬，筆者倒主張依照日
人竹添光鴻的考證，解作是申生的夫人，就年齡來說，比
較合理。

　　穆姬的行為，從協助晉惠公回國即位，到韓之戰拚死
挽救晉惠公，可以看出古代政治婚姻的功用。她為母國設
想，顧慮周到：要求晉惠公回國之後，要接納群公子，目
的是希望讓晉國安定下來。看晉惠公的表現，她儘管怨
恨，在緊要關頭，還是不惜施展狠招，保全了晉國國君的
尊嚴。雖然說，秦國對晉國的寬恕，多少也有助於兩國的
和諧，很明顯地，穆姬為母國的考慮，遠過為丈夫考慮。
這個為母國著想的現象，重見於僖公三十三年「文嬴請三
帥」，只不過秦、晉兩國互易，而且是母親不聽兒子的，
已拓展為「夫死不從子」了。足見「三從」之說在春秋時

代根本沒有。

晉惠公是忘恩負義、小氣猜忌的人，韓之戰眞的是咎由自取。《左傳》的敘事，把因由說得很清楚，慶鄭直接指明，韓簡委婉諷諭，無非是要他自我檢討，向秦君致歉，化解一場干戈。料不到他忌恨在心，竟然不要慶鄭做護衛；慶鄭這時還能忍耐，仍提出馬匹問題，無奈他剛愎自是，諫言白說了。等到親眼看到他果然陷身泥淖之中，想起一再受到挫辱，慶鄭意氣用事，不肯救他；再一想不妥，請韓簡去救的時候，已經來不及了。慶鄭大體說來，是個血性漢子，自己也知道意氣用事，害了國君，因此放棄出奔的計畫，坦然接受死亡。從另一個角度說，晉惠公即使遭逢大難，他忌刻的性子仍然沒有稍減，因此等不及回國，他要先殺了慶鄭。《左傳》正是多方面烘襯晉惠公的品德有虧，好逐步帶出晉公子重耳的突出，以至於取代惠公的兒子，做了晉君。

瑕呂飴甥，住過瑕、呂，封於陰，字子金。《左傳》也稱他呂甥、陰飴甥，或是子金。他深謀遠慮，又善於外交辭令，在這次韓之戰，他先是安排太子攝位，安定民心，鼓舞士氣；又在談判中，不卑不亢，掌握秦穆公的心理，順著他的話，把晉國的臣子分成君子、小人，藉小人的憤怨之語來示威，藉君子的溫厚之語來求情。他既能在國內做好自強奮勵的布署，又能在談判中施展辯才，說得句句嵌入秦穆公的心理。秦穆公本來就因爲穆姬的堅持已有釋放晉惠公的心意，加上晉國在獻公時期，國力遠比秦國強大，惠公雖然不賢，大夫們都賢能，這個國家不能小

看。所以他寧願表現得寬和，他饒恕了晉惠公，免去夫人
的爭吵，增進了兩國的和諧。他其實是最大的贏家，無論
殺不殺晉惠公，他都是勝利者；而他的寬和，倒使他在歷
史舞台上，成為受人稱揚的新興國家的有為君主。

人盡可夫
——祭仲之女捨夫救父

「**人**盡可夫」這個詞彙，一般都用來形容某種女子淫
蕩之極，和多數男子有不明的複雜關係。那是從
字面上解說，意思是：女子隨便淫蕩，每個人都可以做丈
夫。其實原來的典故出自《左傳・桓公十五年》，並不是
這樣的意思，它還有一段令人感慨萬千的家庭悲悽故事。

西元前七○一年，鄭莊公去世了，國內政壇暗潮洶
湧。本來立定太子忽，應當由他來承繼君位的；他的同父
異母弟弟突卻另有外家的勢力在推動，形成強大的威脅。
公子突的母親雍姞，來自宋國，雍氏在宋國很得國君的寵
信，這時候，他們便請宋莊公出面，引誘祭仲到宋國，再
出其不意加以逮捕。祭仲是鄭莊公的親信大臣，曾為國君
到鄧國迎親，鄧國的女子叫鄧曼，鄧曼生了太子忽，祭仲
既是迎親的大臣，自然親近鄧曼，雖說其他的公子也醞釀
爭位，原則上祭仲是擁護太子忽的。此刻宋國的雍氏威脅
他：如果不肯迎納公子突做國君，就要殺了他。於是祭仲
為了保命只好犧牲了太子忽，真的立了公子突，也就是鄭

厲公，太子忽被逼得無法立足，終於逃往衛國。

　　鄭厲公即位以後，祭仲仍是執政大臣，因著兩朝大臣的權位，難免專擅，有些不聽國君的節制，鄭厲公很懊惱，也很忌諱。他想除掉祭仲，但是祭仲是權貴重臣，要想除掉他，並不是容易的事。祭仲的女婿雍糾是鄭厲公母親雍姞的同宗，鄭厲公計畫利用他去殺祭仲，將在郊外設宴款待祭仲，然後趁機下手。祭仲的女兒知道了丈夫將在郊外設宴款待父親，心中有些不安。她回到娘家，問母親一個嚴肅的問題：「請問媽媽，對一個女子來說，究竟父親親近些呢，還是丈夫親近些呢？」她的母親覺得女兒所提出的話題有些不同尋常，便用很溫和的語氣，語重心長地說：「傻孩子，就一個女人來說，在沒出嫁之前，是誰都有可能成為婚配的對象的，而父親卻只有一個。要論關係的親近，當然是父親比較親囉！丈夫哪裡比得上父親親近呢？」於是祭仲的女兒——雍姬就告訴祭仲說：「雍糾要設宴款待您，宴席不設在家裡，卻設在郊外，女兒覺得有些奇怪，特來告訴父親，您可要小心防範哪！」

　　祭仲可不是簡單的人物，一聽鄭厲公居然要利用女婿來刺殺自己，心裡固然震驚，既震驚，又憤怒，但他老謀深算，外表絲毫不動聲色。他暗中布署，設好了圈套，把雍糾殺了。祭仲殺了雍糾，把他的屍體暴露在周氏之汪。鄭厲公一見事跡敗露，只好匆匆逃奔國外，他憐憫雍糾為自己而死，載了他的屍體一起出國，嘴裡抱怨說：「你這個蠢蛋，把計謀洩漏給婦人，難怪要被殺呀！」鄭厲公出奔蔡國，祭仲就迎回太子忽，那便是鄭昭公。

【筆者的話】

「人盡可夫」的原典，是說婦人在許配丈夫這一點來說，它的可能性是非常大的，幾乎所有的男人都有可能成為這個婦人的丈夫。不是嗎？想想看：如果配給張三，張三就是丈夫；如果配了李四，李四就是丈夫。在婚配的可能性來說，在未有定約之前，是任何一個男子都有可能成為她的丈夫的。後代的衍生意義，與原意大不相同，當然要看使用的情況、前後的文意，以及時代背景的殊異，千萬拘泥不得。

故事中的祭仲妻子和女兒的對話，談到一個婦人是父親親呢？還是丈夫親呢？祭仲的妻子告訴女兒說：父親比丈夫親，自然有它的道理在。但是也有一個不同的觀察角度：一個婦人結了婚，和丈夫裸裎相見，為他生兒育女，相夫教子，和丈夫過大半輩子，怎能說她和丈夫的關係不比父親親呢？丈夫和妻子的關係，是人倫的基礎，夫婦之間的關係比父女關係還要密切。所以，在古代男權的社會中，才會有「在家從父，出嫁從夫」的說法。事實上身為妻子與身為女兒，是不同的角色扮演，兩者本來並不衝突，也無從比較；一旦兩者不能兼顧的時候，照理在兩難的權衡中，該衡量的應該是：哪一方面有理，哪一方面合乎公義。無奈，政治本身是沒有什麼公理、公義存在的。雍糾要殺祭仲，固然不對；祭仲後來不也殺了雍糾？而且不留餘地。人們遇到情感矛盾衝突的時候，往往很難理智地思考，而會徵求他人的意見，提供意見的人，又常會考

慮自己的利益，所提的意見，可能是對自己有利，未必對
當事人真正有好處。試看祭仲的妻子對女兒所說的話，可
能就因為覺察到女兒神色有異，又是嚴肅的問題，她便很
自然地說出了一番對自己絕對有益、對女兒卻未必真有好
處的話來。若是雍姬請教的人，不是母親，而是婆婆，或
者是大姑、小姑的話，基於不同的利益考量，是否會有完
全相反的答案？故事可能就會是截然相反的結局了。當
然，雍姬跑回娘家，去向母親詢問，表示她潛意識裡還是
親娘家，為父親考慮遠甚於為丈夫考慮的。那麼，她並不
親婆家。也正因為親娘家，才會有矛盾衝突，才會有「告
密」的舉動。雍糾不能讓他的妻子愛他甚於一切，又不能
讓她和婆家人親近，他是注定要斷送性命的了。

　　鄭厲公並不是什麼賢明的國君，他恨祭仲專權跋扈，
指示雍糾去刺殺岳父，完全是為了行動易於奏效，並沒有
考慮到雍糾或雍姬的立場。看情形，雍糾似乎一點也沒有
顧慮，他的政治目的高於一切，唯有雍姬個人內心激起了
「為人妻」與「為人女」的取捨選擇。換句話說：祭仲與
雍糾岳婿兩人並沒有什麼情感，兩人都絕情，而雍姬則是
深情難捨，卻又不得不割捨其一。不論丈夫死或父親死，
在她來說都是悲悽、缺憾。鄭厲公用車載走雍糾的屍體，
怪他和婦人計議，才會被殺。事實上，細玩《左傳》的敘
述，未必是雍糾洩漏計謀，只是雍姬從設宴地點推斷：事
有蹊蹺；也有可能雍糾接受任務之後，神色有些怪異，雍姬
機警，而引起疑惑。雍糾雖然未必洩密，但雍姬確實機警，
她又親娘家，受母親言語的影響，雍糾便逃不了一死了。

崔杼弒君

《**左**傳·襄公二十五年》記載了崔杼弒殺齊莊公的經過。

這一年是西元五四八年，齊莊公在位已有六年。崔杼雖然立了齊莊公，他自己位高權重，但是君臣之間，相處並不很融洽，關鍵在於棠姜這個女子，以及齊莊公、崔杼兩人都是好色之徒，也都是無品之人。

棠姜是齊國棠邑大夫的妻子，崔杼的家臣東郭偃的姊姊。棠邑大夫去世，東郭偃爲崔杼駕車去弔唁，崔杼見到了棠姜，覺得她美麗得讓自己心動，就要東郭偃替他設法把棠姜娶來做妻子。東郭偃很爲難，他說：「男女婚嫁，必須分辨兩方是不是同姓，同姓是不能結婚的。您出自齊丁公，我出自齊桓公，我們兩家同宗同姓，是不能結婚的。」崔杼不管這個道理，於是去占卜，看看可不可以結婚。結果占卜問出的是「困卦」轉變爲「大過卦」，史官們看看崔杼的臉色，異口同聲說：大吉大利。崔杼把這兩卦拿給陳文子看。陳文子說：「『澤、水、困』的困卦，

變成『澤、風、大過』的大過卦，『水』變成了『風』，
風能吹落萬物，做丈夫的也會被吹落。依我看，棠姜這個
女人不能娶來做妻子。況且『困』卦的卦象，還包含了
『入於其宮，不見其妻，凶。』意思是：回到屋子裡，看
不到妻子。妻子跑了，家也不成為家，沒有地方可安身立
命，所以說是『凶』了。」崔杼說：「那個寡婦能有什麼
禍害？即使有什麼禍害，她的前任丈夫全替我頂了。」崔
杼終於娶了棠姜做妻子。

後來，齊莊公與棠姜私通，常常有事沒事就到崔杼家
裡去。齊莊公拿了崔杼的帽子賞賜給人，莊公的侍者說：
「您不能這樣做呀！」齊莊公說：「誰會知道這是崔杼的
帽子？難道只有崔杼才有帽子？別人就沒有帽子？」崔杼
因為這些事情對齊莊公懷恨在心。兩年前，齊莊公曾經趁
晉國有欒盈的內亂而攻伐晉國，齊、晉既然有嫌隙，崔杼
就想殺掉齊莊公去討好晉國，可是找不到機會。有一天，
齊莊公因為小事情鞭打一個叫賈舉的宦官，事過以後，他
仍然親近賈舉，賈舉卻已記恨，就為崔杼效力，窺伺莊
公，替崔杼尋找合宜的時機。

這一年五月甲戌日，齊莊公在齊國國都北城款待莒國
的國君，崔杼身為執政大臣，應該陪同國君宴客，但他卻
推說有病而不參加。第二天，齊莊公來探望崔杼的病，想
藉機親近棠姜。棠姜一看齊莊公到來，就走入內室，而與
崔杼一起從內室的側門走出去。莊公走入崔杼家的廳堂以
後，拍著柱子唱起歌來，暗示棠姜：他已經到了。宦官賈
舉讓莊公的衛士和跟班留在門外，然後自己進門，把門關

上。於是，崔杼埋伏的武士衝出來了，威脅莊公。齊莊公爬上高臺，請求武士們饒命，武士們不答應；請求和他們盟誓，他們不答應；請求到宗廟自殺，他們還是不答應。都說：「國君的下臣崔杼生病了，不能親自聽從您的命令，我們又不認得誰是國君。這裡離國君的宮室很近，我們更應該嚴防姦盜。我們只知道巡夜搜捕淫亂的人，不知道有其他的命令。」莊公想爬牆逃脫，有人放箭射中了他的大腿，他從牆上摔下來，武士們一湧而上，把他殺了。在一場混戰中，齊莊公的八個勇士全都戰死，有的當時並不曾追隨，也趕去，都被殺了。只有申鮮虞逃奔到魯國，盧蒲葵逃奔到晉國，王何逃奔到莒國。

晏嬰聽說齊莊公有難，趕緊跑來，站在崔杼家的大門外。他手下的人問：「要為國君殉死嗎？」晏嬰說：「要是他以國士待我，我就要為他殉死；他並不曾以國士待我，我為什麼要為他殉死呢？」手下的人又問：「那麼您要逃亡嗎？」晏嬰說：「我要是有罪，那麼我就該逃亡。我有罪嗎？我為什麼要逃亡？」手下的人說：「那麼我們回家去吧！」晏嬰長嘆一聲說：「國君死了，我可以回到哪裡去？一個做國君的，哪裡只是高高在上，欺壓百姓？做國君的必須處處為百姓、為國家著想。一個做臣子的，哪裡只是享受榮華富貴，吃喝玩樂？做官吏的必須好好為國家做事，為百姓謀福利。所以一個國君若是為國家而死，那麼做官吏的也要為國君而死；國君若是為了國家而逃亡，做官吏的也要為他的國君而逃亡。如果一個國君是為他個人的利益或行為而死、而逃亡，除非是他個人所親

近、暱愛的人，其他的都不該爲他殉死或逃亡的。況且，有人得到國君的親近和尊重，還忍心把國君給殺了；像我這樣的人，又怎麼能爲國君殉死，爲他逃亡呢？」等到大門打開，晏嬰就進去了。晏嬰抱起莊公的屍體，放在自己的大腿上，大哭起來；然後站起身來，三度搥胸頓足，完成哭問君死的禮節之後，方才離開崔杼的家。大家都對崔杼說：「一定要殺了他！」崔杼說：「晏嬰是人民景仰的人，放了他，可以贏得民心。」

崔杼立了公子杵臼爲國君，就是齊景公。他自己爲相，讓慶封爲左相。崔杼和慶封兩個人在齊太公的廟前與國人盟誓，他倆說：「要是有人不參與我們崔、慶兩人一夥的……」，沒等他們說完，晏嬰便打斷了他們的話，仰天長嘆，說：「我晏嬰要是有不忠於國君、不利於國家的事情，有靈明的老天爺在上。」說完了就以血塗口，立了盟誓。

齊國的太史在竹簡上寫下：「崔杼弒其君。」崔杼把他給殺了。太史的兩個弟弟一個接一個寫「崔杼弒殺了他的國君」，也一個接一個被殺。他們的另一個弟弟又同樣的書寫，崔杼終於饒了他的性命。南史氏聽說崔杼連續殺了好幾個齊太史的兄弟，於是拿著竹簡趕往齊國的都城；走到路上，聽說這件弒殺國君的事情已經書寫下來，就放心轉頭回去了。

【筆者的話】

崔杼弒殺國君的事件，有幾個問題值得提出來討論。

　　首先，這件凶殺案例，殺人者與被殺者同時都有可議之處。當然，崔杼以人臣的身分，敗壞倫常，弒殺君主，是大逆不道。但是，齊莊公以人君之尊，不自尊自愛，既奪人妻子，壞人名節在先；又把崔杼的帽子拿來送人，等於公開戲弄。好歹崔杼也是朝中尊貴的大臣，而且曾經擁立齊莊公，可以說，沒有崔杼就沒有齊莊公，所以，齊莊公好色又不自重，是被弒殺的主要原因。至於崔杼對棠姜，真是情有獨鍾。《左傳》中的美人，令人心動，為她拚命，演變成政治事件的，棠姜是其中之一，而看來罪不在她，她始終是被動的、不由自主的。崔杼要棠姜，不顧東郭偃「同姓不婚」的委婉勸諫；占卜，知道史官可能阿諛討好，所以交給陳文子解說，卻又要強詞奪理，自己找藉口，達到娶棠姜的目的。他的做法明明是自欺欺人。不過，從這裡也可以看出棠姜確實很動人，而在崔杼的心目中，棠姜非常重要。正因為棠姜在崔杼的心目中很重要，莊公私通棠姜，又公開嘲弄，便不是崔杼所能忍受的了。

　　齊莊公和宦官賈舉的關係，可以看出齊莊公大而化之，而小人動不動記恨在心，竟然為了細故，幫助權臣弒殺國君，這是值得為人長上者警惕的。不合理的處罰，要避免；苛待手下的人，讓他銜怨在心，卻又把他安插在身旁，這是用人的大忌。齊莊公對待勇士，倒是挺特別的，試看勇士們前仆後繼，為他犧牲性命，可以推想他平日對待勇士是相當禮遇的。可惜他性有所偏，只對勇士們好，而勇士們並不能適時保衛他，對政局也毫無幫助。

　　事件發生之後，齊國賢臣晏嬰的表現可圈可點。他先

駁論為國君死或為國君逃亡的必要性，他的一大段話，提
出了非常難得的觀點：一切以國家和百姓的利益做考量。
為人臣子，是為國家、人民做事的，不是為某一國君做事
的。所以國君為國犧牲生命，臣子該為他盡節；若是為個
人因素而犧牲生命，做臣子的可以有選擇性的做法。這些
話和亞聖孟子所說的：「民為貴，社稷次之，君為輕。」
（《孟子·盡心下篇》）內涵是一樣的，後來明末黃宗羲
《明夷待訪錄》中的〈原君〉、〈原臣〉許多論點也都受了
影響。晏嬰不僅有相當進步的政治理念，他還富於機智，
而且有擔當，重君臣之義。他不顧生命危險，進了崔家大
門，向國君行了「擗踊」（搥胸頓足）的傷悼儀節；在被
迫歃血結盟的時候，他機智地打斷崔杼與慶封的誓言，適
時把「不親附崔氏、慶氏的，要受天帝懲罰」，轉變為
「我晏嬰要是有不忠於國君、不利於國家的事情，有靈明
的老天爺在上。」輕而易舉地把為國家謀利、為國君盡忠
的人臣大理想揭露出來，崔、慶兩人也拿他無可奈何！

至於齊太史兄弟四人，前仆後繼，不畏權勢，不惜犧
牲，要忠實地記錄史實，是傳頌已久的中國史官大無畏的
精神。文天祥的《正氣歌》：「在齊太史簡」，就是歌頌
齊太史兄弟，他們的節烈，隨著《正氣歌》的傳頌，也同
樣不朽了。其實，南史氏帶了竹簡趕往都城，準備誓死維
護史官的傳統精神，細細想來，不是和齊太史兄弟一樣悲
壯嗎？

崔氏與慶氏的敗亡

齊國的權臣崔杼，曾擁立齊莊公，又弒殺了齊莊公，情形複雜，前段「故事」已經談過；然而他和同夥慶封的下場，照樣是悲劇。

崔杼生了兩個兒子：崔成與崔彊，妻子就死了。他又娶了東郭姜（棠姜），生了崔明。東郭姜攜帶了拖油瓶——與前夫棠邑大夫所生的兒子棠無咎嫁到崔家，棠無咎和東郭偃甥舅倆輔佐崔杼。崔成因為患有疾病被廢，改立崔明做為繼承人。崔成要求在崔邑終老一生，崔杼答應了，東郭偃和棠無咎不肯把崔邑給他，他們說：「崔邑是我們崔氏家廟所在地，一定要留給繼承人。」崔成和崔彊大怒，想殺掉東郭偃與棠無咎。兩人告訴慶封說：「父親他老人家的為人，您是很清楚的。他現在只聽從東郭偃和棠無咎的話，父老兄弟都說不上話。我們很怕這樣下去對他老人家有害，特地來向您報告。」慶封說：「你們暫時退出去，我考慮看看。」慶封告訴他的親信盧蒲嫳，盧蒲嫳說：「崔杼弒殺君主，是國君的仇人，或許上天將要拋棄

他了。他家裡出了亂子，您擔什麼心哪？崔氏的勢力削弱了，慶氏的勢力就相對加強。」過了幾天，崔成和崔彊又向慶封說這件事。慶封說：「如果想有利他老人家，一定要去掉東郭偃和棠無咎。要是有什麼危難，我會幫助你們。」

九月庚辰（初五）那天，崔成和崔彊在崔氏的內朝廷殺了東郭偃和棠無咎。崔杼憤怒地走出家門，手下的人都逃走了，找人套車，找不著。只好讓養馬的圉人套上車，一個宦官駕了車子出門，崔杼說：「崔氏還有福澤，只要有我在，還可以挽回大局。」於是崔杼去見慶封，慶封說：「崔氏、慶氏其實就跟一家人一樣。這些人怎麼敢這樣？請為您討伐他們。」就派盧蒲嫳帶領兵士去攻打崔氏，崔氏加築矮牆來守衛。盧蒲嫳攻不下來，便發動國人幫著攻打，於是消滅了崔氏，殺掉崔成、崔彊，俘虜了所有崔氏的家丁，崔杼的妻子——大美人東郭姜（棠姜）上吊自殺了。盧蒲嫳向崔杼復命，並且為他駕車送他回家。崔杼到了家，已經無家可歸了，也就上吊而死。崔明夜裡躲在墓園，第二天逃亡到魯國去。慶封掌握了齊國的政權。這是崔杼弒殺齊莊公兩年後的事。

慶封消滅了崔氏，獨攬政權以後，再無顧慮。他一向喜愛打獵，而且喜歡喝酒，乾脆把政權交給兒子慶舍，帶著妻妾、寶物搬到盧蒲嫳家裡，彼此交換妻妾，一起喝酒。幾天以後，官員們就改到這兒來朝見慶封。慶封讓逃亡在外的崔氏餘黨，只要捕賊有功，前來報告就允許他回來。所以就讓盧蒲癸回來了，做了慶舍的家臣，很受寵

信，慶舍把女兒嫁給他。慶舍的家臣對盧蒲癸說：「男女婚嫁，要區別是否同姓，您卻不避同宗同姓，爲什麼？」盧蒲癸說：「同宗不避我，我怎麼能獨獨避開同宗？好比賦詩大多是斷章取義，我取得我所需要的就是了，哪知道什麼同宗？」盧蒲癸又對慶舍說起王何，也讓他回來，兩人都受到親信寵愛，慶舍讓他們帶著隨身武器在身前身後護衛。

公家的伙食每天有兩隻雞，管伙食的人偷偷換成鴨子。送飯的人知道了，就連肉都拿掉，只送了肉湯。公族出身的子雅、子尾發怒。慶封告訴盧蒲嫳，盧蒲嫳說：「有什麼了不得，把他們比成禽獸，我殺了他們，睡在他們的毛皮上！」盧蒲癸和王何計畫攻打慶氏，好爲齊莊公報仇。慶舍的女兒盧蒲姜對丈夫盧蒲癸說：「有什麼大事不告訴我，一定辦不成的。」盧蒲癸告訴了她。盧蒲姜說：「我父親的性子剛愎倔強，越勸他，他越不聽。如果沒人阻止他，他反而不會出來。這樣好了，就讓我來勸阻他，激他出來。」盧蒲癸說：「好。」十一月乙亥（初七）日，在太公的廟裡舉行嘗祭，慶舍將親臨祭祀。盧蒲姜告訴他，有人要發動變亂，勸他不要去。他不聽，說：「誰敢這麼幹？」於是到太公廟去。麻嬰充當祭尸，慶繩充當上獻的上賓，盧蒲癸與王何帶了隨身武器，慶氏領著衛士在太公廟四周防衛。陳氏、鮑氏的養馬人演戲，慶氏的馬容易受驚，跳躍奔跑，慶氏的衛士都卸了鎧甲，繫好馬匹，一邊喝酒，一邊看戲。陳氏、鮑氏的養馬人把慶氏的衛士誘引到魚里。欒氏、高氏、陳氏、鮑氏的手下就穿上

了慶氏的鎧甲。公子子尾抽出槌子，在門上敲了三下，盧蒲癸就從後頭刺慶舍，王何用戈對他猛擊，卸開他的左肩。慶舍在重傷之下，還是拉動屋椽，扯下一大片屋瓦，把盛盤和祭壺向人扔去，殺死了人，他才死去。盧蒲癸等人就殺死了慶繩、麻嬰。齊景公嚇壞了，鮑國說：「群臣是為了君主的緣故才這麼做的。」

慶封由萊地打獵回來，聽了動亂的經過。丁亥（十九）日，攻打西門，沒有攻下；回頭攻打北門，攻下了。他進了城，因為陳氏、鮑氏都在國君那兒，他就攻打內宮，沒有攻下。他要求與陳氏、鮑氏決戰，不被允許，於是出奔到魯國。他獻車子給季武子，車子漂亮極了，光澤可以照出人影。展莊叔看了車子就說：「車子光亮，人必定憔悴不堪，難怪他要逃亡。」叔孫穆子設宴招待慶封，慶封先遍祭諸神，叔孫穆子不高興，讓樂工為他誦〈茅鴟〉這首詩，諷刺他像是聲音難聽而又掠奪食物的茅鴟，慶封卻一點也沒有感覺到。後來齊國人向魯國抗議，不該庇護慶封，慶封只好到吳國去。這年是西元前五四五年，慶封把崔氏弄得家破人亡，也不過是一年前的事。

慶封逃亡到吳國，吳國君主給他朱方（就是江蘇丹徒，現在的鎮江），慶封把族人聚集了遷居到那兒，財富超過從前。子服惠伯對叔孫穆子說：「上天大概是要讓壞人富有的，慶封又富裕起來了。」叔孫穆子說：「好人富有叫做獎賞，壞人富有叫做災殃。上天恐怕是要降災給他，將要讓他把族人聚攏在一起，一塊把他們殲滅吧！」西元前五三八年，距慶封隨著崔杼弒殺齊莊公，正好十

年，新接位的楚國君主楚共王會合諸侯伐吳，故意用「討
伐亂臣」的名義，捉了慶封，把他和整個族人都殺了。

【筆者的話】

這段故事，如果和前一則並讀，可能會有更多的啟
發，筆者的評斷，也必須會合前後的因果，綜合起來談
論。

崔氏的敗亡，其實也是一夫多妻制下，諸子爭利，反
目成仇的悲劇。可憐亦可笑的是：崔成與崔彊在繼母入門
之後，逐步喪失地位及權力，在種種壓力之下，他們求救
於慶封；怎麼也料不到慶封再也不是父親的同夥，而是笑
臉之後藏了利刃，他們把仇人看做救星。慶封險惡，正好
藉機鼓動崔氏兄弟鬩牆，他調唆兄弟互相殘殺，再安慰崔
杼，藉口平亂，殺掉崔成、崔彊。最後棠姜上吊而死，崔
杼也一樣，應驗了當年娶棠姜之前占卜的卦象。

就崔杼本人來說，似乎咎由自取，行惡的報應不爽；
棠姜則身不由己，美人生具美麗的姿容，未必就是幸福的
保證。棠無咎和東郭偃隨著棠姜進入崔家之後，品嚐出權
力的滋味，欲望便開始擴張，以致要排擠前妻之子。試看
崔成後來還能與崔彊一起「作亂」，他的「惡疾」，可能是
可大可小，渲染出來的名目，是東郭偃與棠無咎想出來的
奪權手段。崔成要求在崔邑終老，大約也是計策性的自
保：即使同父異母弟弟接位，能夠在祖先家廟所在地立
足，自己多少有些保障。崔杼都已經應允了，繼承人崔明
也沒有意見（他可能還年幼，不知道爭權奪利），東郭偃

和棠無咎這一對甥舅卻不肯放手。也許崔成和崔彊被逼得沒辦法，父親已經不再是公正的大家長，只好求救於父執，偏偏慶封早有心要除掉崔氏，於是笑面虎便導演了崔氏滅門的悲劇。崔氏一批人在慶封的算計之下，一個個糊裡糊塗死去，只留了純真的崔明。

慶封得權以後驕奢放縱，政權轉交給兒子慶舍，慶舍卻又剛愎多疑。他們讓齊莊公流亡在外的勇士回國，並非完全是寬和，而是籠絡、培植自己的防衛力量。父子倆料不到，齊莊公對待勇士的情義似乎超越其他一切，以致勇士們死難時殉死，流亡而又復歸的，也一心要為齊莊公報仇。關鍵在盧蒲癸，他先運用同宗盧蒲嫳在慶氏家的特殊決策地位，爭取回國的機會。不僅回國，而且做了慶氏的親信，還做了慶舍的女婿，爭取了同黨王何也回國。試看他接受做慶氏婿的一段話，好像慶舍主動提議，他是正中下懷。更厲害的是：他控制了妻子。見過〈祭仲女捨夫救父〉之後，我們看到慶舍之女──盧蒲姜截然相反的作法。她主動參與謀害父親的行動，而且是掌握重點，非她莫能了解，也非她不能做到。嚴格說來，慶舍本身孔武有力，如果不是女兒參與，盧蒲癸和王何未必能達成目的。在這樣的關鍵時刻，盧蒲姜竟然是捨父助夫。從《左傳》的記載，我們無法了解這個女子做重大抉擇的心理活動，但對丈夫的愛悅取媚，卻是很明顯的。

慶封的敗亡，《左傳》還有兩層微諷的意旨在。透過魯國大夫的對話，從叔孫穆子前後兩度設宴款待，賦詩諷刺看來，慶封毫無自覺，沒有自省能力。他出使也好，流

亡也好，總是駕著豪華的車子。人家誦〈相鼠〉，諷刺他無禮無儀，「不死何爲」？人家諷頌〈茅鴟〉，把他比喻爲討人嫌的惡鳥，他也沒有感覺。這個人似乎以爲只要擁有了財富，即使流亡，也無所謂，任何國家都可以定居，照樣過著富足享樂的日子。當時中原的霸主——晉國受到南方新興楚國的威脅，對慶封根本談不到制裁；魯國一向只有道德的批判，任由他來去自如；吳國新起，不管國際紛爭，歡迎慶封定居，說不定富豪來了，也能帶來某種繁榮現象。慶封終於栽在楚共王手裡。諷刺的是：楚共王自己篡弒得位，他伐吳，爭霸權是事實；殺慶封一族，訴諸道德，其實只是虛飾的手段。慶封儘管厲害，挑明了楚共王道德上的致命缺點，但是難逃一死，而且是全族被殺。讀這段歷史，眞的是感慨萬千，何止是「天理昭彰」四個字所能賅涵呢？

楚材晉用
——蔡聲子為伍舉說項

春秋時期列國競爭非常激烈，人才的徵用或流失往往影響政治或軍事的成敗。「楚材晉用」的典故，多少可以看出這個意涵。

話說西元前五四七年，魯襄公二十六年，《左傳》記載了楚國的伍舉受到親家的牽累，出奔流亡，途中遇到好友——蔡國的聲子。聲子經過楚國，就向令尹子木提了「楚材晉用」的問題，舉證說明人才外流的嚴重性，讓子木把逃亡到晉國的伍舉請了回來。這可說是一次成功的遊說。

聲子和伍舉是兩代的交情，他安慰伍舉，允諾一定想辦法讓他回國。聲子出使到晉國，回程經過了楚國，也做例行的外交拜會，令尹子木和他談話，詢問晉國的事。並且問：「晉國的大夫和楚國的大夫，誰比較賢明？」聲子說：「晉國的執政卿不如楚國，大夫倒比楚國賢明，都是當卿的材料。就像梓木、杞木、皮革，是從楚國去的。雖說楚國有好人才，晉國卻實在任用了他們。」子木問：

「他們難道沒有同宗和親戚嗎？」聲子回答說：「有是有的，但他們任用的楚國人才特別的多。我聽說：善於治國的人，賞賜不過分，而刑罰不濫用。賞賜過分，就怕獎賞到壞人；刑罰濫用，就怕懲罰到好人。如果不幸而處置失當，寧願是賞得過分，不要刑罰濫用。《夏書》說：『與其殺害無辜，寧可對罪人失於刑罰。』就是怕失掉了善人。古代治理百姓的人，樂於賞賜而怕用刑罰，體恤人民，毫不厭倦。將要獎賞，就加膳，把剩菜大批賜給下邊的人；將要行刑，就減膳，撤去音樂。他每天早早起來，很晚才睡，早朝晚朝都辦理國事，可見他體恤百姓。如今楚國濫用刑罰的情況很多，大夫們逃命到四方各國，做起主要的謀士，在國與國對立的狀況下，這些流亡的大夫就危害到楚國，已經到了不能挽救的地步，真的不知如何是好。」

聲子繼續舉出了下面四個「楚材晉用」的例證：

第一、過去子儀叛亂，析公逃亡到晉國，晉國人把他安置在晉侯戰車的後面，讓他做主要的謀士。繞角那次戰役，晉國軍隊要逃遁了，析公說：「楚軍輕佻，容易被震動。如果同時敲擊許多鼓發出大聲，在夜裡全力進軍，楚軍必然逃走。」晉人依他的話，結果楚軍夜裡潰敗了。晉國於是就進攻蔡國，襲擊沈國，俘虜了沈國的國君，在桑隧擊敗申國和息國的軍隊，俘虜了申麗回國。鄭國那時不敢向著南方的楚國，楚國失去中原，這都是析公的關係。

第二、過去雍子的父兄誣陷雍子，國君和大夫不為他們調解，雍子逃亡到晉國，晉國人封給他鄐地，讓他做主

要的謀士。彭城那次戰役，晉軍、楚軍在靡角之谷相遇，晉軍將要遁去了，雍子對軍隊發布命令說：「年紀老的、年紀小的、無父的、有病的都回去，兄弟兩個服役的回去一個。精選徒兵，檢閱戰車，餵飽馬匹，讓兵士吃飽，軍隊擺開陣勢，燒掉帳篷，明天就要決戰。」又故意放走楚國的俘虜。楚軍夜裡就潰敗了。晉軍接收了彭城，把它歸還給宋國，帶了魚石回晉國。楚國失去東夷，子辛為此而死，這都是雍子的緣故。

　　第三、過去子反和子靈（申公巫臣）爭奪夏姬，而阻擾子靈取得夏姬，子靈出奔到晉國。晉國人封給他邢地，讓他做主要的謀士，抵禦北狄，讓吳國和晉國通好。他教吳國人背叛楚國，教他們駕車、射箭，奔馳作戰，讓兒子做吳國的外交官員。吳國於是攻打巢地，佔領駕地，攻克棘地，進入州來，楚國疲於奔命，到今天還是禍患，這都是子靈的緣故。

　　第四、過去若敖氏的叛亂，伯賁的兒子賁皇出奔到晉國，晉國人封給他苗地，讓他做主要的謀士。鄢陵的戰役，楚軍早晨迫近晉軍，擺開陣勢，晉軍打算退了，苗賁皇說：「楚軍的精銳只在中軍的王族而已，若是填井平灶，擺開陣勢來抵擋他們，讓欒氏、范氏所帥領的中軍混編入上軍、下軍、新軍，那麼中行氏、郤錡郤至二郤必能攻克楚國左、右兩翼的統帥子重、子辛。於是再會合中軍、上軍、下軍、新軍，集中全力對付他們的王族，一定可以把他們打得大敗。」晉國人依他的話做，結果楚軍大敗，君王受傷，軍隊一蹶不振，子反因此而死，鄭國背叛

楚國，吳國趁機崛起，這都是苗賁皇的緣故。

　　說到這裡，令尹子木承認事實，聲子進一步強調：「目前還有比這更嚴重的。伍舉（椒舉）娶了申公子牟的女兒，子牟得罪逃亡，國君和大夫對伍舉說：『這是你讓他走的。』伍舉嚇壞了，逃亡到鄭國。他伸長脖子，向南瞭望故國，想：『也許國君可以赦免我。』但是我們也沒把他放在心上。現在他已經到晉國了，晉國人將封給他土地，認為他的才能可以和叔向相比，待遇應該不相上下。他如果也和前面四個人一樣，策劃危害楚國，豈不是成了禍患？」子木越想越害怕，就去向楚王說了。楚王增加伍舉的俸祿，晉升爵位，讓他回楚國官復原職。聲子讓伍舉的兒子椒鳴去晉國迎接父親。

【筆者的話】

　　「楚材晉用」這個典故，包含了好幾層的故事，從選材來說，《左傳》和《國語‧楚語》有兩點不同：聲子所舉證的四個範例，《左傳》有苗賁皇，《國語》沒有，卻記載了王孫啓參與的城濮之戰；其次，雍子的事例，《左傳》敘述的是彭城之役，《國語》記載的卻是鄢陵之役，在《左傳》中，鄢陵之役產生影響的是苗賁皇。

　　而從諫說的效用來說，聲子的一大套說詞，在章法上也確實有考究之處。他和子木閒閒聊起，順著子木的問題，從晉國與楚國的卿、大夫賢不賢，自然牽引到「楚材晉用」的重點，而在語調中又不忘恭維一下子木。他引敘四個「楚材晉用」的例證，若即若離，好像無關，又件件

有關；最後歸結到目前伍舉事件的嚴重性，他就在晉國，馬上就被重用，可能又是一個「楚材晉用」、對楚國大為不利的事例。使得令尹子木即使知道他意在替伍舉說項，也心服口服，而順從他的勸說。另外，聲子引敘的事例，都是以戰役勝敗來突顯人才外流的嚴重性，很有說服力。為了加強效果，試用誇飾與類疊的手法：四個楚國外流的人才，都成了晉國的「謀主」，都成為戰役成敗的關鍵人物。事實上，其中多少有些出入的。譬如：鄢陵之役，參考《左傳》該次戰爭的描繪，就可以看出，「塞井夷灶」原是范匄的進言，而苗賁皇提出針對楚軍只有王族是精銳的弱點，主張混編各軍來對付，當時晉侯還將信將疑，占卜了才放心照著去做。可見楚人在晉未必都是「謀主」，他們也未必都是神通廣大。

最後，我們檢視《左傳》記述聲子的四個例證，可以說，它並不是按照時間的先後排列，而是依照事件的輕重來論述。《左傳》的敘述順位，是繞角之役、彭城之役、吳叛、鄢陵之役。前兩役，楚師都是夜裡潰不成軍；而子靈引致吳國叛楚，為害最大，禍患直到對話當時，還沒完沒了，所以列在二役之後；鄢陵之役，則是國君受了傷，全軍覆沒，可說是慘痛無比，所以擱在最末。如果依照時間先後排列，應該是：繞角之役（成六年，西元前五八五年）、吳叛（成七年，西元前五八四年）、鄢陵之役（成十六年，西元前五七四年）、彭城之役（成十八年，西元前五七三年；魚石歸，在次年，襄公元年；子辛之死，則已到了襄公五年，西元前五六八年）。

　　聲子的諫說還有一個巧妙之處，他先引述古代政治寬和，「勸賞、畏刑、恤民」，先為寬宥流亡者作個伏筆。自古一些流亡在外的政治犯，大約可分兩類：受冤屈的和真正有罪的。要求對有罪的政治犯赦免，原則上須有相當的利用價值以及寬弘的胸襟，譬如：齊桓公之於管仲，晉文公之於寺人披。聲子想為伍舉說項，伍舉不過受親家牽累，本身並沒犯罪，這就好辦多了。他引敘的幾個人，除了都和伍舉一樣在晉國之外，情況都比伍舉嚴重，這些人後來都為楚國帶來大大小小的災難，讓人覺得：若是當時赦免了他，可能就不致釀成災禍吧？何況伍舉並沒有惡行，還心念故國！於是為寬宥伍舉預留了心理準備，這是聲子的高招。所舉的四個人物，除了雍子不容於父兄，情況比較單純之外，析公和苗賁皇是叛亂臣子的眷屬，受了誅連，比伍舉嚴重。而子靈（申公巫臣）為了夏姬，被子反逼得鋌而走險，發誓要讓子反「疲於奔命」，因而投效吳國，真成了楚國長年的禍害。此中曲折尚待細細討論，不過，子靈的問題全因為個人因素：他出使途中，為了夏姬，棄職逃走他國；又因為家屬被殺，發誓報仇，為害祖國。他的情形，該是最最嚴重了。列舉了四個例子，既讓子木寒心，比較伍舉的「罪行」，其實小得很；事前預防，學學古人，寧願寬和一些，就順理成章地說動了令尹子木的心，聲子這一番為好友說項的說詞，也就成了千古佳妙的篇章了。

劍及屨及
——楚莊王攻宋

《左傳·宣公十四年》記載了楚莊王伐宋的經過，其中有一段非常出色的描寫，也是有名的成語——「劍及屨及」的出處。

西元五九五年，楚莊王派遣申舟到齊國聘問，交代說：「經過宋國，不必客氣，無須向宋國借路，儘管通過就是了。」同時也派遣公子馮到晉國聘問，也交代不須向鄭國借路。申舟想起二十二年前自己曾因為孟諸一役和宋人結怨，心裡害怕。他說：「鄭國的當政者開明，而宋國的執政者昏聵，同樣不借路就逕自通過，公子馮沒有危險，我就一定會死。」楚莊王說：「宋國要是殺了你，我就討伐宋國！」申舟領著兒子去晉謁楚王，然後出發。到了宋國，宋國人阻攔他。執政者華元說：「使節人員經過我國，卻不向我們借路，這是鄙視我國。在國際間有國家鄙視我國，那跟亡國幾乎是一樣的。殺掉他的使者，楚王一定會攻伐我們，楚王攻伐我們，那也是亡國的。反正殺或不殺，結果都是要滅亡的。」於是殺了申舟。

　　楚莊王一聽到宋國人殺了申舟，一甩袖子就站了起來，光著腳丫子，一衝衝到前院，侍從趕上他，送上鞋子；他衝到了寢宮門外，侍從才趕上，遞上了佩劍；一直衝到了蒲胥街市，馬車才趕了上來，讓他坐上車子。這年秋天九月，楚莊王親征，出兵攻打宋國。

　　隔年春天，宋國派遣樂嬰齊到晉國報告急難。晉君想要救宋國，大夫伯宗說：「使不得！古人有句話：『鞭子即使再長，也搆不到馬的肚腹。』上天正賦予楚國良好的條件，不能和他競爭。晉國雖然強盛，能夠違背天意嗎？俗話說：『高高低低，都在心裡。』處事的方法，就是須要因應制宜的呀！河流湖泊容納污泥濁水，山林草野暗藏毒蟲猛獸，美玉隱匿著斑痕瑕疵，國君忍受著卑屈恥辱，這是上天的常道。您還是等待時機吧！」晉君就停止發兵。

　　晉國派遣解揚到宋國去傳達晉君的旨意，讓他們不要投降楚國，說：「晉國的軍隊已經出發，很快就要到達了。」鄭國人攔下解揚，把他囚禁起來獻給楚國。楚王重重地賄賂他，要他把話倒過來說，解揚不肯。楚王又要求了很多次，解揚才勉強答應。楚國人讓解揚登上雲車，這是一種在車上設置的高高的望樓，叫他向宋軍喊話，解揚就趁機傳達了晉君的命令。楚王氣壞了，打算殺死他，派人對他說：「你既已答應我，現在又反過來做，這是什麼緣故？不是我不講信用，而是你背棄了我們的約定，快去接受你的刑罰吧！」解揚回答說：「我聽說：國君下達命令是義，臣子奉承命令是信，以信貫徹了義就是利益。計謀能合乎利益，來保衛國家，就是百姓的主人。要貫徹道

義不能有兩種信用，守信用就不能承受兩種命令。君王賄賂下臣，就是不懂得臣子不能接受兩種命令的意義。像我，接受了君命出使，寧可一死，也不能背棄君命，難道還能賄賂嗎？我之所以答應您，那是爲了要藉機會完成國君的命令。如果我死了，而能夠達成任務，這是我的福氣；我的國君有守信的臣子，我又死得其所，我還有什麼要求的？」楚莊王赦免了解揚，讓他回晉國去。

到了夏季五月，楚軍打算撤離宋國，申舟的兒子申犀在楚王的馬前叩頭說：「我知道自己該死，但我不敢廢棄君王的命令，大王忘了自己說過的話了。（大王說過：宋國要是殺了申舟，我就攻打宋國。）」楚王不能回答。申叔時正爲楚王駕車，他建議說：「我們建造房子，讓軍士在這兒耕田，久了宋國一定聽從命令。」楚王照他的話做，宋國人害怕，派了華元夜裡潛入楚營，登上子反的床，劫持著他起來，對他說：「我的國君派我來把我們的困難情況告訴你，說：『敝邑的老百姓交換著兒女殺了吃掉，把屍首拆開來燒了做飯。儘管如此，貴國若是逼著我們締結城下投降的屈辱盟約，我國寧願全國人都犧牲了，絕不能聽從你們的。現在你們退兵三十里，一切好商量。」子反害怕，就和他盟誓，然後報告楚王。楚兵退三十里，宋國和楚國講和，華元當人質。盟誓說：「我不騙你，你不欺我。」

【筆者的話】

劍及屨及，現在一般的成語使用，是指奮起速行，及

時去做。屨，是草鞋，也泛用做鞋子；其實這兒就是「履」的意思。

故事中的楚莊王，是春秋五霸之一，多少帶有霸氣。所以明明一般外交禮儀使節來往必須在路過某國時借路，他偏偏交代不借。而使齊過宋的申舟又是和宋國曾經有過節的人，加上宋國的執政者比較拘泥，不像鄭國的執政者知道隨機應變，因此申舟早料定自己有死無生，在臨出發前就向君王託孤。儘管這樣，照理楚莊王也應該料得到宋國的反應，可是一聽到宋國人真的殺了申舟，他還是氣極了，「劍及屨及」的一段描繪，正好顯示他的盛怒，以及盛怒之下，立刻要傳令攻打宋國的決心。他氣沖沖地一怒而起，古人席地而坐，他來不及穿鞋，來不及佩劍，就往外衝；不及等侍從備車，就往外跑。手下的人各司其事，一個個的追趕，才勉強盡到職責。他的想法，大約認為楚國的霸業已足夠讓他霸道一下了，而宋國這麼個小國居然還真的「敢」殺了楚國的使者！無論錯在不在自己，只管計較自己的面子，所以說楚莊王是夠霸道的。同樣是不借路就通行，鄭國會放過楚國的使者，宋國卻不肯權宜處理，這就該打，所以他以一國之尊，拍了胸脯保證：「宋國要真的殺了你，我就出兵打他！」這句話後來在他臨撤離宋國的時候，申舟的兒子當面提出質疑，楚莊王也真的無詞以對。

晉國的霸主地位，顯然受到了嚴重的挑戰。宋國求援，晉國也只能因應制宜，靜待時機。不過，要做精神上的支援，特別派了解揚到宋國打氣，做些空泛的鼓舞。鄭

國在外交上眞是「朝秦（在這裡該說『晉』）暮楚」，竟然攔下晉國的使者，把他當做囚犯獻給楚國。從這兒也可以了解：楚使者過鄭不借路，鄭國不計較的緣故了。解揚被楚王再三逼誘，不得已將計就計，使詐而輾轉達成任務。妙的是，他坦然面對楚王的責備，不卑不亢地強調使者的信義，無懼於可能招來的殺身之禍。楚莊王畢竟不愧爲一代霸主，他懂得憐才惜才，慨然地赦免了解揚，讓他回國，這種寬弘的胸襟，不負賢王的美譽。

而在宋國的方面，華元既勇於護持國家尊嚴，不惜觸怒楚國，殺了不肯借路、不尊重宋國國格的楚國使者申舟；等到晉國外援不至，楚國又準備屯兵久耗，華元再度使出險招——潛入楚營，劫持主帥子反，逼迫楚國談和，撤離宋國。他有本事說服楚國相信宋國人雖然已經「易子而食，析骸而爨」，慘不忍言，卻絕對不肯投降。以子反的性命要脅，是耍狠；拿自己做人質，當做談判的籌碼，是自我犧牲，總算解除了亡國的危機。就這點來說，華元倒也頗有擔當。儘管後來華元在履行諾言方面黃牛，藉故讓公子圍龜代替自己去楚國當了八年的人質，對締約雙方誠信原則來說，他不誠實；對公子圍龜來說，也不公平，難怪他埋怨。不過，在春秋時代霸權更迭，強國凌逼的狀況之下，宋國弱小，既求生存，又要堅守原則，華元以小國執政者，在盛怒的楚莊王攻宋的盛氣威迫之餘，還能夠表現到這樣子，算是相當不錯的了。

為什麼說「趙盾弒其君」？

文天祥膾炙人口的傳世之作〈正氣歌〉，有這樣兩句：「在齊太史簡，在晉董狐筆。」文天祥歌詠的正好都是充滿正氣的史官，都是不顧性命危險記載「弒君」事件；不過，其中複雜的情況卻不盡相同。簡單地說，兩個事件的肇因，都由於國君昏虐無道，齊太史記載「崔杼弒其君」，國君確實是崔杼所殺；但是，晉國的史官董狐卻用了曲筆，晉靈公並不是趙盾殺的。然而，《左傳·宣公二年》又為什麼記載：「趙盾弒其君」？

西元前六〇七年，晉靈公已經即位十四年，大約二十左右的年紀吧？他有個潑辣厲害的母親。十四年前，襄公逝世，執政大臣趙盾等人主張從秦國迎立晉文公的兒子、襄公的異母弟弟公子雍，使者都已派出，秦康公也已派兵護送，正在歸國途中了。靈公的母親穆嬴每天抱了孩子在朝廷哭鬧，說：「先君有什麼罪？他的合法繼承人有什麼罪？丟開嫡嗣不立，反而到國外去找君主，你們準備怎麼

安置這個孩子？」出了朝廷，她就抱了孩子到趙家，向趙
盾叩頭，說：「先君曾經把這個孩子囑託給你，說：『這
個孩子如果成材，我就等於受了你的恩惠；如果不成材，
我就怨怪你！』現在國君雖已去世，話還在耳邊，而你居
然拋開他不顧，究竟是怎麼打算的？」趙盾和大夫們都怕
穆嬴哭鬧，也怕她的家族威逼，於是立了靈公，派軍隊抵
禦秦國護送公子雍的衛隊。

　　我們可以說：趙盾為了穆嬴的哭鬧而立靈公，實在冒
了很大的險，付出了相當慘重的代價。原來的顧慮，是因
為靈公幼小，怕不能承擔大任，想到擁立年長的君主。因
為公子雍喜好善德，文公鍾愛他，跟秦國的關係又親暱，
立了他，可以使國家安定，對文公盡了大孝，和秦國的關
係容易維繫。如今遷就穆嬴的要求，立了靈公，第一步就
得轉變對秦國的態度，原本秦國是應和晉國而提供友好協
助，現在晉國毫無道理地把秦國的善意扭曲，把貴賓看做
入侵的敵人迎頭痛擊！試想秦人怎能嚥下這口氣？於是
秦、晉之間，多年爭戰，你來我往，兵連禍結。靈公六年
（西元前六一五年）的河曲之役，秦國取得比較大的勝
利，才稍稍略為消釋那股怨氣。

　　我們之所以說：趙盾立靈公冒了很大的險，除了從此
秦、晉交惡之外，另一個因素則是，他並沒有把握靈公會
是個好君主，或者像公子雍有多少優良的為君的條件。
《左傳》告訴我們，靈公不僅不是英明的好君主，而且出
乎想像之外，是個荒唐的暴君。也就因為這樣，趙盾差點
成了冤魂；僥倖不死，卻又為他背負了「弒君」的罪名。

　　西元前六○七年，魯宣公二年，《左傳》記載：晉靈
公違反爲君之道，徵收重稅，用來雕繪牆壁。他從高臺上
用彈丸打人，「觀賞」人們躲避彈丸的窘狀。他的廚子烹
煮熊掌，不夠爛熟，靈公殺了廚子，放在畚箕裡，讓婦人
捧了出去，經過朝廷，趙盾和士會看到了死屍的手。兩人
詢問殺人的原因，非常擔心。他們想進諫，士會說：「要
是您去進諫而國君不聽，就沒有人接著勸諫了。讓我先
去，他若是不聽，您再接著勸諫。」士會前進三次，靈公
都不給他機會，終於跟到了屋簷下，靈公才張眼看他，
說：「我知道錯了，以後我會改正。」士會叩頭回答說：
「大凡人，誰沒有過錯？要是犯了過錯之後，能夠檢討改
正，沒有比這再好的事情了。《詩經》說：『事情無不有
個好的開始，卻很少能夠貫徹到底，有個好的結果。』但
願君主能夠有始有終，那就是國家的保障了，何止是群臣
依賴您呢？」

　　靈公嘴裡說要改過，還是沒有用。趙盾好幾次勸諫，
靈公嫌他煩厭，就派遣鉏麑去暗殺他。鉏麑一早來到趙盾
家，看到趙盾的臥室門已經打開，趙盾穿得整整齊齊準備
入朝。時間還早，趙盾正坐著閉目假寐養息。鉏麑退出
來，長聲歎氣，說：「一個人獨處不忘恭敬，眞是百姓的
主人。刺殺百姓的主人，就是不忠；放棄國君的任命，就
是不信。不忠，或不信，有了一件，不如死了的好！」於
是鉏麑猛力撞向槐樹自殺了。

　　這年秋季九月，晉靈公請趙盾喝酒，打算攻擊趙盾，
把他殺了。趙盾的車右護衛提彌明察覺到了，快步登上殿

堂，說：「臣子侍候國君飲酒，超過三杯，就不合禮儀了。」於是顧不得讓趙盾穿好鞋子，就扶了趙盾下殿。晉靈公嗾使獒犬猛撲過來，提彌明上前和狗搏鬥，殺了牠。趙盾說：「不用人才，光知道利用狗，即使凶猛，又有什麼用？」邊鬥邊退出去，提彌明為趙盾犧牲了。

起初，趙盾到首山打獵，在翳桑過夜，碰到靈輒餓得厲害，問他有什麼病？靈輒說：「我已經三天沒吃東西了。」趙盾給他食物，他留下一半。趙盾問他原因，他說：「出來做事已經三年了，不知道母親是不是還健在？現在就快到家了，請讓我把這些食物留給她。」趙盾讓他吃完，而替他準備了一盒飯和肉，放在袋子裡交給他。後來靈輒做了靈公的衛士，在趙盾危急的時候，靈輒倒過來拿了兵器替他抵禦其他的衛士，使趙盾免於禍難。趙盾問他為什麼這麼做？他說：「我就是翳桑那個餓人。」詢問他叫什麼名字？住在哪裡？他不回答就退了出去，後來自己逃亡走了。

乙丑那天（杜預注：九月二十七日），趙穿在桃園殺死了晉靈公。趙盾沒有走出晉國國境，就回來重登卿位。史官記載：「趙盾弒其君」，拿到朝廷展示。趙盾說：「不是這樣的。」史官說：「您是正卿，逃亡沒有走出國境，回國不懲罰弒君的兇手，弒君的人不就是您，還是誰？」趙盾說：「唉呀！《詩經》說：『正因為我的懷想留戀，給自己帶來了憂傷。』恐怕就是說我的了。」孔子批評說：「董狐，是古代的好史官，據法直書而不加隱諱。趙宣子（趙盾），是古代的好大夫，為了法度而蒙受

惡名。眞可惜呀！要是走出國境，就可以免於弒君之名了。」趙盾派趙穿到成周迎接公子黑臀，而立他爲國君，這就是晉成公。

【筆者的話】

趙盾因爲穆嬴哭鬧而立了靈公，實在冒了很大的險，也付出了相當慘重的代價。爲了立靈公，秦、晉關係惡化，戰鬥不絕；而靈公絕對不如原來預備接位的公子雍，甚至荒唐昏暴；趙盾勸諫無效，好幾次差點被他害死；到最後還背了「弒君」的惡名。

整體說來，《左傳》假借孔子的評讚，大致是肯定趙盾的爲人的。從晉靈公幾度加害，趙盾都能化險爲夷看來，趙盾確實有過人之處。鉏麑寧願自殺，來保全趙盾，是受了他恭敬爲國的忠心感動。提彌明拚死衛護他逃過劫難，可見他待下至誠，所以下屬爲他不惜犧牲。靈輒倒戈，替他抵擋晉靈公的其他衛士，則是出於報恩心理，也見出趙盾平日爲人悲憫，有同情心。《史記·晉世家》把提彌明和靈輒二人的事蹟合併成一人所爲，人名是「示眯明」，應該是提彌明相近的發音。合爲一人，單就積陰德而獲報，是比較簡明而有力。而身分就不再是趙盾的車右護衛，而是靈公的廚師；在情節變化上，其實《史記》還不如《左傳》起伏大，自然令人驚駭緊張的程度，也不如《左傳》了。

從應付穆嬴而立靈公來說，趙盾明知不妥，卻硬是做了，後果眞的不堪設想，他的政治智慧並不高。若眞是無

法對付，當時計議立公子雍的時候，就該預謀退路，至少不致得罪秦國，弄得爭戰不止。而最後當他被追殺逃亡，途中聽到國君被弒，沒考慮太多，就匆匆趕回來。明明他是受害者，但逃亡未至國境，等於參與了謀弒；更糊塗的是：他對同宗兄弟趙穿的弒君行為，沒有任何叱責，那便形同默許；他又派趙穿去成周迎立公子黑臀，簡直毫無立場，好像讚揚他弒殺了靈公，才能換來新的君主似的。董狐的史筆正是「誅心」！

鬻拳、先軫強諫而自懲

在上一個故事中，我們談到趙盾對荒唐暴虐的晉靈公無可奈何，後來還冤枉地背上了弒君的惡名，做臣子確實不容易。在這一節，我們再看看另一種君臣關係的故事，那是：臣子為了善盡臣子的忠心，不惜運用特殊的手段；自己也覺得過分了些，於是又自我懲罰，最後甚至犧牲了性命。鬻拳的故事見於《左傳》莊公十九年，先軫的故事見於《左傳》僖公三十三年。前者是楚文王的臣子，後者是晉襄公的臣子。

西元前六七五年，楚文王對付巴人的叛變，在津地打了大敗仗。自從他的父親楚武王僭稱為王以來，楚國在南方獨霸，一直是打勝仗的；楚文王時，伐申、虜蔡哀侯、滅鄧，陵壓長江、漢水一帶的弱小國家，氣勢一向很盛。過去武王攻克了權國，派遣鬥緡去那裡統治，鬥緡據有那個地方，公然叛變了楚國。武王包圍了權地，殺掉了鬥緡；又把權地的老百姓全部遷徙到那處城，派閻敖到那處管理。等到文王即位，楚國和巴國人一起出兵攻打申國，

楚軍使巴國的軍隊受到驚嚇。於是巴國人背叛楚國，進攻
那處，加以佔領，就又攻打楚國都城的城門。閻敖從涌水
游泳逃走。楚文王殺了閻敖，他的族人作亂。到了冬季，
巴國人趁機發兵攻打楚國。沒想到楚文王和巴人對陣，竟
然吃了敗仗。他掉兵回國，鬻拳不肯打開城門讓他進城。
於是楚文王就轉向去進攻黃國，在踖陵打敗了黃國的軍
隊。他帶兵回轉，到達湫地，得了病，夏季六月十五日死
去。鬻拳把楚文王安葬在楚國歷代君主的塚墓所在，然後
自殺，他的遺體就葬在君王地下宮殿的前側。

　　當初，他堅決勸阻楚文王，楚文王不肯聽從，鬻拳就
拿了武器脅迫，楚文王害怕，只好聽從。事後，鬻拳自我
檢討說：「我用武器威脅國君，使國君害怕，沒有比這更
大的罪過了。即使國君不討伐我，我能不自己懲罰自己
嗎？」於是自己砍去兩腳。楚國人讓他做看守都門的警
衛，稱呼他為「太伯」，並且讓他的後代也執掌這個官
職。君子人讚美鬻拳，說：「鬻拳可以說是愛護國君了。
由於勉強勸諫而使自己受刑，受刑之後還不忘引導國君做
到完善的地步。」

　　跟鬻拳勉強君主接納意見，採行半強制手段類似的，
是晉國的先軫。他在盛怒之下，不顧君臣儀節，表現了對
君主缺乏主見、貽誤軍機的強烈不滿。西元前六二七年，
《左傳》僖公三十三年記載：晉國的大軍在殽山埋伏，大
敗秦兵，俘虜了秦國的三位重要將領，凱旋而歸。新即位
的晉襄公聽從母親的勸說，釋放了三位將領。先軫入朝進
見國君，問起秦國的俘虜，襄公告訴他，已經依照夫人的

要求，放他們回去了。先軫又急又氣，說：「將士們費盡力氣，從戰場上把他們俘獲；婦人幾句話一騙，你就把他們放了。毀損自己的戰果而增長敵人的氣燄，晉國就要滅亡了。」他一時情急，毫不遮掩，當著晉襄公的面就往地上吐唾沫。晉襄公派遣陽處父去追趕，三位秦國將領已經在船上了。陽處父解下車左邊的驂馬，以襄公的名義贈送給他們，希望他們上岸領賞，好抓回去交差。為首的孟明在船上叩頭說：「蒙君主的恩惠，不拿我們幾個俘虜去獻祭釁鼓，讓我們回去在秦國接受誅戮。寡君如果殺了我們，我們死了也不朽；寡君若是順著君主的恩惠，赦免我們，三年以後，我們將會拜謝君主的賞賜。」

先軫雖在襄公面前發了脾氣，卻於事無補。這年秋季，狄人攻打晉國，襄公在箕地打敗狄軍，卻缺俘虜了白狄子。先軫說：「我不過是一個普通人，在國君面前逞一時的快意，僥倖不受懲罰，我豈敢不懲罰自己？」他脫下頭盔衝入狄軍，死在戰場上。狄人送回他的頭顱，面色像活著一樣。

【筆者的話】

鬻拳和先軫都是耿介、強諫、敢作敢當的忠臣。他們的偉大，在於面對國君所做的「自己不認可」的行為，他們敢於強諫、抗拒、直言。而對於自己超越禮法的行事，即使楚文王、晉襄公這兩位不算太差的君主並不計較，他們都採了自我檢討、自我懲罰的方式，最後兩人都付出了寶貴的性命。

　　根據《左傳》的記載，楚文王是強勢的君主，繼承父親武王的功業，長江、漢水一帶的小國家對楚國都唯命是聽。鬻拳不能接受一個吃了敗仗而回頭的君主，竟然不讓國君進城，逼得文王另外轉頭攻打黃國，再立軍威。事實上，勝敗乃兵家常事，一個守都門的警衛居然替國君作主，認為「輸不起」，要逼他再另立功績，而犯下「違抗君命」的大罪，簡直傳奇得很。而更感人的是，文王果然施展兵威；出乎意料的，卻死在回國途中。也許，這樣的情節起伏，別有撼人心弦之處。最讓後人瞠目結舌的是：鬻拳盡心為文王辦喪事，辦好喪事之後，自殺殉君，不忘護衛的本職。他的行為，幾乎一件件都是別人做不到的，他根本的動機則是對國君的一片忠愛赤誠。當然，我們讀史的人，也必須了解：鬻拳的作法，並非常道。可以說，他是在特殊的狀況之下，因為個人的氣稟才質，而堅持某些常法之外的行為。由於這些「脫軌」的行為在春秋那種封建社會足夠被認定是叛亂，所以他心中愧疚，要自我懲罰，因此他先是自己刖足，後來甚至自殺殉節。有人從鬻拳的身分去研究，他是楚王的同姓宗族，對本族的生存發展特別關心，責任所在，遇到大事也不能逃避，遠走其他國家。所以他在不容易達成勸諫目的的時候，情急之下，便使用了非常的手段。無論如何，鬻拳的悲壯故事，幾千年之後，讀來還是很有震撼性。

　　先軫的故事稍微單純一些，而秦、晉兩國的恩怨、和戰倒是情形微妙複雜。由於晉文公在外流浪十九年，與諸侯國的君主各有不同的恩怨。後來他借助秦穆公的力量回

妹

到晉國（他的異母姐姐秦穆公夫人——穆姬可能是最大的
助力），因此秦國對晉國是有恩。但是，西元前六三〇
年，《左傳》魯僖公三十年記載：秦、晉兩大國聯軍出動
去包圍鄭國，因為鄭君曾對晉文公無禮，又與楚國交往，
心向著楚國。鄭國在兩大國的圍困之下，根本沒有活路。
但是鄭國的大夫燭之武卻利用秦、晉之間的矛盾衝突，挑
動秦穆公對晉國的不滿，包括：攻打鄭國只對晉國有好
處，保留鄭國反而對秦國有利益。晉文公之前的惠公虧欠
秦國太多，未來晉國還會如何損害秦國的利益，很難預
估，何必替晉國作戰，為難鄭國呢？於是秦穆公匆匆調兵
走了。這是秦負了晉。二年後晉文公過世，剛巧秦國留在
鄭國「協防」（可能有間諜任務）的杞子傳來消息，說是
已經取得鄭國北門的鑰匙，只要秦國派兵前來，就可以把
鄭國佔領。秦國始終對鄭國存有野心，所以派人臥底，這
時秦穆公也聽不進蹇叔的忠言，執意要派兵偷襲鄭國。

　　果然不出蹇叔所料，路途遙遠，行軍的目的被識破。
也難得鄭國的商人弦高機警而又有膽識，奉上豐厚的禮
物，對著秦國的將領，假裝是使者，暗示說鄭國已經知道
秦兵來了，早有準備；又儘快向執政者報告消息。孟明等
人看看偷襲的成功率不大，就這樣調兵回去又不甘心，便
順道滅掉滑國。晉國人偵探到這個訊息，非常憤慨。一則
因為有國喪，秦國毫無哀悼之意，竟然用兵；二則秦國漠
視晉國的盟主地位，侵伐晉國的同姓國家。臣子們討論，
是否要出兵攔截回程的秦國部隊？主戰者認為應該宣洩一
下憤恨不平之氣，追究兩年前秦兵突然撤退的負約行為，

更覺不能原諒。主和者仍是考慮到秦穆公協助晉文公回國
取得領導地位，對晉國有恩，不能恩將仇報。辯論的結果
是決定出兵，給秦人一點教訓。於是便有了著名的殽之
戰。晉人利用天然的地勢，巧妙地埋伏，出其不意，秦軍
全軍覆沒，三位主要將領都被俘虜，晉國大勝，秦國慘
敗。這一仗晉國出師有名，打得漂亮，在秦、晉時好時壞
的關係上，要是爭論起來，便多了一個非常有利的籌碼。
俘虜的處置，自然攸關大局了。正因為這樣重要，所以先
軫那麼關心，發現處置不當，自然就急得口不擇言，行為
也來不及檢點，因而不顧禮儀了。

　　前面提及，秦、晉之間的關係非常微妙，主要是兩國
有婚約，說起來彼此是親戚，卻又因為政治利害關係不
同，常常會顧全自己國族的發展，就顧不了對方的利益。
最為難的常是那些政治婚姻犧牲下的女子。她究竟該為娘
家，還是為夫家出力？這豈不是兩難的困境？魯僖公十五
年（西元前六四五年），穆姬為維護理曲的兄弟晉惠公，
拿親生的兒女做要脅，向丈夫抗爭。這是「出嫁不從
夫」。至於文嬴，為了娘家的國族利益，不惜花言巧語，
矇騙沒有政治經驗的兒子，讓他釋放了三個重要的俘虜；
毫不考慮兒子是新即位的君主，他要如何向一些老臣交
代。這是「夫死不從子」。穆姬和文嬴的身分、使命都很
相似。古人很講究敬老、尊上，在長輩面前，不能隨便擤
鼻涕、吐唾沫，先軫居然做了，對國君的言辭也不恭敬，
對文嬴還表示不滿，這樣無禮的表現，雖然情有可原，晉
襄公反省之後，立刻補救，毫無見怪之意；但是他自己還

是寧願戰死，藉以贖罪。有人說，先軫拚命衝鋒，可能是
那次戰爭勝利的主因。那麼他的犧牲具有多重意義，至於
死後首級就跟活著的一樣，可能是英靈長在吧！古人寧願
相信這樣的「奇蹟」的。

豕人立而啼
——彭生顯靈？

讀過《西遊記》的人對作者的活潑想像力都不得不佩服的。豬八戒的造型，給人何等深刻的印象？不論是否讀過《西遊記》，大家對豬八戒都不陌生。這個豬精，是「人立」的豬面、人身的怪物。若是不嫌附會，豬八戒的造型或者可以推溯到《左傳·莊公八年》的一句「豕人立而啼」吧？

據說齊襄公在貝丘打獵，看到一隻野豬特別龐大，跟隨的人說：「是公子彭生啊！」襄公很生氣，說：「彭生敢膽出現！」他用弓箭射那隻大野豬，受傷的大野豬像人一樣站立起來，痛得大聲啼叫。齊襄公嚇得魂不附體，從車上摔下來，腳受了傷，丟了鞋子。

原來，齊襄公在位的時候，就有些不按規矩行事，他還和妹妹文姜有曖昧關係。文姜嫁給魯桓公了，兒子都已經十二歲了。她跟著丈夫到齊國，魯桓公與齊襄公在濼地會見，齊襄公和文姜通姦，魯桓公責備文姜，文姜就告訴了齊襄公。齊襄公便在夏季四月初十日，設宴款待魯桓

公。會後交代公子彭生招呼魯桓公搭車，結果魯桓公就死
在車裡。魯國人向齊君提出質疑，說：「我們的國君敬畏
您的威嚴，不敢在國內安逸閒居，特地來貴國重修舊好。
如今禮儀完成了，卻沒有回國，我們無從追究罪責，這件
事傳揚開來，必定使貴國在諸侯間的名譽受損，我們請求
用彭生來消除這種壞的影響。」於是齊國人殺死了彭生。
這年魯桓公十八年，西元前六九四年。

　　魯莊公即位，《春秋》沒有記載，那是由於父親被
殺，母親文姜又留在齊國沒有回國的緣故。後來文姜回來
過，三月再記載「夫人到了齊國」。不稱姜氏，而稱夫
人，是由於斷絕了母子關係，這是合於禮的。此後，《左
傳》記載：莊公二年冬季十二月，夫人姜氏在禚地和齊襄
公相會。《春秋》記載這件事，是因為他們通姦。《春秋》
又記載：莊公四年，文姜在祝丘設宴款待齊襄公；五年夏
季，姜氏到齊國的軍區來。這都表示齊襄公和文姜仍維持
通姦的關係。莊公七年，齊國送來衛國的寶器，是由於文
姜請求的緣故。莊公和齊君一同伐衛，文姜藉此彌補一點
心理的愧疚。莊公七年又記載：春季，文姜在防地和齊公
相會，這是魯國的地點，是襄公的意思；冬季，兩人又在
齊國的穀地會見，這是文姜走訪齊襄公了。

　　就在次年，西元前六八六年，魯莊公八年，齊國發生
政變，公孫無知弒殺了國君襄公。無知是齊僖公同母兄弟
夷仲年的兒子，僖公很寵愛他，一切的衣服、禮儀等等待
遇都和嫡子一樣。襄公即位以後，降低無知的待遇。剛好
連稱、管至父怨恨襄公不守信諾，他們已經在葵丘戍守了

一年，國君承諾一年要換防的，卻一再請求，也沒有結果。兩人攀緣公孫無知，想依靠他發動叛亂。

連稱有個堂妹，在襄公的後宮，不受寵幸，他們讓她偵伺襄公的舉動，公孫無知說：「事情要是成功了，我就立妳為君夫人。」

這年十二月，齊襄公在姑棼遊玩，然後在貝丘打獵。於是發生了彭生顯靈，一隻大野豬像人一樣直立起來，大聲啼叫，把齊襄公嚇得摔傷掉鞋的事。他怒沖沖地回到宮中，責求侍者費去給他找回鞋子。費找不著，襄公就鞭打他，打到身上流血。費走出去，在宮門口遇到叛賊，叛賊劫持他，把他綑綁起來。費說：「我怎麼會抵抗你們哪！」解開衣服讓他們看自己的後背，叛賊相信他了。費表示願意和他們一起行動，要求讓自己先進去。他進去，把齊襄公掩藏起來，自己再出宮，和叛賊搏鬥，死在宮門裡。石之紛如死在台階下。叛賊於是闖入宮中，在襄公的床上殺了孟陽，說：「這不是國君，樣子不像。」他們四處搜尋，一眼看到襄公的腳露出在門下邊，就把他殺了，立了公孫無知做國君。

【筆者的話】

齊襄公為了美色而肆無忌憚地指使人殺了友邦的國君，《左傳》說他「無常」，說得真好！更何況他通姦的對象是自己的妹妹，即使是異母吧，也是親兄妹。他確實是驚世駭俗的。如果貝丘打獵碰到的大野豬，真的是彭生顯靈，齊襄公可以說是死於因果報應。細玩《左傳》的記

述，襄公看到的明明是野豬；有可能是隨從看到鬼怪，也有可能是隨從早被公孫無知收買，故意假做驚慌，藉齊襄公的虧心事來刺激他。事實是他因此心虛害怕，從車上摔下來，摔傷了腳。正因為摔傷了腳，躲在門後頭，大約受傷的腳承受不了身體的負荷，向外舒展，才會露出門外，被叛徒發現。總之，他被驚嚇受傷，是因為隨從提及「彭生」，他先受了傷，才躲不過叛徒的搜索，遭了殺身之禍。而彭生之所以成為足以懼怕的鬼怪，那是因為他指派彭生殺死魯桓公，卻又殺了彭生來向魯國人勉強交代，彭生等於是被他冤死的。《左傳》沒有明言彭生殺魯桓公，但魯桓公是由他招呼的，卻不明不白死在車上。即使是其他因素，彭生也有嫌疑。《公羊傳》就說得很詳細，說是彭生力氣大，拉扯兩腋，折斷肋骨，殘忍地殺人。《左傳》其實用的是虛筆，不言而喻。彭生殺人，尤其是友邦的元首，刑責難逃，無話可說的；問題是，他受命而為，最後執法殺他的，正是要他執行任務的人。李清照的《夏日絕句》歌詠項羽說得好：「生當做人傑，死亦為鬼雄。」彭生是大力士，冤死之後，如果可能，是可以大大為祟的。不論是真是假，齊襄公怕得不無道理。筆者之所以說，齊襄公死於因果報應，並非真的相信什麼因果輪迴，而是基於以上的理由。

　　《左傳》喜歡描寫賢者議論時事，藉來預示後果。魯桓公和文姜出發前往齊國與齊襄公會晤的時候，魯國大夫申繻曾經說過：「女人有丈夫，男人有妻子，不可以彼此輕慢，這叫做有禮。違反了這一點，一定壞事。」照他的

語氣評斷，齊襄公與文姜之間早有曖昧關係，而且已經是
很多人都知道的「祕密」。依照《左傳》的描繪，文姜幾
乎是同謀害死了丈夫，因此她不敢回國參加兒子的登位典
禮。丈夫死後，一直到齊襄公被弒的七、八年，《春秋》
陸續記載了文姜到齊國的事，大大超出一般君夫人出現的
或然率，還是採取點到為止的手法，大致的含義，也都可
以理解了。

齊襄公被殺，除了桃色案件致命，直接的肇因，則是
前任齊僖公——襄公的父親過分寵愛公孫無知，讓他一切
待遇和身為嫡子的襄公一般不二。《韓非子》曾經暢論
過：庶子絕對不能讓他和嫡子不相上下。原因是體制攸
關，嫡庶有別，等級不同，庶子自然安分守禮，不致有非
分越禮的行為。如今無知在僖公時代受盡寵愛，享盡榮
華，他的待遇和襄公一樣，心眼裡大約也以為自己理當做
國君的。到了襄公即位，他的優越感既受到挫折；襄公基
於體制，以及多年的容忍也到了可以自主、不必再勉強容
忍的時候了，便減低了無知的待遇。想來無知是被齊僖公
慣壞了，他不能識大體，好好盡心盡力做個輔弼大臣，相
反地卻有爭奪君位的野心。正好這種野心被連稱、管至父
兩人利用了，也正好襄公與文姜之間的孽緣曾經讓彭生冤
死，彭生強梁者暴卒，就被利用來製造恐怖氣氛，於是叛
黨便順利地弒殺了齊襄公。

當然，一個強取豪奪的叛賊，要想在政治舞台立足，
勢必得具備相當的條件。無知並非真有才幹的領袖，他冬
天弒君，隔年春天，還來不及即位，他就因宿怨被殺了。

繼位的是後來赫赫有名的齊桓公。

　　儘管齊襄公無德而又「無常」，在他面臨叛賊追殺的關鍵時刻，仍然有三個忠誠的宦官為他拚死犧牲。費在備受冤屈鞭責之後，還和叛賊周旋，想盡辦法要為國君找一條活路，齊襄公真該愧死；孟陽死在國君的床上，楚漢相爭時，紀信代高祖誑楚正是它的翻版。附帶一提，鄭太子忽以「齊大非耦」婉拒的對象，正是招惹事端的文姜，太子忽果然是「自求多福」。

晉景公病入膏肓

西元前五八一年，正是晉景公十九年，魯成公十年，《左傳》記載：晉侯夢見一個兇惡的厲鬼，披散著長髮拖到地上，搥胸跳腳地說：「你殺了我的子孫，這是不義。我的請求已經得到上帝的允許了，我要你的命！」厲鬼毀掉宮門和寢宮的門，走了進來。晉景公嚇壞了，躲進內室，厲鬼又毀掉內室的門，直逼過來。晉景公醒來，驚魂甫定，就召見桑田的巫人。巫人一占卜，談到晉景公的夢境，說的和晉景公所夢見的一模一樣。景公問：「你看這個夢是吉？是凶？究竟怎麼樣？」桑田巫人說：「您大概今年吃不到新收的麥子了。」

晉侯病重，晉國的名醫都看遍了，仍然沒有起色，於是到秦國去敦請醫生，秦伯推薦了著名的名醫緩來給晉侯治病。名醫緩還沒來到，晉侯恍恍惚惚地又夢見惡疾幻化成兩個小鬼來糾纏他。一個說：「秦國的醫生緩是高明的醫生，他恐怕會傷害我們，我們該往哪兒逃呀？」另一個說：「我們待在肓的上面，膏的下面，這樣誰對我們也毫

無辦法。」醫生緩來到，診視過病情，憂傷地說：「國君的病治不好了。如今病症已經在肓的上面，膏的下面，砭石不能用，針刺搆不到，藥物的力量也達不到那裡，所以這個病是治不好的了。」晉侯說：「眞是好醫生呀！」交代餽贈給他豐厚的禮物，送他回秦國去。

六月六日，晉侯想吃新收的麥子，吩咐甸人奉獻，饋人烹煮成麥飯。他把桑田的巫人召來，給他看新麥飯，說：「你看，我還是吃到今年的新麥飯！你占卜錯了，我要懲罰你！」他殺了桑田巫人。他正要進食，突然肚子發脹，上廁所，跌到廁所裡死去。有個宦官曾經嚷嚷過：說是早晨做了夢，夢見背了晉侯登天，結果當天中午他背著晉侯出廁所，於是就把他殉葬了。

【筆者的話】

這個故事就是「病入膏肓」的典故由來。故事涉及怪力亂神，《左傳》不免浮誇，「經」中並未記載，孔老夫子顯然愼重得多。晉景公久病昏聵，先是內心不安，而後又恐懼死亡，最後還報復性地殺了巫人洩憤，可惜仍逃不過死神之手。

人是否眞的日有所思，夜有所夢？晉景公爲君期間，並未大殺功臣，若要推究厲鬼所謂「殺余孫」的不義行爲，大約只有前兩年的殺趙同、趙括之事，因此注解解說都認爲：晉侯夢見的是趙氏的先祖。由於事件起因是趙莊姬爲情人趙嬰之故，報復性的誣陷，所以晉侯殺戮公族，或許也明明知道冤枉，心中不安，才做了這樣的怪夢吧！

詭異的是巫人占卜，描述的夢境居然完全一樣。而桑田巫人又不避忌，竟然直言國君活不到秋天，吃不到新麥飯。巫人盡職，原則上也不算大過，荒唐的是國君既要解夢，又聽不得直爽的真話，他殺巫人，顯見器量狹小，既昏聵又狂妄。他死後，臣子們把那個好事吹噓的宦官陪葬，又見出另一種暴虐：那個宦官可能只是想巴結討好，做了背著國君登天的美夢，偏偏又背著國君出廁所；這背著國君出廁所的工作也許天天都在做，偏偏這回國君死了，巧的是他又誇過「登天」的事，有迷信的國君，就有迷信的臣子，國君死了，不就是登天嗎？於是那個宦官就只好冤死，怪只怪他多話吧！

　　景公重病之後，也許精神時好時壞，這種狀況，難免惜命怕死，於是恍惚之際，他又做了逼真於現實情境的夢。膏與肓的解說，竹添光鴻《左傳會箋》依據杜預注：「肓，鬲也。心下為膏。」加以詳釋：「鬲，膈膜之膈，胸腹相隔之所是也。」又引述傅遜的說法：「心下有微脂為膏，鬲下有薄膜為肓也。」是至虛之處，根本良醫束手，所有醫療手段都無法著力。《韓非子．喻老篇》及《史記．扁鵲倉公列傳》都記載：神醫扁鵲有病在骨髓無法醫治的說法，意思有些相近。《左傳》的文筆又嘗試巧合的情節：遠從秦國敦請前來治病的名醫緩的診斷居然再度與晉景公的夢境不謀而合。可能晉侯對自己的病情有些自覺，也可能名醫是友邦君主秦伯力薦的醫療高手，晉侯除了佩服，還表明了謝意，毫無對待桑田巫人那種狂妄的心態。想來第二個因素居多，晉侯根本神志清楚，後來之

所以殺了桑田巫人，主要恐怕是由於在國內他大權在握，
要耍蠻，誰也拿他沒輒，可見權力多半使人貪婪，也使人
昏聵。就因爲背景不同，所以同樣面對晉景公嚴重的病
況，同樣說了不入耳的眞話，國內的巫人被冤殺了，異國
的名醫卻得到優厚的賞賜，難道說這也是命運嗎？

意圖染指，公子宋弑君

我們常常形容對一樣東西積極爭取，急欲擁有，甚或帶有不夠光明的意圖的，叫做：意圖染指。形容一樣食物讓人不禁食欲大增，說是：食指大動。這兩個典故在《左傳》裡是相貫的故事，原本可以是很有趣的故事，因為當事人的處置不當，卻演變成了弑君的悲劇。

西元前六○五年，《左傳》宣公四年記載：楚國人獻給鄭靈公一隻大鱉。公子宋和公子歸生將要晉見國君，公子宋的食指突然不自主地搖動，就叫公子歸生看，說：「以往要是發生這種狀況，我就一定可以嚐到奇特的美味。」等到進入宮中，看到御廚大師傅正在把大鱉解剖切塊。兩人互相看看，不禁笑了起來。鄭靈公問他們為什麼笑？公子歸生就把剛才的情形告訴了靈公。

等到大鱉烹煮好，賜給大夫們品嘗的時侯，靈公也把公子宋召來，但偏偏不給他一份。公子宋發怒，把食指放進鼎裡，蘸了羹汁，嚐了味道，才退出去。鄭靈公發怒，威脅著要殺公子宋。公子宋害怕，找公子歸生計畫先下

手。公子歸生說：「牲口老了，要殺它都還有所顧慮，何況國君呢？」公子宋看公子歸生不跟自己同謀，就反過來在國君面前誣陷公子歸生。公子歸生害怕，只好跟著他做。這年夏天，他們殺了鄭靈公。

《春秋》記載說：「鄭公子歸生弒其君夷。」這是由於公子歸生的權衡能力不足的緣故。君子說：「仁愛而沒有勇氣，總是行不通的。」大凡弒殺國君的事件，如果只記載國君的名字，那是由於國君無道；記載臣下的名字，那是由於臣下的罪過。

鄭人要冊立公子去疾做國君，去疾推辭說：「若是論賢能，那我還不夠格；若是論順序，那麼公子堅比較年長。」於是冊立了公子堅做國君，就是鄭襄公。襄公想驅逐他的兄弟們，只留下公子去疾。公子去疾不贊同。他說：「如果穆公的兒子們合適留下來，去疾本來就希望這樣；如果要驅逐他們，那就讓他們都流亡，去疾憑什麼單獨留下？」於是鄭襄公赦免了兄弟們，讓他們都做了大夫。

【筆者的話】

所謂：「鄭公子歸生弒其君夷。」的記載，在《春秋》來說，實蘊含了微言大義。鄭靈公的名字叫夷，他被殺了，而名字被登錄，就表示他有過錯；弒君的事件，臣下的名字寫了出來，表示臣下有罪過。主謀是公子宋，偏偏不寫，而寫「公子歸生」，此中仍有深義。像「趙盾弒其君」一樣，《春秋》這段記載寓含了貶斥的微諷。

這個因為食指動而引出的故事，若是遇上風趣的國君，也許就湊趣讓巧合應驗的事跡成為君臣宴飲的絕妙話題。然而鄭靈公有些惡質性的惡作劇，故意不讓公子宋品嚐鱉羹，目的不外是炫示自己能主宰臣下，自己有辦法讓已經應驗的事不生效驗。他可能過分任性，完全不考慮臣下的立場；但是，公子宋的「染指」行為，同樣任性，不顧國君的威嚴。更糟糕的是，鄭靈公把半開玩笑的事件，從公子宋出乎意料的反應，激彈出過分嚴重的斥罵。看《左傳》的記載，他應該只是當時一種機械性的激彈，憤怒斥責而未必真有非殺不可的決心；怎奈既已有任性的惡作劇，誰又有把握他不是存心殺人？《韓非子・難四篇》曾作過分析：鄭靈公說殺又不殺，也沒有化解，是犯了「懸怒而不誅」的毛病。按照韓非子的看法，做國君的最好不要輕易表露個人的喜怒，尤其關涉到賞罰問題的事，以免讓臣下有所因依，於是飾偽作假，使國君判斷錯誤，賞罰因而不公允。鄭靈公任性使氣，對臣下無謂的作弄，破壞臣下不傷大雅的取樂，說來不夠大度，這種促狹，甚至有些無聊；放言要殺人，似乎也小題大作，畢竟罪不至死；而終於又捨棄不再追究，並不足以顯示其寬和，只暴露他粗枝大葉，有口無心的膚淺。《史記・鄭世家》對靈公的事跡，只有「食黿、染指、被殺」一事，初初即位，就做了荒唐事，變成絕無僅有的史蹟，說來可憐，卻全是咎由自取。

任何事蹟，人際的交錯糾葛原本就形成複雜錯綜的迷惘。鄭靈公的任性恣意，若不是遇到像公子宋那樣，也是

任性恣意、目中無君的近親大臣，事情的結局可能改觀。
國君可以任性，他有至高的權限，以及世襲制度下的威
權；但臣下不然。公子宋憑個人的力量，事實上也無法弒
君。後人論史，幾乎都認為孔子寫《春秋》，特意標出公
子歸生的罪名，其中的一個因素就在於：公子宋獨力不可
能弒君，所以才拖公子歸生下水。公子歸生不從，他竟然
利用君臣矛盾，在國君面前說歸生的壞話。這一招有效，
正顯示出靈公確實是昏君。他既發話在前，要殺公子宋；
此刻又受公子宋的讒言，動搖對公子歸生的信任。連公子
歸生也沒有把握，究竟這個昏君能否分辨是非？大約信讒
誤判的可能性最大。正因為靈公有重大的缺陷，公子歸生
雖然於心不忍，早勸過公子宋，他迫不得已終於答應公子
宋的要挾，一起做了逆倫悖理的事。筆者認為公子歸生其
實蠻令人同情的，如果不是遭逢「君不君，臣不臣」的雙
重困境，他絕對不致在史上留下惡名，六年之後過世了，
鄭國人還不放過他的遺體和家族呢！《左傳》宣公十年記
載：公子歸生死了。鄭國人為了討伐殺害鄭靈公的那次動
亂，掀開他的棺材，暴露他的屍體，同時趕走他的族人。
從這些狀況的剖析，我們不免聯想到：越是艱難的險境，
越能見出處事的智慧是多麼重要。讀史至此，不免要感
嘆：像公子歸生那樣的處境，如果有大智慧，是否可以化
解昏君愎臣緣於驕恣任性而造成的僵局？那是不足掛齒的
細故小事引發出來的僵局呀！試看古來許多折衝樽俎的士
人，他們所遭遇的困境，他們所克服的險難，有的比這個
還要嚴重，因此，公子歸生的處變能力可以說是不足的

了。《左傳》解說他是「仁而不武」，他的批判力和決斷力都是不夠的，選擇行事的輕重緩急拿捏不準，只好盲目地被捲入一場毫無道理的悲劇中，蒙受千載的惡名，死後不得安寧，連累家族，真是不值。

根據《史記》的說法，新即位的襄公之所以有意流放兄弟們，原因就是他們與公子宋一起合謀弒殺鄭靈公。公子去疾讓位在先，又解救諸兄弟在後，人性的光輝使這段悲慘的故事多少閃爍了一些明亮的光彩。

費無極巧計陷害郤宛

《**左**傳·昭公二十七年》（西元前五一五年）記載：郤宛為人正直而又溫和，楚國人都喜歡他。費無極和鄢將師朋比為奸，兩個人都憎惡郤宛；令尹子常貪財而又相信讒言，費無極常常說些郤宛的壞話。這一天，他對令尹子常說：「郤宛想請您喝酒。」又對郤宛說：「令尹想到您家來喝酒。」郤宛聽了很緊張，說：「我是個卑賤的人，實在不夠格讓令尹屈尊前來。令尹如果一定要來我家，賜給我的恩惠就太大了。我沒什麼好奉獻的，怎麼辦？」費無極說：「令尹喜歡鎧甲、武器，您把它們拿出來，我替您挑選。」結果選好了五副鎧甲、五件兵器，費無極說：「把它們放在門口，令尹來了，一定會觀看，趁機就獻給他。」等到約好的宴飲的日子，郤宛特意張羅了帳幔，把鎧甲、兵器放在裡面。費無極故意慌慌張張地跑去見令尹，氣急敗壞地說：「我差點就害您遭了大禍！郤宛將對您不利，鎧甲、兵器都放在門口了，您千萬不要去！我想起來了，今年春天，我國和吳國在潛地的戰役，

本來我們可以大勝的，是郤宛接受了吳國的賄賂，調兵回頭；又耽誤了其他將領，讓他們也跟著撤退。他藉口說：『吳國有內亂，趁人動亂而進兵，不吉祥。』其實吳國過去也曾經趁我國國喪對我國用兵，我國就是趁他動亂而進兵，不也可以嗎？」令尹派人去郤宛家中觀察，真的門口有鎧甲、兵器。他不去了，召見了鄢將師，把這件事告訴他。鄢將師退下，就下令攻打郤氏，並且放火燒房子。郤宛聽到消息，就自殺了。國人不肯放火，鄢將師下令說：「誰要是不肯燒郤家，就和郤宛同罪。」於是有人拿了編結的菅草，有人拿了一把禾桿，丟到郤家，終究還是沒有放火燒。鄢將師就命令里長放火，把郤氏的族人、親屬都消滅了；又殺了郤宛的同黨——陽令終和他的弟弟完、佗，以及晉陳和他的子弟。晉陳的族人在都城裡大聲呼號，說：「鄢氏、費氏自以為是君王，他們專權，禍亂楚國，使王室削弱孤立，矇騙君王和令尹來自己牟利。令尹完全信任他們了，國家將要怎麼辦？」一些呼號的話，令尹子常都聽到了，心裡很擔憂、很懊惱。

從此以後，人們為郤宛不平，毀謗的怨言一直沒有平息，連分派到祭肉的一些卿大夫也沒有一個不指責令尹。沈尹戌對令尹子常說：「郤宛和陽令終，沒有人知道他們犯了什麼罪，而您竟殺了他們，以致引起國人對您的不滿，毀謗的怨言到現在還未平息。我很迷惑：仁德的人，讓他殺了人來搪塞人們的指責，他都不幹的；如今您卻是殺了人來招致指責，竟不考慮如何彌補，這不是很奇怪嗎？談到費無極，是楚國愛進讒言的人，老百姓沒有不知

道的。當年去掉朝吳，趕走蔡侯朱，喪失太子建，殺死伍奢，矇蔽君王的耳目，使他聽不清、看不明。要不是他作怪，平王溫和、慈惠、恭敬、節儉，有超過成王、莊王而沒有不及他們的地方。平王之所以得不到諸侯的重視，就是因為接近了費無極。現在又無端殺了三個無罪的人，引起了極大的指責，毀謗的餘波都已經擴大到您身上了，而您還不趕快想想辦法，要您這個令尹做什麼呢？談到鄢將師，矯用您的命令，去消滅郤宛、陽令終、晉陳三個家族的人。這三個家族，是國家優良的家族，在位沒有過失。目前吳國已立了新君，邊境日漸緊張，楚國要是有什麼動亂，您恐怕就危險了。聰明的人消除讒言來保全自己，您卻喜歡讒言使得自己危險，您的昏亂也太過分了。」令尹子常說：「這是我的過錯，怎敢不好好打算！」九月十四日，令尹子常殺了費無極和鄢將師，消滅了他們全部的族人，來向國人交代，指責的言論就不再出現了。

【筆者的話】

　　費無極陷害太子建及伍奢、伍尚、伍員父子，我們曾經討論過。《左傳》記載的，昭公二十七年費無極陷害郤宛的事，明顯地是設計陷害，利用郤宛厚重老實，假意示好；故意在令尹子常和他之間傳話，郤宛是誠心誠意備了鎧甲、兵器，以為令尹真的要來賞光，真的會喜歡，有心奉獻。而費無極算準了：經過自己唯妙唯肖地表演，令尹必定誤會郤宛有不良的意圖。於是藉機再挑撥是非，硬是把郤宛說成是個通敵受賄的人。這還不打緊，他唯恐郤宛

不死，就讓他的同謀——鄢將師發號施令，圍攻郤氏，放火燒屋。逼死了郤宛還不夠，人們不肯放火，鄢將師強迫里長放，把郤氏全族殺了，並且把同黨的陽令終及晉陳的全族也消滅掉。

　　這樣陷害忠良，趕盡殺絕，一手導演，犧牲多少無辜的生命，只爲了妒嫉！完全喪盡天理，泯滅人性。更可怕的是，費無極的害人的伎倆高明得很，他的做僞工夫一流，使令尹子常一時也難以區辨眞假，甚至根本想不到自己可能被費無極朦騙了。《韓非子·內儲說下篇》引述了相似的故事，用來闡述「似類」的隱微難察的不合法情事。意思是說人臣常常會爲了個人的私利，做出一些似是而非的假象，來干擾君主的判斷，使君主一時失察，以致賞罰不當。費無極正是想排除郤宛等人，他使出的手法就是「似類」，他等於導演了一齣戲，讓令尹有臨場的感覺，確實相信郤宛有不軌的意圖了。《韓非子》中的情節比較簡單，人物只有費無極、令尹、郤宛三個，而且安排費無極和郤宛都是令尹左右親近的人，這樣「妒嫉」的主因就容易突顯；它不曾強調五副鎧甲、五件兵器，也沒有鄢將師的角色，省去了人民對郤宛這樣忠良家族的敬重、憐惜，省去了株連三族的慘酷描繪，直接說是令尹率兵討伐，殺了郤宛。《韓非子》在曲折、繁雜方面遠不如《左傳》，但是讒人陷害忠良的陰險，以及在上位者（如令尹）之難免被臣僚所設計、誤導，因而錯殺好人，這樣的主題，倒是從故事中簡切明瞭地呈現了出來。

　　故事中的晉陳族人，在都城中狂呼喊冤抗議，表現了

正義的呼聲；而令尹子常為此煩憂，伏下了後來殺費無極的線索。子常並不曾下令殺郤宛，他也尚能自我檢討，因此人民的抗議讓他不安。有這樣的伏筆，後文沈尹戌的一段義正詞嚴的談話才有可能獲得良好的回應。沈尹戌的話，嚴正的指摘費無極的奸佞讒毀，列舉了過去的許多事例，包括了「去掉朝吳」。「去掉朝吳」的前後經過，已經可以看出費無極排擠人才、只顧個人私利，不顧國家利益、胡作非為，還能振振有詞，說出一大套道理來。昭公十五年（西元前五二七年），《左傳》記載：朝吳在蔡國，費無極妒嫉朝吳協助平王即位有功，怕會影響平王對自己的寵信，他想除掉朝吳。就告訴朝吳說：「大王就只信任您，所以把您安頓在蔡國。您的年紀也不小了，還處在下位，這是恥辱。一定要想辦法求得上位，我幫助您請求。」另一方面，他又對位在朝吳之上的人說：「我們大王只信任朝吳，所以把他安頓在蔡國，您們幾位都不如他，卻又位在他之上，處境不是很困難嗎？要是不早做打算，一定會遭遇禍難的。」到了這年夏天，蔡人趕走了朝吳，朝吳逃到鄭國。楚王知道費無極逼走朝吳以後，對無極發脾氣說：「我就是信任朝吳，所以把他安置在蔡國。再說，當年要是沒有朝吳，我也沒有今天，你為什麼要逼走他？」費無極說：「我難道不想讓朝吳留在蔡國？但是，臣早就知道他有不尋常的意圖。朝吳要是留在蔡國，蔡國必定很快便飛離楚國的掌握。我去掉朝吳，就是要剪除蔡國的羽翼呀！」

我們看得出來，費無極對付朝吳手法卑劣，如願排擠

人才之後，他還能面對楚平王的叱責，從容地說些使平王
心服的理由。他其實是自做主張，只顧個人私利而已，卻
能搬出理論，說是為國家著想，是為了剪除蔡國的羽翼，
才這麼做的。他處處揣摩各種關係人的心理，掌握利害關
係，一語中的，常常就說中了關係人的內在隱憂。平王既
感激朝吳的擁戴之功，朝吳也沒有什麼重大的過失，費無
極卻挑明了平王的顧慮，平王就怕蔡國掙脫自己的掌握
呀！於是本來「溫、惠、恭、儉」的平王被哄得糊塗了，
他不但不再追究費無極的專擅胡為，並且心中暗自信服，
埋下了此後許多不幸的事端。正因為費無極贏得了平王的
寵信，才會有四、五年之後的悲劇產生：費無極為了報復
太子建寵信伍奢而輕視自己，先勸平王為太子建娶婦，再
勸平王人奪媳自娶；又以「得天下」的理由，勸平王讓太
子建去駐守城父，進一步誣陷太子建與伍奢謀反。以致太
子建逃亡到宋國去，而伍奢、伍尚父子被枉殺，伍員逃亡
到吳國，伏下十六年之後（西元前五○六年）伍員引進吳
兵，挖掘平王的墳墓，「鞭屍三百」。以伍員（伍子胥）
的強烈報仇行為看來，費無極若不是已經死了十來年，絕
對逃不過伍子胥的報復。史書中沒有記載伍子胥如何對付
死了的費無極，而衡量當年的情況，費無極的惡行其實比
平王還要嚴重。這個一再讒陷忠良的奸佞之徒，確實如沈
尹戌所分析的，是把一個原本賢良的好國君──楚平王引
導成為不顧倫常的不慈之父、不明是非的不肖之君。

　　沈尹戌是個敢言之人，幸虧令尹子常也是個能察納雅
言的輔政大臣。當時平王過世不久，昭王還只有七、八

歲，費無極巴結最高權位的令尹，重新施展讒毀的巧計，陷害忠良。他果然真是目無國法，心中沒有國君，晉陳的族人指控他「自以為王」，並非虛飾。幸好正義還在，族人抗議在先，而沈尹戌提議在後，也幸好令尹子常能深思反省，果斷地殺了費無極，對國人才有所交代，也平息了人民對執政者舉措不當的紛紛議論。令尹子常從善如流固然可貴，沈尹戌剖判事理，深刻明切；列舉惡人行事，條分縷析；建議採行非常手段，反覆發問譬解，他更是真正的智者，值得頌揚。

白公勝復仇作亂

白公勝，是楚平王太子建的兒子。西元前五二三年，楚平王替太子建禮聘了秦女，卻聽信費無極的讒言，自己娶了漂亮的新娘，把太子逼走。太子建遭到誣諂，從駐地城父逃亡到到宋國。又因為宋國有華氏之亂，伍子胥和太子建避難逃亡到鄭國。鄭國人對待太子建很好。太子建去到晉國，晉國人和他策劃襲擊鄭國，太子建要求再回鄭國去，鄭國人待他還是跟以前一樣。晉國人派間諜來鄭國和太子建連繫，事情辦完了，準備回晉國，一再叮嚀切記約定的日期。太子建在他的封邑裡暴虐逞威，封邑中有人告發他和晉國密謀不軌的事。鄭國人來盤查，搜索到晉國的間諜，於是就殺死了太子建。太子建的兒子勝跟著伍子胥逃往吳國。

西元前四七九年，中國的至聖先師孔子就在這一年逝世，《左傳》哀公十六年記載：勝在吳國，楚國的執政者令尹子西想把他找回來。葉公子高說：「我聽說勝這個人狡猾而又喜歡作亂，難免要成為禍端吧？」子西說：「我

聽說勝這個人誠實而又勇敢，不做沒有利的事。把他安置在邊境，讓他守衛邊境吧！」葉公說：「執著於仁道叫做信用，遵循道義叫做勇敢。我聽說勝這個人講究實踐諾言，而又遍求敢死不怕犧牲的人，也許有私心吧！不管什麼話都要實踐，那不是信用；不管什麼事都期望犧牲，那不是勇敢。如果你召他回來，將來一定會後悔。」子西不聽他的勸告，把勝召回楚國，讓他住在和吳國接壤的地方，號為白公。

白公勝請求討伐鄭國，為父報仇，子西說：「楚國上下還不合節度，要不是這樣，太子建的事我是不會忘懷的。」過了些時候，白公勝又去請求，子西答應了。還沒發兵，湊巧晉國攻打鄭國，楚國卻救援鄭國，而和鄭國結盟。白公勝發怒，說：「鄭國人就在這裡，仇人不遠了。」

白公勝親自磨劍，司馬子期的兒子平看到了，說：「你為什麼親自磨劍呢？」勝說：「我這個人一向是以直爽著稱的，我要是不告訴你，哪能叫做直爽呢？我打算殺死你的伯叔（指子西）、父親。」平把他的話轉述給子西聽。子西說：「勝在楚國，好比蛋，我覆翼而使他長大。在楚國，只要我死了，令尹、司馬的職位不歸他還歸誰呢？」白公勝聽到了，說：「令尹真狂妄啊！他要是得到好死，我就不是我！」子西毫無警覺。勝對石乞說：「君王和令尹、司馬，一共用五百人對付就行了。」石乞說：「這五百人不好找哇！」想了想又說：「市集南邊有個熊宜僚，如果能找到他幫忙，他一個人就可以抵五百人

了。」石乞就跟著白公勝去見熊宜僚，兩人和熊宜僚談話，非常高興。石乞把要辦的事告訴熊宜僚，熊宜僚拒絕。把劍架在他的脖子上，劍尖抵著他的咽喉，熊宜僚一動也不動。白公勝說：「這是個不被利益誘惑，不被聲威脅迫，不洩漏機密去討好的人。算了，離開這裡吧！」

吳國人攻打慎地，白公勝打敗了他們。他向楚惠王要求：獻捷時把作戰裝備一起奉獻，楚惠王同意了，白公勝就趁機發動變亂。秋季七月，他在朝廷上殺死令尹子西、司馬子期，劫持楚惠王。子西想起前後種種，完全是自己過分大意促成眼前的悲劇，用袖子遮著臉死去，真覺得慚愧。子期說：「過去我憑藉著勇力事奉君王，不能有始無終。」他拔起一株樟樹打死了敵人，然後死去。石乞說：「燒掉府庫，殺死君王。不這樣，不算成功。」白公勝說：「不行！殺死君王，不吉祥；燒掉府庫，就沒有積蓄，將憑什麼保有楚國？」石乞說：「擁有了楚國，好好治理百姓，恭敬地事奉鬼神，就可以得到吉祥，而且也能累積積聚，有什麼好擔憂的？」白公勝不肯聽從他的話。

葉公住在蔡地，方城山外邊的人都說：「可以進兵國都，討伐叛亂了。」葉公子高說：「我聽說用冒險僥倖成功的人，他的要求永遠沒有滿足的時候。他特別重視利益，百姓一定會叛離。」後來聽說他殺了齊國的管脩，賢德的大夫也難免被殺。於是葉公帶兵進入楚都——郢都。白公勝想要讓平王的兒子子閭做楚王，子閭不答應，白公勝就用武力挾持他。子閭說：「王孫如果安定楚國，整頓王室，然後庇護我，那是我的心願哪！如果一心圖謀私

利，來顛覆王室，不顧楚國的安危，而要我做你的傀儡，那麼我只有一死，絕對不能照你的意思去做。」白公勝就殺了子閭，劫持著惠王到高府，石乞把守高府的大門。圉公陽在宮牆上挖開一個窟窿，背著惠王逃出，到了昭夫人的宮裡。

葉公也在這時來到都城，到了北門，有人遇見他，說：「您爲什麼不戴上頭盔。都城裡的人都盼望您，好比盼望慈祥的父母，盜賊的箭要是射傷了您，就斷絕了百姓的盼望，爲什麼不戴上頭盔？。」葉公就戴上了頭盔進城，又碰到一個人，說：「您爲什麼戴頭盔？都城裡的老百姓盼望您，好比盼望一年的收成，天天盼望著，若是能見到您的面，就可以安心了。百姓知道不會再有生命的危險，人人都有奮戰之心，還想把您的名字書寫在旗幟上在都城裡巡行。如今您戴上頭盔，臉遮起了一大半，斷絕了人民的盼望，不是過分了嗎？」於是葉公脫下了頭盔進城，路上遇到箴尹固帶了屬下，正打算去幫助白公。葉公子高說：「要是沒有令尹子西和司馬子期兩個人，楚國早就不成其爲國家了。你拋棄德行，去跟隨盜賊，難道可以保有身家性命嗎？」於是箴尹固就追隨了葉公。葉公派他和都城裡的人一起去攻打白公勝。白公勝打敗了，逃往山中自縊而死。他的部下把屍體掩藏起來。葉公抓到石乞，詢問白公勝的屍體下落。石乞回答說：「我知道白公屍體的所在，但是白公吩咐我別說。」葉公說：「你要是不說清楚，我就煮了你！」石乞說：「我參與白公的大事，這件事成功了，就是封大夫拜卿，失敗了就是煮，這是本來

就可以預料到的結果。你要煮就煮，有什麼妨礙？」於是葉公子高烹煮了石乞。白公勝的弟弟王孫燕逃亡到吳國的轄區籲黃氏去。

葉公子高暫時一身兼任了令尹和司馬二個職位，等到國家安定下來以後，他就任派子西的兒子寧（子國）做令尹，任派子期的兒子寬做司馬，而自己退休在葉地養老。

【筆者的話】

白公勝為了替父親報仇而走上叛亂的不歸路，表面上是孝思，事實上有很多的迷障。

從太子建逃亡到白公勝自縊山中，時空跨越了四十三年，白公勝大約是三十多、近四十，說不定還是個四十出頭的中年男子。看事件的前後經過，白公勝的個性有血性漢子的膽勇，基本上也是個性情中人，並非大奸大惡之人，所以他雖然爭取不到熊宜僚，卻能放過熊宜僚，因為看出熊宜僚不為利誘，不被威脅，同時也不會出賣人。他豢養死士，石乞的從容就死，就證明他有一套御人之術，可以感動手下，讓人死心塌地。但是，他貴為王孫，楚令尹子西把他當接班人看待，他仍然要叛亂，因素就複雜了。顯然他的理智思考不足。《韓非子・喻老篇》記述白公勝思考著要作亂，心思神馳，他把馬鞭倒過來當拐杖，馬鞭的尖端利刺刺穿了臉頰，血流到地上，他都沒有察覺。他有睚眥必報的江湖流氣，以致全心浸淫在為父復仇的意念中。他也有復仇的可能，一向都守信諾，養了死士。問題出在復仇仍須合乎公義，否則只是個人的意氣，

私人的恩怨。太子建的死亡，就整個事件來說，鄭人殺他雖比驅逐出境嚴屬了些，大抵太子建辜負鄭國，鄭國沒有太嚴重的錯誤。但是天下無不是的父母，白公勝不能省察到父親的暴虐才引致告發；也是父親對鄭國忘恩負義，才讓鄭國給殺掉。他根本欠缺自省，只是以做子女的孝心，一心要復仇，一味地順性而爲。

而就楚國方面而言，從子西召他回國，到表明未來可能讓勝承接大責重任，可以看出子西對他眞是掏肝掏肺。無奈白公勝被復仇沖昏了頭，完全站在自私的觀點，一味地怨怪令尹不能爲自己向鄭國「討回公道」。國際間的干戈玉帛往往相當複雜，鄭國夾在晉、楚兩大爭霸的霸權國家之間，爲了生存，確實是「朝晉暮楚」，相對的楚國對依附的鄭國自然非得保護不可，否則如何向國際間大大小小的國家表明立場？然而楚國執政者的這些苦心，白公勝因爲只顧個人，一點也不能領會。所以說，白公勝其實不是大智慧的人。他不僅不能體諒子西的苦衷，還把一時無法復仇的怨恨整個轉移到楚王和令尹、司馬三巨頭身上。他不去自己想法子到鄭國報復，賴著楚執政者要拋開國家利益，儘快爲他出氣；於是轉向要對楚執政者報復，不計子西對他的器重，也不顧楚王對他的信任，就這麼意氣地造反了。這個舉動，再次證明：白公勝不明是非，公私不分，不知公義，他其實是非常糊塗的人。

《左傳》在白公勝作亂的事件描繪上，運用了很多人物對話來烘襯白公勝的個性缺陷。熊宜僚拒絕和他一起叛亂，表現得堅定不移；子閭原本就是五次讓國的賢公子，

他強調的國家的安定、王室的整頓，都是顧全大局的觀點，正好與敘述中一再提到的白公勝重利、好利成了對比。也許白公勝的重利剛好呈現他自私、自我中心、不顧德義的一面。葉公子高前頭對白公勝的批評可以和最終的結果呼應。當他帶兵入城平敉叛亂的時候，《左傳》仔細描寫他的沈著應變。他在緊急狀態下身兼二職，足見他具備長才；局面安定之後，他另外安排子西和子期的兒子接掌政權，又顯現了他謙讓的美德。不僅有讓才的美德，他還顧全了令尹、司馬的繼位人選足以告慰變亂中無辜遭難的子西、子期之靈，我們不能不敬佩他的思慮周到。

鄭子產遺言
——為政要寬猛相濟

《左傳》昭公二十年（西元前五二二年）記載：鄭國的賢相子產病重臨危，告訴繼位的子太叔（游吉）說：「我死了以後，你一定接位執政。只有真正有德的人才能用寬大的德政來讓百姓心悅誠服；其次的，莫如用威猛的手段。試看火，燃燒起來很猛烈，人們遠遠看著都害怕，因此有了戒心，所以很少有人被灼傷的。至於水呢，看來很柔弱，人們親暱它，在水中戲耍，一點戒心也沒有，所以反而溺死在水中的很多。照這樣說來，要用寬大的行政手段，很難把政治搞好。」他病了幾個月死了，子太叔果然繼承他的相位。子太叔不忍心用威猛的手段，儘量用寬大的作法。結果鄭國的盜賊很多，聚集在中牟縣一帶的沼澤地區。子太叔很後悔，說：「我早點聽從他老人家的說法，也不致弄到這個地步。」就發動軍隊攻擊盜賊聚居的沼澤地區，抓到的都殺了，盜賊才稍稍收斂。

孔子聽了他們的對話，說：「子產說的真好啊！政事過於寬大，百姓就怠慢，不能敬謹聽令；這一來，便得用

威猛的手段來糾正。採取威猛的手段，百姓便受到傷害；百姓受到了傷害，就得再實施寬大。正是這樣，用寬大來調濟威猛，用威猛來調濟寬大，政事因此就能調和。」等到子產死去，孔子聽了他的死訊，流眼淚說：「他的表現，正是古人遺留下來的仁愛啊！」

【筆者的話】

鄭國的賢相子產（公孫僑），為卿三十三年，為相二十三年，一生為了鄭國，使小國能在晉、楚爭霸的濃厚火藥氣味中受到尊重，使鄭國歷經多項改革之後，能自立自強。他為了改革，可以忍受毀謗，相信只要能「救世」，個人生死可以置之度外。他是頗有魄力的政治家，卻也懂得尊重知識分子的言論自由，他不在意讀書人的議論，所以當有人檢舉毀謗，告訴他知識分子在學校大發議論，對他大事抨擊，他一笑置之。他相信言論只是一種宣洩，讀書人有所不滿，並不要緊，要緊的是，政治家要用事實，要用實際的績效來證明他的睿見。只要自己真是為人民、為國家在努力，時間遲早會替自己辯解，人們的不滿，到時候自然會消逝。從子產「不毀鄉校」看來，他能聽由知識分子在公開場合大發牢騷，絲毫不以為忤，足見他具有偉大政治家寬闊的胸襟。具有寬闊胸襟的政治家，大抵不致是一味要採取重刑，不顧實際狀況，不分輕重，只求急速見效的人。如果以上的推論還合理，子產未必毫無條件的一味主張重刑，那麼《左傳‧昭公二十年》記述的子產臨終對繼位者——子太叔的一段說詞就很有意義。它既保

留了子產推論可能不得不採取威猛手段的理由，也藉孔子的一番評論充分說明政治家施政的重要原則。

鄭子產誠心為人民服務、為人民謀幸福。《左傳》襄公三十年（西元前五四三年）記載：子產作了很多改革。他讓城市和鄉村有所區別，士大夫、工商居住在城市；農人則在鄉村耕種田地。他要求公卿大夫，上下、尊卑，人人有固定的任務，各有職事。土田有封界、水溝；大凡廬舍、耕地，都要繳稅。卿大夫中，若是忠誠儉樸的，就獎勵他；驕傲奢侈的，就依法嚴辦，撤換了他。因為手段有些嚴厲，他從政一年，人們吟誦歌謠來諷刺他說：「把我的好衣服好帽子沒收了；我的耕地、廬舍都要我繳稅。誰若是要殺子產，我就幫助他。」過了三年，人們又吟誦說：「我有子弟，子產教誨他們；我有田地，子產使它增加生產。子產要是死了，誰來接替他的職務啊！」從上頭一段文字看來，鄭子產的改革在最初的時候，確實遭遇相當的阻力。值得理解的是：他的改革掌握了絕大多數人的需要，起始反對他的，往往是一些不肯守法的既得利益者，這樣的人還好比例並不大。而因為他畢竟有大政治家的遠見，他的良法美意，經過時間的驗證，確實為全民謀福利，於是連起初反對他的人，也改變了對立的態度，由原來的咒詛變成後來的讚美了。商鞅曾說過：老百姓難以慮始，可與樂成。《呂氏春秋‧樂成篇》記載子產一段和《左傳》相近的事蹟，目的也在強調人民可以樂成，很難在初起的時候就讓他們滿意；《韓非子‧顯學篇》甚至拿子產的事蹟來印證「民智如嬰兒」，強調政治家獨斷的重

要。事實上，古代教育不夠普及，民智未開，政事的施行，真的不容易完全取得人民的理解和支持；但是最重要的是該有真正為民謀福的厚意，以實際的政績來表現大政治家確實有千秋偉業，絕不是睥睨一切，看輕人民的反應，我行我素，剛愎自用，只以「民智如嬰兒」來做為藉口，而行專斷之實。

以上的分析，有助於我們後頭的討論。子產的說詞乍看很像《韓非子・內儲說上篇》引述的極近似於《左傳・昭公二十年》的記載，認為子產主張用嚴厲威猛的手段。韓非子說：「夫火形嚴，故人鮮灼；水形懦，故人多溺。子必嚴子之形，無令溺子之懦。」最後兩句，不論「形」字是否看作「刑」字，意義上強調要採行強猛的手段，是毫無疑義的。它的意思是說：你一定要表現厲行法治的威猛形象，讓人民望而生畏；千萬不要因為你的柔和懦弱，使人民以為犯法無所謂，以致犯法觸忌，招來殺身之禍。這個意思很顯豁，韓非子正好用來強調嚴刑重罰之必要。不過《左傳》的子產遺言，由於前後多了一些比較性的文詞，彈性就大得多了。子產的重點其實還是要子太叔用威猛的手段，只是保留了整體政治手段的比較考量。德化與用刑，寬和及威猛，孰優孰劣？該用哪一種？是必須看施政者與施政對象而決定的。並不是很簡單地說：該用嚴厲、威猛手段；而是經過比較、分析，從施政者的條件及時代環境、人民素養來決定，最後得出「該用威猛手段」的結論。就因為有這一番比較、分析，我們充分理解到：子產具有法家「因應制宜」的務實政治觀，他雖然提示子

太叔要用威猛、嚴厲的手段，基本上是鄭國當代情勢必須採用嚴刑，他並不是純粹的嚴刑論者。當然，他也不是法家，只是他的改革作風符合法家的理論需求，為了加強論點，韓非子拿他的事蹟來印證理論罷了。

再進一步推想，我們可以明白《左傳・昭公二十年》有關子產遺言的敘述，作者在後頭為什麼要附上孔子的一段議論。這一年，孔子三十歲，他還年輕，當時的資訊並不發達，孔子是否可能當時就發表這番議論？抑或事後與弟子論學才討論到這個問題？甚至是否有可能是後代學者依託孔子之言？這些問題都有待研討。不過，我們可以肯定：這一段話確實說得恰如其分，頗符合孔子的儒家系統，主旨在於辯明子產並非重刑主義者，真正的好政治必須做全盤的考量，「寬猛相濟」是施政的根本原則。孔子這一大段話，正好補足了子產沒有完全說得透徹的地方；消極方面，作為儒者的議論，也足夠用來與韓非子等法家重刑理論抗衡。而從這一大段議論，讀者應當可以理解，儒家並非泛道德論者，德化之說，在儒者全盤的運作上，必定不可能是純粹的「寬和」，而同樣必須適度用「威猛」來調濟。畢竟，施政者難得再見堯、舜、孔子那樣的全德之人，誰也沒有那麼偉大的感化百姓的力量；而百姓成分複雜，現實環境也雜亂，即使有天生全德之人，又怎能完全施行德化？「寬猛相濟」是最切合實際政治運作的原則。

事實上，這種「寬猛相濟」的說法，很接近漢代綜會儒、法兩家理論的漢儒的議論。其實《左傳》記述的孔子

這番議論，很可以代表儒家思想「守經達權」的內在意涵。儒家的思想本來就不是呆板的、不知變通的，而是守定基本原則，必要時也會權衡現況，作應變的因應措施的。

參

《韓非子》說

辨聲斷案
——從《韓非子》到《龍圖公案》

白古以來，有些極爲聰明的長官，可以憑一個人的哭聲，分辨出其中有值得疑慮的複雜性，依情理推斷，確認有追究的必要。探究到底，發現確實關係重大，果然牽涉到兇殺案件。說來相當離奇，早在兩千兩百多年前，《韓非子·難三篇》就敘述到鄭國執政大臣子產神奇斷案的方式，而明清通俗小說《龍圖公案》中的〈白塔巷〉所描述的包公斷案，情節的安排，由辨聲斷案來看，簡直異曲同工。

據說，鄭國執政大臣子產有一天早晨出門，經過東匠里門附近，聽到了婦人的哭聲，他按住車夫的手，示意叫他把車子停下來，仔細地聽那婦人啼哭的聲音。聽了一會兒，他就派遣吏役去把那婦人帶來審問，沒想到這婦人竟然是親手勒死丈夫的兇手。後來，車夫請教子產：「您怎麼知道這婦人有問題呢？」子產回答說：「因爲她的哭聲帶著恐懼。大凡人對於自己親愛的人，在他剛生病的時候

會憂慮，將要死的時候會恐懼，已經死了以後就會悲哀。現在這婦人哭已死去的丈夫，並不悲哀，倒反而流露了恐懼，我因此知道這裡頭一定有什麼不合法的情事。」

子產辨明哭聲的特色，據以斷案，是夠離奇，夠神妙的了。《漢書·外戚傳》記載惠帝駕崩，母親呂后卻是「哭而泣不下」。惠帝是獨子，是呂后的心肝寶貝，他死了，呂后哪有不傷心的道理？但是，她放聲嚎哭，眼淚卻掉不下來。張良的兒子張辟彊，當時做侍中，他告訴丞相陳平：「惠帝沒有兒子，太后怕大臣奪權。最好任派呂台、呂產等她娘家的姪子做將軍，等呂氏親戚都有權位了，你們諸位就可以免除禍患了。」陳平依照張辟彊的建議做了，呂后的嚎哭才聲淚俱下，極為哀慟。原來她的恐懼心消除了，哭才有個哭的樣子。想來子產聽婦人的哭聲，不悲哀而帶有恐懼，大概就是放不開犯罪可能被懲罰的心理疑懼，和呂后因為恐懼而不哀的狀況類似，說起來還有些心理學的依據呢！

宋朝有名的清官包拯，剛毅正直，不畏權貴。他主持京都開封府的時候，敞開府衙大門，准許百姓直接控訴，在青天大老爺面前直接訴說冤屈。他鐵面無私，不苟言笑，人們說：「包拯笑比黃河清」。意思是說，要看包公笑，就跟等候渾濁的黃河水澄清一樣，有得等咧。包拯不笑，是因為嚴肅的工作，嚴肅的心情吧？他處理過不少棘手的訴訟案件，京都把他比喻為「活閻羅」，陰間有閻羅王明辨曲直，他在人世扮演的也是是非分明、公聽公斷的角色。到了明清文人手裡，他被塑造成代表千古以來，為

百姓伸張正義，表彰天理的青天大老爺形象。明清公案小說《龍圖公案》便是包公辦案的各種故事，由於他曾經任職龍圖閣學士，民間就管他叫包龍圖，他的公案也叫《龍圖公案》了。《龍圖公案》共有一百個有關包拯斷案的故事，敘述雖沒有什麼文采，小說架構倒也有吸引人的地方，其中的〈白塔巷〉，敘述包公聽一個婦人哭丈夫的聲音，聽出疑竇，循線追踪，而發現婦人殺夫，情節安排，簡直是子產斷案的翻版，而且詳盡多了。

　　話說皇祐元年（西元一○四九年，宋仁宗在位）正月十五日，包公和幾個手下由城隍廟進香回來，在白塔前巷口聽到有婦人哭丈夫的聲音，「半悲半喜，並無哀痛之情。」哭聲有些悲傷，又摻雜著不能掩飾的喜悅，並沒有哀痛的真情。包公交代手下的人去查訪，原來謝家巷口劉十二才死去不久，他的妻子阿吳在家啼哭。差人帶來阿吳，包公看她似乎搽了胭脂，心裡盤算，一個新近死了丈夫的寡婦，還這樣留意妝扮，大概有問題。他盤問婦人，但阿吳並沒有留下不利的口風。包公不放鬆，派人開棺驗屍，想從屍身上找到一些證據，可是驗屍的陳尚卻檢驗不出什麼傷痕。他向包公報告。包公心想，這又是棘手案件了，他相信自己的辨音能力，決定用點手腕，他故意恐嚇陳尚說：「你給我仔細查驗，如果三天內還查不出結果，我絕不輕易饒恕你。」陳尚被逼得沒辦法，愁眉不展地回家，他的妻子阿楊覷著丈夫神色不對，問他為什麼一副憂悶的樣子？陳尚把事情始末說了。阿楊說：「你有沒有檢查看看死人鼻子中有沒有什麼特殊的地方？」陳尚依了妻

子再去查驗，劉十二的鼻子中果然有兩根鐵釘，這兩根鐵
釘是從後腦髮中插入的，這是一項駭人的兇殺案件！陳尚
交了差，罪證確鑿，包公再提審阿吳，阿吳只好從實招
供。原來她和張虎私通，怕丈夫發覺，兩人就合謀害了丈
夫。包公審斷明白，就宣判：阿吳謀害親夫，是唯一死
刑，處斬。張虎姦污他人的妻子，又合謀害人致死，發配
邊區充軍。

　　這件案子就這樣了結，但是一個最大的疑竇是：陳尚
驗屍多年都束手無策，查驗不出破綻，為什麼他的妻子阿
楊會知道要檢查鼻子？兩根鐵釘從後腦插入，釘頭掩蓋在
頭髮哩，多可怕，多歹毒，阿楊又為什麼知道這些？包公
覺得其中又有蹊蹺。結案後，他藉著額外獎賞阿楊的機
會，詢問阿楊是不是陳尚的結髮妻子？結果並不是，阿楊
是二嫁夫人，曾經結過婚，丈夫死了，才又嫁給陳尚。包
公吩咐公差押了阿楊去原配丈夫的墳地，他要開棺驗屍。
阿楊帶了一群人往亂葬崗，隨便往亂墳堆一指，讓大家忙
得團團轉。天理昭彰，差人王亮巧遇一個老頭，老頭認得
阿楊原來的丈夫，他指出了正確的位置。刨開墳土，開棺
檢驗，死者鼻中果然有兩根鐵釘。阿楊謀殺前夫的罪名確
立，包公也把她判處死刑。

　　《龍圖公案》兩起婦人謀殺親夫的案件，是因為犯罪
手法相同而繫聯在一起。包公追究阿吳殺夫一案，是由阿
吳的哭聲「半悲半喜」，聽了疑慮而起，憑著辦案的經
驗，鍥而不捨，循線追蹤，加上機緣湊巧，才完成任務
的。湊巧的是，阿楊嫁給陳尚，而陳尚經手劉十二的驗屍

工作，被謀害的手法竟然相同，阿楊的啓示才發生作用。
案外案的偵查，王亮巧遇那個熟識阿楊丈夫的老頭，才指
明屍骨埋葬的地點。按照通俗小說的涵義，這種巧合，非
但不算毛病，正好顯示「天理昭彰，報應不爽」。就包公
來說，蒐證過程完全合理，證據充分才判定罪刑，十足是
「鐵面無私」，也讓人心服口服。

楚靈王好男人細腰

七十四年七月初，偶然看到台視「強棒出擊」女主持人沈春華唸出一個題目：「楚靈王好××，宮娥多餓死。」答案是「細腰」。一般人也許沒有特別留意，筆者卻想到「楚靈王好細腰」的典故，真該好好談一談了。

「細腰」究竟是誰的細腰？最自然的想像當然要聯想到女人，尤其是姿容秀麗的美女。自古美人無人不愛，「好ㄏㄠˋ好ㄏㄠˇ色」原是天生本性，包括女人看女人在內。若論女人之美，「細腰」無疑是「美」的一端，近人選美姑且不談，尋常女子的細腰也是人所憐愛的，唐代劉希夷的「擣衣篇」有兩句：

> 西北風來吹細腰
> 東南月上浮纖手

冒著西北風，映著明月光，以「細腰」與「纖手」相對，形容擣衣婦女的辛苦，纖弱堪憐，這「細腰」當然是

指女人的細腰，不成問題。

但是，西元前五四一年至五二九年在位的楚靈王，他所喜好的「細腰」卻絕對不指女人的細腰，而是男人的細腰，且看《墨子》這段文字：

> 昔者，楚靈王好士細要（腰），故靈王之臣皆以一飯爲節，脇息然後帶，扶牆然後起，比期年，朝有黧黑之色。（〈兼愛・中〉）

這裡明白指出，楚靈王喜歡「士」有細腰，爲了迎合巴結，他的「臣」都節食，每天只吃一頓飯，怕吃多了發胖，腰桿變粗，他們深吸一口氣，讓腰圍細些，然後勒緊腰帶，久而久之，身子虛弱不堪，要扶著牆才能站起身來。過了一年，朝廷裡，滿眼所見，都是一些面帶黧黑的臉色。現代人營養過好，爲了愛美而節食的大有人在，大多數是女子，也有男士們爲求保持健美身材而節食，可怎麼也料想不到，在春秋時代的楚國，讀書人竟也爲了國君喜好細腰而猛節食，並且是相當殘害健康，到了形容枯槁的地步。《戰國策》也有一段記載：

> 莫敖子華對曰：「昔者先君靈王好小要（腰），楚士約食，馮而能立，式而能起。食之可欲，忍而不入；死之可惡，就而不避。」（〈楚策一〉）

「小腰」即「細腰」，「約食」即「節食」，馮、式皆

有依憑倚靠之意，通「憑」、「軾」。此文說的也是「士」
的行爲動作，並且申論到心態問題上。吃是最自然的渴
欲，竟能爲了某種目的，忍耐不吃；死是最厭惡的事情，
竟能爲了某種目的，趨前而不逃避。文中的「死」牽引出
後人的附會「餓死」，但主角仍是男人，與女人毫無干
涉。

《荀子》有所謂「楚莊王好細腰，故朝有餓人。」
（〈君道篇〉）依據許多資料看來，「楚莊王」應該是「楚
靈王」之誤，而「朝有餓人」則是非常寫實的敘述。荀子
的學生、法家集大成者韓非子也說：

> 越王好勇而民多輕死，楚靈王好細腰而國中多餓
> 人。（《韓非子・二柄篇》）

「國中」，很可以解爲「城中」，像《孟子・齊人
章》：「遍國中無與立談者」（〈離婁篇〉）一樣。當然，
若是指京城中，或者說是全國中，那是文學上的誇飾，
《韓非子》的義理發揮，總帶有相當強烈的文學性。在理
解上，應該依「荀子」縮小爲「朝中」；而在影響後人的
觀念方面，《韓非子》用「國中」，無疑擴大了「餓者」
的涵蓋面。不過，《韓非子》和《荀子》、《墨子》一
樣，都只說「餓」，並不曾說「餓死」。

楚靈王的時代，與當時三個重要宰輔——齊國的晏
嬰、鄭國的子產、晉國的叔向同時。《晏子春秋》記載：

　　盆成适蹵然曰：「凡在君耳。且臣聞之：『越王好勇，其民輕死；楚靈王好細腰，其朝多餓死人。』」（〈外篇〉）

　　劉師培認為：「死」字是衍生的字。如依據前邊的例子，劉氏的看法是有道理的。換句話說，我們還楚靈王一個公道，他好細腰，只是讓朝臣自願挨餓，沒有釀成「餓死」的悲劇。值得注意的是：《韓非子》之前，《墨子》、《戰國策》、《荀子》都是獨立引用「楚靈王好細腰」的事例，《晏子春秋》卻和《韓非子》一樣，同時援引越王勾踐獎勵勇武的典故，來達致駢儷的效果（雖然文句並不完全相等）。晏子曾於西元前五三九年到晉國，請求再把齊女許配給晉君做繼室，並和叔向感慨論政，談及田氏日益強大的隱憂；越王勾踐於西元前四九四年戰敗，被圍困於會稽山，此後十幾二十年，他生聚教訓，獎勵武勇，因而有向怒蛙（鼓氣的青蛙）敬禮的舉動，越民於是看輕死亡，甚而有十幾個人自殺，交代家屬把頭顱獻給國君。晏子是否能及身了解到越王的事蹟，不無疑慮。一般看法是，今本《晏子》是後人所託，而且可能是六朝時人，那麼它的設語近似《韓非子》，便可以理解。韓非子死於秦始皇十四年（西元前二三三年），越王的事蹟顯然是他先援用為論據，《晏子春秋》的作者則再加以轉用。

　　北齊的劉晝《新論》更為我們留下一個有趣的線索，他談論人們爭著「隨君所好」，說：

楚靈王好細腰，臣妾爲之約食飢死者多；越王勾踐好勇而揖鬥蛙，國人爲之輕命兵死者眾。（〈從化〉）

這資料運用和《韓非子》、《晏子春秋》近似。如果《晏子春秋》的作者果然是六朝時人，那就與劉晝時代相近，「餓死」與「飢死」說法一樣，也許當代人傳述已經如此，那麼劉師培的校正又可以保留了。此外，《新論》把受害的對象轉移爲「臣妾」，男女兼賅，女子也登場了。

事實上，我們把歷史鏡頭稍微往前探移，可以發現：東漢人的「楚王好細腰，宮中多餓死。」（《後漢書・馬廖傳》）才是沈春華的題目所本。章帝時，伏波將軍馬援的兒子馬廖曾上疏談論「改政移風，必有其本」，他援引的「傳曰」，和原典已大有出入，顯見東漢人的觀念大不同於往昔。「宮中」可以包涵嬪娥，卻是明指女子，再也不是「朝臣」，不是「士」，足證旋乾轉坤，陰陽倒錯，由來已久。

早期文人形容女子腰身之美，往往筆意含糊，帶著朦朧之美，所謂的重神韻，大致近似。宋玉的〈登徒子好色賦〉中，東家處子是「腰如束素，齒如含貝。」素，是生帛，「像紮著生帛一樣」，究竟如何，只能想像其綽約的美姿，遠不如「含貝」形容牙齒的整齊光潔來得具體。東漢末期的曹植名作〈洛神賦〉，有「腰如約素」，作者佚名的樂府詩〈孔雀東南飛〉中有「腰若流紈素」，可以說都

脫胎於〈登徒子好色賦〉的「腰如束素」。至於傳誦後世，歌詠美女羅敷的〈陌上桑〉，刻意描摹時髦貴婦的妝扮，說：

> 頭上倭墮髻，耳中明月珠，
>
> 緗綺為下裙，紫綺為下襦。

髮型、耳飾、衣裙的質地都一一交代，卻不曾談及「細腰」。不過，羅敷的「倭墮髻」據考證可能就是孫壽發明的「墮馬髻」，是一種「側在一邊」的髮型。東漢順帝時，梁翼的妻子孫壽長得很美，也很能巧妙妝扮，設計了「愁眉」、「啼粧」、「墮馬髻」、「折腰步」、「齲齒笑」，確切的情態不得詳知。〈陌上桑〉的髮髻既與孫壽設計的相同，作品應該是產生在漢順帝或稍晚的時代。而〈孔雀東南飛〉的「耳著明月璫」與〈陌上桑〉的「耳中明月珠」，筆意極近，一則可以看出兩篇樂府產生時代接近，一則也足證〈孔雀東南飛〉經過文人潤飾，因而民間女子衣著與貴婦一般無二。〈孔雀東南飛〉男主角焦仲卿是建安末年的人，與曹植同時，作品裡形容「腰」部也與〈洛神賦〉相似，也許〈陌上桑〉的作品產生時代要較〈孔雀東南飛〉稍早。我們看孫壽的「折腰步」，想像中或許是款款的美妙步伐，既要「折腰」，非得細不可，那麼，順帝時代也是崇尚美女細腰的了。如果由〈馬廖傳〉的「楚王好細腰，宮中多餓死」來看，東漢初年已是以「細腰」為審美的標準；而由〈登徒子好色賦〉以至東漢末年的

〈洛神賦〉、〈孔雀東南飛〉，描繪的美女之腰，就相關情況論斷，必也是細腰無疑。問題是，爲何〈馬廖傳〉格外說得清楚？筆者猜測，大約與西漢晚期成帝的皇后趙飛燕有關。

《西京雜記》記載：

> 趙后體輕腰弱，善行步進退，女弟昭儀不能及也；但昭儀弱骨豐肌，尤工笑語。二人並色如紅玉，爲當時第一，皆擅寵後宮。

趙飛燕以歌妓得寵，憑的是「體輕腰弱」，這「弱」是細小的意思，和下文飛燕之妹昭儀所憑恃的「弱骨」的「弱」意思相同。飛燕腰圍細小，體輕如燕；而妹妹骨架細小，卻豐滿多肉。兩姐妹氣色紅潤如玉，想來是麗質天生，不靠節食，因而不致如楚靈王的臣子「有黧黑之色」。趙飛燕的「善行步進退」，該是憑藉纖細的腰肢，揉合了歌舞的優美動作，孫壽的「折腰步」靈感的源泉也可能得自趙飛燕。趙氏姐妹以美色擅寵，做到皇后、昭儀，天下人怎能不欣羨。帝王愛好美女的細腰自是天經地義。於是九十年後，馬廖便依據當代人的認知，留下了「楚王好細腰，宮中多餓死」的話，硬把細腰男士轉爲細腰女子，「餓」也渲染爲「餓死」了。細細算來，人們冤枉楚靈王已整整一千九百年了。

傳說中唐的名詩人白居易，曾作詩：「櫻桃樊素口，楊柳小蠻腰。」據《雲溪友議》的記載，樊素善歌、小蠻

善舞，因此詩人用「櫻桃」與「楊柳」描繪，一則涵蓋兩妓的才藝，一則也寫其姿容之美。「楊柳」搖曳生姿，既柔且細，盡在不言中。善爲樂府歌曲的劉希夷，除前文提及的〈擣衣篇〉之外，還有：

> 纖腰弄明月，長袖舞春風。（〈春女行〉）
> 願作輕羅著細腰，願爲明鏡分嬌面。（〈公子行〉）

前例指女子的細腰，沒有疑問；後例主角雖是公子，後半部轉換爲公子的敘述觀點，極言對所愛女子情愛之深，恨不得化作輕羅，可以繫緊細腰，相伴不離；化作明鏡，可以照亮嬌容，隨時觀賞。「細腰」還是女子的細腰。至於晚唐詩人杜牧的名句：「楚腰纖細掌中輕」（〈遣懷〉），一般解釋都交代是承用了〈馬廖傳〉的「楚王好細腰」及〈飛燕外傳〉的「纖便輕細，舉止翩然」的典故。世人相信趙飛燕體輕，能做掌上舞；（當然也是輾轉相傳，誇大渲染。）「楚腰」從此便指細腰，而且必是女子腰身纖細。杜牧並用二典，足見唐人的觀點完全承接漢代，此後自然再無人去細細辨認究竟楚靈王愛的是誰的細腰了。

妒婦之毒
——鄭袖、王熙鳳裝模作樣

據說楚懷王有個愛妾叫做鄭袖，在宮裡一向受盡寵愛。有一天，魏王送給楚懷王一個漂亮的美女，楚懷王很喜歡她。鄭袖知道楚王喜歡那個美人，也就表現得很熱絡。凡是衣服、首飾、珍玩，都讓那美人挑選，看她喜歡的就送給她。楚王好不高興，說：「鄭袖知道我喜歡新來的美人，她喜歡那美人，比起我來還要深些。我看孝子奉養父母親，忠臣事奉國君，也不過就是這樣子了。」鄭袖知道楚王相信自己絕對不嫉妒了，也料定那個美人相信自己真的對她好了，於是跟那個美人說：「大王很喜歡妳哪！但是他不喜歡妳的鼻子，妳要是進見大王的時候，記得要常常掩住鼻子，那麼大王就會長遠寵幸妳了。」美人信以為真，於是照著她說的去做，每次進見國王，就常常遮掩鼻子。楚王覺得很奇怪，就對鄭袖說：「這新來的美人，看見寡人就常常掩著鼻子，這是為了什麼緣故？」鄭袖裝一副很迷惑的樣子說：「我不知道啊！」楚王一再要她好好想想，總有什麼緣故的。鄭袖遲疑了一會兒說：

「剛才她好像說怕聞大王身上的氣味。」楚王聽了大怒，說：「把她的鼻子割了！」在這之前，鄭袖先交代服侍國王的衛士：「待會兒大王要是有些什麼吩咐，必須立刻照他的話去辦。」這時候近侍聽到了，馬上抽出刀來，把美人的鼻子割掉了。

這段故事最早見於《韓非子‧內儲說下》，有兩種不同的描摹文字。第一個說法比較簡約，不提魏國國君贈送美女，也不曾多費筆墨去說明鄭袖如何做工夫；對話中，她教導美人的說詞，把「大王不喜歡妳的鼻子」，說成「大王喜歡人遮掩嘴巴做態」。另外，第一說鄭袖是「愛妾」，第二說鄭袖是「夫人」，身分不同，我倒寧願把它看成廣義的「夫人」。而效果則是一樣，她讓楚王在盛怒之中，割掉美人的鼻子，把一個好端端的美人弄成了殘廢。試想一個美人全憑美麗的姿容博取國王的寵愛，再怎麼漂亮的美人，割去了鼻子，還能稱得上「美人」嗎？不僅稱不上「美人」，只怕要變成討人嫌的「醜女」。不僅宮廷裡待不下去，到民間百姓家，也未必有人肯要。司馬遷寫《史記‧楚世家》，雖是在韓非子的傳記裡提過〈內儲說〉，他記述的鄭袖故事卻只講到鄭袖是懷王的夫人，張儀倡議連橫政策時，曾利用鄭袖怕楚王另有新歡的心理，說是秦王有意送善於歌舞的美女到楚國來，還陪送了大片的土地，屆時楚王愛土地，自然也愛新人，秦女必然顯貴，夫人就慘了。鄭袖果然被他利用了，為張儀說話，讓楚王放走張儀。這個故事和《韓非子》最大的不同是：〈楚世家〉中的「美人得寵」，不過是個設想，並沒有在現

實裡發生，只不過突顯了鄭袖惟恐有美人奪寵的心理。到了東漢的時候，劉向輯錄《戰國策‧楚策》，則又大致沿襲《韓非子》中的第二種說法，也就是選擇了比較詳盡的說法，並且附加了一些潤飾。它提及鄭袖假意籠絡美人所做的工夫，除了選美人喜歡的衣服、首飾、珍玩以外，還提及：安排房間、寢具的用具，一概挑選美人所喜歡的，這可以說添加了對於「住」方面的關懷，更加強了鄭袖籠絡的效果，而鄭袖在宮中也顯現了相當的權力，「夫人」做得很稱職。其次，楚王讚美鄭袖的一段文字，也多出一些：他讚美鄭袖表現良好之前，先引述了一段理論說：「婦人憑藉來事奉丈夫的，是『色』；而嫉妒，是天生難免的性情。……」照他的看法，鄭袖知道自己愛美人，就格外對美人好，是相當於「忠臣」、「孝子」的行為，太難得了。結局是一樣的，鄭袖的陰謀得逞，美人做了情場爭寵的犧牲品。

從上面約略的比較，可以看出：《韓非子》原文的兩種說法，一繁一簡，可能是先簡後繁，越說越詳盡。就像許多民間故事一樣，最初的雛型很簡約，後來輾轉傳述，就逐步增添材料，加入許多想像，務求生動感人。《戰國策》出自《韓非子》，是毫無疑義的，而《韓非子》的兩段文字是否同為一人手筆呢？是否同為韓非子的作品呢？在一般研究《韓非子》的資料看來，並沒有具體的論據足以證明哪一段不是韓非子的作品，那就只好姑且認定是《韓非子》的原文。值得提出來討論的是：較為繁複的一段敘述文筆中，究竟添加了哪些素質？它幾乎已粗具小說

的敘述結構了。以鄭袖這個女子為主角,作者用客觀的筆法,寫出鄭袖一連串的動作。除了:鄭袖知道楚王喜歡新來的美人,……鄭袖知道楚王相信自己不嫉妒了,……這兩段,多少有些心理意識,其他所有人物的內在思緒都沒有交代。正因為不做心理的描摹,她一連串的動作,便產生了相當迫切的壓迫感;又因為她的動作往往在讀者的意料之外,於是又達到了懸疑的效果,這正是非常典型的客觀敘述觀點。它成功地利用人物的對白來交代情節,鄭袖的故做姿態也有細膩的刻劃。由於毫不涉及人物的心理,人物的動作變成讀者解讀的最大憑藉,鄭袖的表演是那樣的成功,她在楚王面前做出一副善良無辜的模樣,甚至楚王詢問美人為什麼「掩鼻」,她明明要說些驚人的話語,卻故意推說不知道,等楚王一再逼問,她才說了自己處心積慮想說的話。當然明眼的讀者可以了解:她之所以要先交代衛士聽令就行刑,是惟恐美人哀求,也惟恐楚王改變心意。很讓人驚心動魄地,讀者終於了解到,這是一個讓人喘不過氣來的陰謀,鄭袖的戲中戲確實歹毒異常,令人防不勝防。

如果從《韓非子》的義理來探討,以上所敘說的故事其實重點並不在於是否具備小說技巧上的某些特質,抑或是否在文學上有些什麼修辭新技巧;事實上,韓非子寫作的目的,還在於藉此闡明某些理論。這是〈內儲說下篇〉的一段,是一連串故事中的一個環節,主旨是要說明做臣子的(這裡該說:包括做妻妾的)常常會故做姿態,用一些假動作,做一些讓國君無法分辨真假的行為,使國君被

騙上當，做了不合理的賞罰。這叫做「託於似類」。國君應該明辨這種看起來幾可亂眞的矇騙行爲，鄭袖的妬婦陰謀故事，就是《韓非子》講述這個問題時所舉的故事之一。鄭袖確實是假託類似的事情來擾亂國君的判斷。她設計了這樣一條毒計，目的是要剔除美人得寵對自己所可能造成的威脅，換句話說，她是因爲怕美人一旦被寵愛，會侵奪自己的利益，所以不惜用盡各種手段，不管美人是否溫良，是否無辜，只考慮怎麼做對自己有利。她的手段太曲折，表演太逼眞，美人被她騙了；楚王雖然知道鄭袖是因爲自己喜歡美人，才表現得大方，他讚美鄭袖不嫉妬，難得，可就沒有想到她根本是故做姿態，有所爲而爲，並且蓄意不善。一個堂堂君主終究還是被誆騙，一時難以辨明事實的眞相，做了不合理的決斷。這是閨閣內闈，如果換做是朝廷，國君糊裡糊塗就殺掉幾個無辜的重要大臣，讓那些奸詐小人暗自得意，豈不是荒唐？所以韓非子反覆談論君術，揣探種種駕馭臣子的手段，其中之一便是要杜防人臣「託於似類」。

我們若是再試圖把「鄭袖事件」從《韓非子》的義理範疇抽離，單就它的文學性質來論，可以說韓非子也寫出了某一種典型。唐代的武則天在做「昭儀」的時候，爲了奪取皇后的寶座，不惜扼殺自己的新生女嬰，再哭哭啼啼地裝模作樣，嫁禍給無辜的王皇后，她正是「託於似類」，可悲的是平庸的唐高宗做夢也沒有想到事實是如此出人意表，自己已經一步步地踏入武氏預設的陷阱。這樣的妬婦典型在文學上塑造起來確實也繁雜而意蘊豐富，最

突出而又意象鮮明，令人讀來感慨萬千的，要數《紅樓夢》
中的王熙鳳一角了。這本中國古典文學中登峰造極的傑出
作品，成功地塑造了不少有血有肉的複雜人物，生動活潑
地折射出人性隱微幽邃的種種優劣、悲歡、苦樂。王熙鳳
是相當複雜的人物，我們無法用三言兩語來概括她的個
性，其中她耍手腕，把尤二姐騙入大觀園，再慢慢對付，
終於折磨到死的一段，十足是刻毒、兇悍的妒婦寫照。在
寫作上，王熙鳳的塑型，《紅樓夢》做了多面的描摹。它
先讓賈璉的貼身跟班興兒和尤二姐討論鳳姐，提到了鳳姐
「心裡歹毒，口裡尖快」、「嘴甜心苦，兩面三刀」、「上
頭笑著，腳底下就使絆子」、「明是一盆火，暗是一把
刀」，幾乎已經刻畫出一個歹毒陰詐的婦人形象了；小說
也描敘了王熙鳳的心理，讀者很清楚她在對尤二姐使詐，
但是仍然被她的娓娓敘述所吸引。她一層層地排除人們對
她的妒婦的認知，讓初初謀面的尤二姐完全撤去了對她的
心防，直把她看做是賢良大婦，當下就跟著她「回家」，
被安置在大觀園裡李紈的住處。她在人前表現了對尤二姐
的熱絡，暗地裡指使丫頭折磨她，不僅用言詞侮辱，甚至
連三頓飯都不全。她故意安排讓尤二姐的前夫提出告訴，
再讓賈母嫌憎尤二姐，而明裡卻是找不著任何可以抱怨的
理由。她還挑撥東府新賞的小妾秋桐誣陷尤二姐，行借刀
殺人之計。終於把個「花為腸肚，雪作肌膚」的人，折磨
成黃瘦病懨懨的病人。賈璉請了醫生，偏偏倒楣請了個大
膽的庸醫，打掉腹中成形的男胎不打緊，秋桐仍然不讓她
安寧，於是她吞金自殺，結束了受人擺佈的痛苦。賈璉欲

哭不得，所有的體己私房都被王熙鳳悶聲不吭地沒收了，還是靠平兒悄悄遞過來的一包碎銀打點了喪事。事實上王熙鳳不僅害死尤二姐，拔去了眼中釘，她也報復了賈璉的負情。《紅樓夢》關於王熙鳳的妒婦造型，筆法極為繁複，她的一切動作幾乎都是興兒所論的詮釋，她的許多作法其實也不脫離鄭袖的故技。

《韓非子・儲說》中的小說情節
——淺談「燕人惑易」的情節設計

《韓非子》在先秦諸子中，既以說理擅場，理到辭暢，鞭辟入裡，明代人所謂「爲文刺心，深入骨髓」，很能形容它的特色；它除了在義理範疇佔有一席重要地位，以哲學重要典籍聞名於中外，也以文學藝術受到歷來讀書人的鍾愛。歷代的讀書人深愛《韓非子》的文辭華美，博采史實，巧用譬喻，善設寓言，加以駢偶和奇散交迭並用，無論做爲策論研習，或案頭消遣，都是愛不釋手的好書。《韓非子》無疑是絕妙的哲理散文。

《韓非子》一書爲落實理論，爭取讀者的注意，嘗試了許多故事性質的寫作方式。司馬遷所提及的〈說林〉就是故事總集，〈儲說〉則是配合〔經〕、〔傳〕，有綱領，有故事解說的嚴謹作品，其中〔傳〕中所敘述的故事有許多在今日看來仍值得重視的成就，其中之一是它的小說情節設計。〈儲說〉共六篇，篇幅龐大，牽涉的理論很廣，

所引述的故事非常多，本文想試從現代小說的情節設計上，來比對〈儲說〉加以研討，看看兩千年前完全憑個人的才慧書寫的故事，有多少符合現代小說的小說情節設計理論？

我曾經討論過「鄭袖計劓美人」（〈內儲說下〉傳三）中的鄭袖人物刻畫，鄭袖計害美人，使新進的美人無端被割去鼻子的情節描寫，心計的深邃、狠毒，與《紅樓夢》中王熙鳳賺騙尤二姐，逼得尤二姐吞金自殺的手段（六十七、八回），有許多相似之處（詳見《中國語文》第71卷第5期：〈妒婦之毒——鄭袖、王熙鳳裝模作樣〉）。本來，《韓非子》絕對不是小說，即使〈說林〉、〈儲說〉，甚至〈十過〉、〈喻老〉等篇有許多故事，充其量，把這些篇章看做是接近小說的書寫，它也僅僅勉強及得上魏晉筆記小說的模式吧？「鄭袖計劓美人」能和產生於康熙、乾隆盛世的《紅樓夢》比照已屬難得，事實上《紅樓夢》本身的藝術技巧也有許多與現代小說不謀而合之處。現在我們另選一則「燕人惑易」來討論，筆者也橫跨兩千年，看看《韓非子》說故事的技巧，勝過筆記小說、符合現代手法的地方在哪裡？

《韓非子·內儲說下》傳一「燕人惑易」的故事是這樣的：

> 燕人無惑，故浴狗矢。燕人，其妻有私通於士。其夫早自外而來，士適出。夫曰：「何客也？」其妻曰：「無客。」問左右，左右言：「無有。」如出一口。其妻曰：「公惑易也。」因浴之以狗矢。

　　一曰：燕人李季好遠出，其妻有私通於士。季突至，士在內中，妻患之。其室婦曰：「令公子裸而解髮，直出門，吾屬佯不見也。」於是公子從其計，疾走出門。季曰：「是何人也？」家室皆曰：「無有。」季曰：「吾見鬼乎？」婦人曰：「然。」「爲之奈何？」曰：「取五牲之矢浴之。」季曰：「諾。」乃浴以矢。一曰：浴以蘭湯。

爲了便於解說，先把它語譯如下：

　　有個燕國人，並沒有神志迷亂，卻被妻子愚弄，拿狗屎攪在水裡洗身。燕人的妻子和一個士人私通，燕人早晨從外頭回來，士人正好從室內出去。燕人問：「那是什麼客人？」他的妻子說：「沒有客人呀！」問左右的人，說：「沒有。」就像是從一張嘴裡說出來的一樣。妻子說：「你一定是中了邪，神志迷亂了。」於是拿狗屎攪到水裡給他洗身。

　　另一說：燕人李季喜歡出遠門，他的妻子和一個士人私通。有一天，李季突然回家來，士人正在寢室裡面，妻子擔心被他撞見。他家的老僕婦說：「讓公子赤身裸體，並解開髮髻，披頭散髮，直衝出門去，我們都假裝沒看見。」於是士人真的照做，很快地走出大門。李季問：「那是誰呀？」家裡的人都說：「沒看到什麼人呀！」李季說：「我看到鬼嗎？」妻子說：「大概是吧！」李季說：「那怎麼辦呢？」妻

子說：「拿五種家畜的屎攪到水裡洗身吧！」於是就把家畜的屎攪到水裡給他洗身。還有一個說法，是用蘭草燒煮的熱水洗身。

本來《韓非子》在〔經〕中曾提明論述要點，在強調「權勢不可以借人」。傳統封建社會中，一個家庭無疑是以男人為中心，但是如果乾綱不振，由妻子拿權，後果也很可怕。最嚴重的莫過於妻子偷人，而偷人之嚴重，還可以憑她在家中已樹立的權威，讓全家上下聽令為她遮瞞，甚至愚弄丈夫：製造恍惚的疑慮，讓精神正常的丈夫以為自己白天見了鬼，乖乖地由她捉弄，用狗屎泡水洗身。這篇故事從國家到家庭，政治理論由高層而嚴肅的治國道理，落實到家庭中實際生活上的哲理，是諷諭性的警世之作。不過，拋開主題意識，從書寫故事的藝術技巧來審察，則又有好幾個優點值得討論。

首先，我們注意到：這篇寫作是〈儲說〉中許多有「一曰」的例子之一。國立臺灣師範大學國文研碩士陳麗珠撰寫《韓非子儲說研究》，統計〈儲說〉的「一曰」，有四十八處，共五十七則。在沒有充分的論據證實「一曰」不是韓非子作品之前，大抵我們仍以書本為準，就客觀來比對兩部分同一素材而又不同手法處理的優劣。像大多的「一曰」一樣，後頭的「一曰」可能是就前文的基礎重新改寫；我們在小說情節研討上，也不妨把它看做同一素材的「故事競寫」，可以從各個角度來分別論述。很明顯的，「一曰」給主人翁取了名字，比「燕人」云云逼真得多，更像小說筆法。首段起筆二句用老式的敘說法

（telling），全知而平板的總括敘說，遠不如新批評理論的逐步呈現法（showing）。不過這不僅是原來諸子書的論述習慣，原本就不是以小說形式展現，我們固然是權且從小說角度來論述，也不希望做不合理的論定。再說，即使魏晉筆記小說、宋元話本也還不脫這種論調。這是我們應該先加以說明的。

除了起首二句總括說明，「其妻有私通於士」也是句敘說句，在現代小說情節設計上，都可以直接用情節描摹來替代。首段的燕人明明撞見了和妻子私通的士人，卻被全家上下同一說辭給弄糊塗了，在情理上多少還是有些牽強。「一日」就在細節上做工夫，從李季好遠出，點出妻子和人私通的可能性，讓讀者有更多推理的空間：一則他常常長時間不在家，要朦騙丈夫比較容易；一則她可能長年獨守空閨，不堪寂寞，才會與人私通。「季突至」，一個「突」字營造起緊張的氣氛來。出乎意料的狀況出現，就看妻子怎麼應付？比首段「早自外來」好得多了。首段看不出為何妻子與人私通，也看不出為何他一早從外頭回來，而小說情節本來就是要讓讀者藉著虛虛實實的許多線索，組合出來故事所以會發生的前因後果，才算成功的。

小說可以用獨白或對話來呈現情節，這篇故事前後兩段的對話都相當生動，也有交代故事情節的作用。後段「一日」多設計了一個特定人物——室婦，讓她提供避免姦情洩露的計謀，出主意教士人裝鬼，弄得逼真；並且也讓李季自己提出「是否見鬼了」的疑問，又讓他請教妻子如何除祟避邪，使「取五牲之矢浴之」的愚弄之計自然而

然付諸實現，這樣的諧謔效果反而更好。相對的，首段在家人異口同聲都說沒見到什麼人的狀況下，妻子判斷說：「公惑易也。」（你一定是中了邪，神志迷亂了。）而且做主「浴之以狗矢。」顯見一個專斷的主婦，丈夫在家中的權勢早已「借」給她了。如果從主題意識來看，這樣敘說適合主題；不過從故事書寫的靈活生動來看，「一曰」中的妻子做張做致，虛飾做假工夫一流，更貼合通姦婦人經驗老到的造型。而加添的「室婦」角色，理當是妻子的心腹，多半是長年侍候在身邊的女僕，也可能就是陪嫁的老媽子。她忠於女主人，有她的切身利害關係；她所設計的應急之道，既符合民間迷信心理，也簡便可行，並且效果好極。這種合情合理的情節設計，使小說情節更顯得曲折複雜，從小說的描寫藝術來說，「一曰」是遠較首段精熟得多了。

至於末尾「一曰：浴以蘭湯。」是針對首段的「因浴之以狗矢」，以及「一曰」中的「乃浴以矢」（五牲——牛、羊、豬、狗、雞之矢）而言的。本來的故事，是通姦的老婆愚弄丈夫，讓他相信遇邪遭崇了，把狗或家畜的屎攪到水裡給他洗身。這樣的編排突顯出這個無辜丈夫的冤屈。即使是因為他無能才受到冤屈，這種冤屈越沈重，嘲弄的效果越大。如果是狗屎或五牲之屎，都是穢惡的東西，那種惡臭沾身，只怕久久難以消除，這是多大的愚弄？在故事安排的需要上，這樣無能的丈夫受到的屈辱才能突顯。蘭湯，是用蘭草燒煮的熱水。蘭湯帶有香氣，是迎神之前沐浴用的。《楚辭·雲中君》：「浴蘭湯兮沐

芳，華采衣兮若英。」日本學者太田方在《韓非子翼毳》
中解說：「蘭湯，以蘭草投湯，自潔清禱神，以拂不祥
也。」認爲蘭草煮的熱水，不但有潔淨作用，以便禱神；
也有袚除不祥的作用。這是兼取並存雙義的辦法。不過，
這樣的解說似乎論證不足。從文學敘述技巧來看，這裡用
「狗矢」或「五牲之矢」的反襯效果，遠比「蘭湯」好得
多。也許後學者讀了《楚辭》，從「浴」字聯想，就多錄
一項來比對，其實這句話除了具比對作用以外，根本不能
銜貫，甚至顯得突兀，是很不相宜的。即使文句無誤，就
意境來說：蘭湯香氣雖美，但整體故事的營造，在此所需
要的是惡臭之物的嘲弄效果；民間習傳，對付鬼祟，也是
只聞以穢惡之物，沒聽說用香草燒煮的熱水的。所以，個
人愚見，這句「一曰：浴以蘭湯。」美則美矣，卻可能是
後人添加的蛇足。

《韓非子・十過篇》的第一個故事

穀陽勸酒・害死主人
——小忠妨害大忠

中國春秋時代，南方的楚國急於和中原的晉國爭奪霸權。楚共王和鄭國談和，把汝水之南、靠近鄭國的田地送給鄭國，鼓動鄭國叛離晉國。晉國為了維護盟主的尊嚴，起兵討伐鄭國，楚共王就親自率領軍隊介入，在鄭國的鄢陵，和晉國發生了一場激烈的拚鬥，這是西元前五七五年，歷史上稱為「鄢陵之戰」。

戰鬥中，楚共王被晉國的將領魏錡射傷了眼睛，一時疼痛難當。他拔出兩支箭，召來楚國一流的神射手養由基，大吼一聲：「給我射回去！」養由基瞄準了目標，一箭貫穿了魏錡的脖子。魏錡當場倒下。但是楚軍還是打敗了。

身為統帥，經過激烈的拚鬥，司馬子反覺得口渴極了，急著找尋解渴的飲料。侍候他的小廝穀陽拿了一杯酒遞給他，司馬子反聞到酒味兒。叱喝著說：「唉，拿下去！這是酒嘛！」穀陽陪著笑臉說：「這不是酒。」司馬子反猶豫了一下，接過來喝下去了。司馬子反這個人非常

喜歡喝酒，嘴唇只要一沾到，覺得酒味兒不壞，就一口接一口地，自己停不下來，總要喝到爛醉如泥，才糊裡糊塗地躺下去。當然，這回也不例外。

楚共王休息了一會兒，越想越不甘心，他想要重整旗鼓，再去向晉軍挑戰，便派人召喚司馬子反來商議大事。司馬子反覺得渾身沒勁，就推辭說：「我心口疼啊，去不了哇！」楚共王命人駕了車子，親自來探視，一進帳幕，就聞到酒臭薰天。他氣壞了，掉頭就走，他沈痛地說：「今天這場戰事，我自己受了傷，能依賴的，只有司馬了。司馬卻又醉成這個樣子！他簡直是忘了楚國的社稷，不能體恤我楚國的軍民哪！沒法子再和晉軍作戰了。」於是連夜把軍隊調回楚國去了。他下了一道命令，把司馬子反推出去斬首，暴屍示眾。

【筆者的話】

平心而論，穀陽年紀輕，他知道主人愛喝酒，就勸他喝，是誠心誠意愛主人，並不是有心害他。無奈，他年輕不懂事，不知輕重，也不看場合，善意的撒謊，害得主人誤了大事，竟然枉送了性命。這個故事的教訓是：一味巴結主人，不顧全大體，行小忠，可能妨害大忠。

鄢陵之戰，楚共王若是不曾受傷，司馬子反若是不曾喝酒，楚國未必就輸了，晉國未必能穩操勝算，這是關鍵所在。

這個故事，還見於《左傳》、《呂氏春秋》、《淮南子》、《史記》、《說苑》。有一個說法是：司馬子反自己

愧咎自殺，並不是楚共王殺他的。不過，他總是死了，死
得很不值得。

虞君貪利亡國
——顧小利損耗大利

春秋時代，一些實力強大的國家，常常侵略較弱小的國家，擴張自己的勢力。西元前六五八年，晉獻公有心向虞國借道，以便軍隊通過去攻打虢國。晉國的大夫荀息建議說：「為什麼不拿屈產的良馬和垂棘的璧玉當做禮物，送給虞君，向他借路，輸送軍隊和軍需品呢？」晉獻公說：「這屈產的良馬和垂棘的璧玉是我國的國寶啊！萬一虞君接受了我們的禮物，卻不答應借路給我們，那可怎麼辦哪！」荀息微笑一下，很從容地說：「虞國比我國弱小，他要是不肯借我們道路，一定不敢接受我們的重禮。如果他接受了禮物，借路讓我們的軍隊經過，那麼我們不過是把璧玉從國內的寶庫，寄藏到國外的寶庫；把名馬從國內的馬廄，暫時安置到國外的馬廄罷了。遲早我們要把良馬和璧玉取回，這是萬無一失的。」虞君收受了重禮，自告奮勇引領晉軍攻伐虢國，毀了虢國的都城下陽。

三年後，即西元前六五五年，晉獻公又向虞君借道。宮之奇以前勸諫過，這時他又勸諫說：「借一次路已經很

過分了，怎能再借第二次呢？虢國是虞國的屏障，虢國如果滅亡了，虞國一定也逃不了滅亡的命運。俗語說：『脣亡齒寒』，嘴脣沒有了，牙齒就難免受寒。虞國和虢國的關係就是這個樣子啊！」

　　虞君辯護著說：「晉國和我們同一宗族，哪會陷害我們呢？」宮之奇說：「虢國和晉國的血緣，比我們和晉國的血緣還要親近呢！晉國並不顧慮血緣，準備消滅虢國，連虢國都要消滅了，哪還會愛惜虞國呢？」

　　虞君終究不肯聽宮之奇的勸諫，再度答應晉國的請求，借路讓晉國軍隊通過去攻打虢國。晉國消滅了虢國，調兵回來，就駐紮在虞國，於是發兵偷襲，把虞國滅掉了。荀息取回璧玉，牽了名馬，到晉獻公面前說：「這塊璧玉還是原來的璧玉，不過馬的年歲可增長了。」

【筆者的話】

　　這個故事的教訓是：只顧眼前的小利，沒有長遠的思慮，一定會損耗大利。虞君軍隊被擊垮，土地被侵奪，全因為利令智昏，因小失大。晉獻公攻虢滅虞，是地緣便利，就擴展策略來說，先賄賂虞君，借道滅虢，目的在兩國「通吃」。荀息老謀深算，看準虞君必然上當，寶馬寶玉不過暫時借放在虞國而已。《韓非子·喻老篇》認為：這就是《老子》卅六章「將欲奪之，必固與之」的道理，把《老子》的謙弱哲學轉化為權謀的運用。

　　這個故事，又見於《左傳》、《穀梁傳》、《公羊傳》、《呂氏春秋》、《淮南子》、《新序》。像宮之奇那樣

懇切的諫言，畢竟不能改變虞君的決定，忠言逆耳，自古
已然；而「利」的誘惑，又有多少人像虞君一樣擺脫不了
呢？

 《韓非子·十過篇》的第三個故事

楚靈王乖僻無禮，毀滅了自己

魯昭公四年（西元前五三八年），楚靈王才即位兩年，他不甘雌伏，想要自作盟主，在申地會盟諸侯。當時晉國稱霸已有百年，平公嬖好女色，懦弱怕事，加上十年前，晉、楚在宋會盟時爭強爭先，晉平公覺得一味爭執，很無謂，也無奈。司馬侯說：「老天或許要讓楚君逞一時之快，而加深楚國的禍患！」這話相當中聽，晉平公便應允楚國自由向諸侯約盟。楚靈王其實也沒有絕對的把握，中原一些和晉親近的國家，如魯、衛、曹、邾都推託不參加，楚靈王能約的還是鄰近的友好國家，及一些有所顧忌的小國，他約盟了許、鄭、宋、陳、蔡、徐、滕、頓、胡、沈等國及淮夷。

楚靈王驕矜，自以為不可一世，從他的態度上可以看出：申地的會盟，宋太子到會較晚，他不肯相見，還拘禁了宋太子。楚與晉既然暫時言好，他的心腹大患便只有吳國，他盟會諸侯的目的，就是要藉以伐吳。徐國是吳國的

外甥，又地阨吳國與中原的孔道，他懷疑徐君不忠，就抓了徐君。齊國的叛臣慶封逃亡到吳國，吳國封給他朱方的采邑；楚靈王伐吳，攻克朱方，捉了慶封，把族人全滅了。他並非主持正義，只不過是向吳國展示兵力。事實上，楚靈王懷疑徐君就抓，根本沒道理，而他也沒「資格」教訓慶封，他的君位得來也不光明。他的臣子伍舉（伍子胥的祖父）曾暗示他，不要為了殺慶封，暴露自己無法彌補的缺失。慶封果然反咬他一口：「大家可別像楚共王庶出的兒子熊圍（即楚靈王），弒殺兄長的兒子，自立為王，還約盟諸侯。」這豈不是損人不利己，愚笨之極！

《左傳》記載：伍舉曾勸諫楚靈王：「自從夏啓會盟諸侯以來，商湯及周武王、成王、康王、穆王，以至於齊桓公、晉文公，沒有一位不是以禮會合諸侯，而諸侯之所以肯聽命，也因為盟主都重禮的緣故。像夏桀王、商紂王、周幽王都有盟會，結果卻引來叛亂，全因為驕泰無禮呀！」無奈楚靈王根本聽不進忠言。

申之會以後，楚國每年都動兵伐吳。接著滅陳、定蔡，一再使用詭計誘殺兩國君主，並且揮兵伐徐，向吳國施加壓力。乍看表象，楚靈王氣餤頗盛，但政變終於爆發了。趁著他伐徐，親自駐紮乾谿，怨恨他的外籍志士與野心奪權的同父兄弟聯合起來，趁虛而入，殺了楚靈王的兒子。此時，他眾叛親離，孤獨地沿著夏水南下，打算前往襄陽，飢餓得神志迷糊，雖被申亥救了，最後仍是愧恨自殺。這個故事的教訓是：一個人行為乖僻，固執己見，不

守禮法，侮慢他人，終究將自取滅亡。

【筆者的話】

　　楚靈王（西元前五四○～五二九年）的事蹟，又見於《左傳》、《史記》、《國語》，其中勸諫的臣子，《韓非子》特殊，說是「中射」，一般解說是宮內的射手，其實遠不及《左傳》及《史記》所載的伍舉，是重要大臣，較具有說服力。

　　春秋時代，傳統的道德規範還普遍受重視，禮是衡量事理的依據，小自個人修身，大至諸侯會盟，都脫不了一個「禮」字。本段故事，把楚靈王驟興乍滅的因素，全歸到無禮一個線索，臣子列舉史蹟勸諫，國家興亡安亂，也都維繫在人君是否能重禮一事上。

　　其實，楚靈王也有他頗為「可愛」的某些性情。譬如他坦率詼諧，沒有猜忌之心。可惜好強爭勝，貪得無厭，怨怪上天，殘民以逞個人私欲，終於以悲劇收場。他有好幾個直言規諫的臣子，除伍舉之外，薳啓彊、穿封戌、子革、申無宇都是難得一見的敢言之臣。申無宇在楚靈王還是令尹時，不苟同他的竊位意識，看他僭越使用大王的旌旗打獵，竟砍斷王旌。靈王營建章華宮，收納許多流亡之人，申無宇有一個家人犯罪，逃入章華宮，申無宇闖進去捉人。楚靈王一生暴虐恣肆，對申無宇這兩項行為，卻能理解寬宥，足見他有相當容人的氣度。結果當他落拓飢餓，流離失所時，對他伸出援手的，就是申無宇的兒子申亥。申亥讓兩個女兒侍候他，最後靈王愧恨自殺，申亥為

他備棺安葬，還讓兩個女兒殉葬。讀史至此，一則為靈王慶幸，一則也為古人的愚忠所苦惱。申亥照顧楚靈王，已經是義薄雲天，何必平白斷送兩個女兒的生命呢？

《韓非子‧十過篇》的第四個故事

晉平公愛好音樂惹了禍
——一味享受音樂，必然困阨

從前，衛靈公要到晉國去，走到濮水邊上，卸下車子放馬吃草，安排行館住下來。夜半聽到有人彈奏新的樂曲，好聽極了，詢問左右侍從，都說沒聽到。他召來樂官師涓，告訴他這麼回事，交代說：「你仔細聽聽，試著摹擬演奏。」師涓答應了，靜坐彈琴，摹擬這支新的樂曲。第二天，師涓報告說：已經學會了，最好再練習一晚，可以彈得更熟練。於是靈公又留宿一夜，第三天就離開濮水，前往晉國。

晉平公在施夷臺上設宴款待衛靈公。酒喝到暢足的時候，靈公站起來說：「有一支新的樂曲，請演奏給您聽聽。」平公說：「好。」便召師涓，教他坐在師曠旁邊彈琴，還沒彈完，師曠按住師涓的手，說：「這是亡國的樂曲，不能彈完。」平公說：「這樂曲是從哪裡來的？」師曠說：「這是師延為商紂作的靡靡之音啊！武王伐紂，師延向東逃走，逃到濮水，投水而死。這支樂曲一定是在濮水邊上聽來的，先聽到這支樂曲的，他的國家一定要衰

落，不能彈完啊！」平公說：「我最喜歡的就是音樂，就讓他彈完這支樂曲吧！」師涓便把這樂曲彈畢。平公請教師曠，這究竟是什麼樂調？師曠說：「這是清商聲呀！」平公說：「天底下沒有比這更悲淒的樂曲吧？」師曠說：「還有清徵呢！」

平公問：「清徵可以聽聽嗎？」師曠說：「不可以！古代聆聽清徵的君主，都是德義極高的。現在君主的德義不夠高，不能聽。」平公說：「我最喜愛的就是音樂，很想聽聽看。」師曠不得已，拿過琴來彈奏。一彈，就有十六隻玄鶴從南面飛來，落在廊門的屋脊上；再彈，玄鶴便排列成行；第三次彈奏，玄鶴就伸長脖頸兒鳴叫，張開翅膀飛舞，聲音合乎宮商曲調，一直傳達天上。平公大喜，在座的都很高興。平公起立，拿了酒杯向師曠敬酒，坐下來問道：「天底下沒有比這清徵更悲淒的樂曲了吧？」師曠說：「還不如清角呢！」平公說：「可以聽聽嗎？」師曠神情凝肅地說：「千萬不能聽！從前黃帝在泰山和鬼神聚會，坐著象車，由六隻蛟龍牽輓，畢方在車旁照料，蚩尤在車前開路，風伯掃地，雨師灑水，虎狼在前保護，鬼神在後隨侍，螣蛇匍匐地上，鳳凰翱翔空中，鬼神紛紛會集，才作成清角的樂曲。如今君主的德義還不夠高，不能聽，聽了恐怕要有災禍。」平公說：「我已經衰老了，平生最喜愛的就是音樂，很想達成聽奏清角曲調的願望。」師曠不得已，便彈奏了起來。開始彈奏時，有烏雲從北方升起，繼續彈奏，狂風吹來，接著就下暴雨，帷幕吹裂了，祭器跌碎了，廊上的瓦片不停地飄落，大家紛紛逃

散。平公非常恐懼，跽伏於宮殿的內室。從此晉國久旱不
雨，三年田裡沒有收成，平公也身患重病，不能處理國
事。

【筆者的話】

　　這個故事的教訓是：若不能修養品德，好好留心政
事，卻不顧諫言，任性享受音樂，必定使自己遭受困阨。
故事說來有些玄奇，涉及鬼神，以及人死之後靈魂是否可
能存在等等問題。東漢王充的《論衡·紀妖篇》就曾提出
質疑，事關神怪的例子和《韓非子》思想體系也不相符
合。但《史記·樂書》全本抄謄，《淮南子·覽冥訓》也
綜括援引其意，都相信精氣專一，能感天動地，與鬼神契
會，這些資料可能和漢初的讖緯盛行有些關聯。如果說，
強調君主務須立德，勤敏爲政，才有資格享受玄妙的樂
曲，這樣的意涵，倒也具有匡正君王的作用。

　　第二個值得探討的問題是：聽了靡靡之音的晉平公、
衛靈公是否眞的成了衰亡之君呢？《史記·晉世家》記
載：晉的名臣叔向，在西元前五三九年，齊國晏嬰來訪的
時候，就慨嘆：「晉，季世也。」原因是平公厚收賦稅，
修築高臺深池，不能勤政恤民。以致六卿專權，公室卑
弱，逐步邁向衰亡之途。而衛靈公在位四十一年，只有前
三年和平公同時，若是故事眞實，他此後至少還執政三十
八年，衰亡的事蹟並不明顯。也許他是第二主角，大可不
必深究。至於師曠明知道「清徵」、「清角」聽不得，卻
主動介紹，再吊人胃口，終究拗不過君主，遵令彈奏，造

成遺憾。這種情節，是否令人疑惑？

　　筆者認為：〈十過篇〉未必是韓非子的作品，本故事的寓託性重於事實，讀者善體其意就是了。

 《韓非子‧十過篇》的第五個故事

智伯貪愎，自取滅亡

從前智伯瑤率領趙、韓、魏的軍隊攻打范氏和中行氏，把他們消滅了。休息了幾年，他派人向韓氏索求土地，韓康子打算不給，段規勸諫說：「不能不給呀！智伯為人，貪婪好利，又凶狠剛愎。他來索求土地，您若不給，他一定出兵攻打韓氏，我希望您給了他。這樣便助長他討便宜的習性，再向別家索求，別家必定有不允他的，智伯必然出兵攻打他。如此，韓氏就可以避免災難，靜觀事態的變化。」韓康子答應了，派人割讓一萬戶的縣分給智伯。智伯很高興，又派人向魏氏索求土地，魏桓子打算不給，趙葭勸諫說：「智伯要土地，韓氏已經給與，魏氏不給，這是魏氏自逞強盛，會激怒智伯的呀！他一定派兵攻打魏氏，還不如給他的好。」魏桓子派人割讓一萬戶的縣分給智伯。智伯又派人前往趙，要求皋狼那塊地方，趙襄子不答應。智伯便暗中聯絡韓、魏兩家，預備攻打趙氏。

趙襄子召來張孟談計議，張孟談認為趙簡主最能幹的

官吏——董閼于治理晉陽，死後尹鐸又依照舊規治理，政教規模都還存在，遷都晉陽，可以好好準備抵抗智伯。趙襄子到晉陽，先視察城郭和各官署的庫藏，發現城郭不夠完固，倉裡沒有糧食，府裡沒有金錢，庫裡沒有鎧甲兵器，城裡沒有守禦的設施。趙襄子非常恐懼，把張孟談找來，張孟談說：「聽說聖人處理政治，財物藏在民間，不藏在府庫，努力教訓人民，不修治城廓。請您下令：人民留存三年自用的糧食，多餘的送進公倉；留下三年自用的金錢，多餘的納入公府；留下自家工作必須的人手，多餘的參加修繕城廓的工作。」襄子晚上下令，第二天倉裡不能再裝糧食，府裡無處存放金錢，庫裡無法再收鎧甲兵器。過了五天，城廓修好了，守禦的設施也都就緒。襄子又問：「沒有箭桿，沒有金屬做箭鏃，怎麼辦？」張孟談說：「聽說董子治理襄陽，官署的圍牆並不是土造磚砌，而是種植荻、蒿、楛楚做圍牆，現在已有一丈多高，您取來應用，便有多餘的箭桿了。官署和邸舍的堂屋，都用鍊銅做柱下石，您取來應用，便有多餘的箭鏃了。」襄子依言辦理。號令都已發出，守備都已妥善，智伯、韓、魏的軍隊果然來到。到後就進攻晉陽，試圖攀登，連續三個月未能攻陷。於是疏散軍隊，予以包圍，然後刨決晉水，灌入晉陽城內。這樣圍困三年，城裡的人搭建高巢居住，吊起鍋子煮飯，糧食財物就快用完，官兵飢餓衰弱，無力作戰。襄子考慮投降，張孟談建議暗中聯結韓、魏。他向韓、魏君主陳述「脣亡齒寒」的道理，韓、魏也早有顧慮，但深恐智伯粗暴殘忍，萬一事洩，大禍難逃。張孟談

和他們密謀，約好裡應外合，襄子又是惶恐，又是歡喜。

韓康子、魏桓子朝見智伯出來，在營門外遇見智過。智過覺得他們神色有異，進見智伯說：「看兩君的樣子，恐怕要叛變了。他們意氣高昂，行動驕恣，不像以前那樣，您最好先發制人。」智伯不信韓、魏會欺騙自己。第二天早晨，智過又進謁智伯說：「您把我的話告訴韓、魏兩位君主嗎？今天他們碰到我，臉色都變了，視線一直盯著我，這一定是要叛變，您最好趕緊殺掉他們。」智伯要他別談這事。智過勸諫：假如不能殺掉他們，就要和他們更加親善；籠絡兩位謀臣段規和趙葭，答應破趙之後，分封每人萬戶的縣分。智伯捨不得允諾分封。智過眼看智伯不肯採納意見，就變更為輔姓，逃往他處。到了約定那天夜裡，趙氏派人殺了智伯守隄的官吏，反而決水灌向智伯的軍隊。智伯的軍隊措手不及，秩序大亂，韓、魏軍隊左右夾攻，襄子帶兵迎頭痛擊，大敗智伯的軍隊，捉了智伯，韓、趙、魏就瓜分了晉國，史上稱為三家分晉，這是西元前四五三年。

【筆者的話】

這個故事的教訓是：貪婪狠戾，剛愎自用，即使再強大，也將身死國滅。智伯在六卿之中勢力最強，范、中行被滅之後，韓、趙、魏都在他控御之中，卻因為貪婪好利，不知收斂；又剛愎自是，不聽諫言，以致被韓、趙、魏聯手消滅，千載留為話柄。《韓非子》的〈喻老篇〉、〈難三篇〉援引智伯敗亡的事蹟，說明「禍莫大於不知足」

及治國務求任勢自恃的道理。這個故事，《戰國策·趙策一》記述非常詳備，可以參閱。

此外，董閼于治晉陽，實現了聖人治國的理想境界，是令人景仰的德化成果，在史上也是難得一見的典範。

案頭春秋

《韓非子·十過篇》的第六個故事

戎王耽迷女樂亡了國

　　秦穆公三十四年（西元前六二七年），戎王派遣由余到秦國訪問。秦穆公問他說：「我聽過治國的道術，可是不曾目睹實際的情形。請告訴我：古代的君主得國或失國，原因在哪裡？」由余回答說：「得國由於節儉，失國由於奢侈。」穆公說：「我誠心誠意地向您請教，你卻只以節儉來回應我，是什麼道理？」由余從容地說：「堯擁有天下，用土製的碗吃飯，用土製的杯子喝水，他的土地，南面到交趾，北面到幽都，東面到日出的地方，西面到日落的地方，沒有不服從他的。堯禪讓天下，舜做了天子。他製作飲食的器皿，砍伐山上的樹木，裁割削鋸，再加磨光打滑，塗上油漆，運到宮裡。諸侯認為他比堯奢侈，就有十三國不肯服從。舜禪讓天下，傳授給禹，他製作祭器，外面漆成黑色，裡面以紅色繪畫。褥墊用素絹做成，草席鑲有美麗的花邊，酒器都有紋飾，食具都加雕繪。這更加奢侈了，便有三十三國不肯服從。夏朝滅亡，殷人擁有天下，製作路車，樹著九旒的旌旗，食

器精雕細琢，酒器都加刻鏤，四面牆壁粉刷塗飾，褥席都雕繪花紋。這比大禹更加奢侈了，便有五十三國不肯服從。照這樣看來，在上位的人都喜愛美麗的裝飾，可是越奢侈的，情願服從的諸侯就越少，所以我說節儉是治國的道術哇！」

　　由余退出以後，秦穆公把內史廖召來，跟他說：「我聽說鄰國有聖人，是本國的憂患。依我看，由余就是聖人。我非常擔憂，該怎麼辦好呢？」內史廖回答說：「戎王盤據的地方，偏僻、簡陋，路途遙遠，他從沒聽過中國美妙的音樂。您不妨餽贈他一些歌舞的美女，擾亂他的政治；另一方面，您替由余請求延緩回國的時日，使由余沒有機會進諫。要讓他們君臣關係疏遠，然後才能進一步用計謀，爭取由余來投效。」秦穆公接納內史廖的意見，派他去戎地，贈送十六位能歌善舞的美女給戎王，順便替由余要求多逗留秦國一些時間，戎王答應了。戎王看到這些歌舞的美女，非常高興，搭起帳幕，擺設酒席，天天欣賞歌舞，一年到頭不從事游牧，牛馬餓死一大半。由余歸來，一看情形不對，立刻去求見戎王，勸諫戎王別被歌舞所迷惑，忽略了政事。戎王聽不進由余的忠言，由余大失所望，想想留在戎地沒有意義，便離開戎地，前往秦國。秦穆公一聽由余來見，高興極了，親自出來迎接，立即任命他做上卿，向由余詢問戎地的兵力及地形，由余感激他的知遇，自然是知無不言，言無不盡。秦穆公全部了解實際狀況之後，就派兵前往攻打，兼併了十二個部落，擴展一千里土地。

【筆者的話】

這個故事的教訓是：一味沈迷女樂，不理政事，就會招致亡國的禍患。故事中的人物，除了倒楣的戎王，還有春秋五霸之一、獨霸西戎的秦穆公，以及關鍵性的人物──由余，另外是獻計及出使戎地的內史廖。

這個故事，除了從戎王的遭遇著眼，可以歸納出爲人君主的戒條之外，我們還可以從幾個角度來討論。第一、能否善用人才，是國家興亡的關鍵：由余是個人才，但人才必須有明主賞識，戎王不能善用由余，秦穆公卻能任用由余。由余若是繼續留在戎地，秦國不僅不能稱霸西戎，而且還有可能受到威脅。第二、秦穆公是用計謀爭取由余投效秦國的。政治上的競爭，有時難免要用些權謀，不能用道義的尺度去衡量其間的是非曲直。《韓非子‧內儲說下篇》所謂的「敵國廢置」，便說明了掌握敵國的人事任用或廢黜權，等於掌握了扭轉局勢的勝算。讓敵國的佞臣得勢，而賢者被黜，敵國必然混亂，我便有機可乘。所以，商鞅自魏入秦，對秦有利，於魏不利。長平之戰，趙國官兵四十萬被秦人活埋，就因爲趙王中了秦國的反間計，罷黜了良將廉頗；田單復國之所以能奏功，也是先用反間計，讓燕惠王調走幹練的樂毅，才有可能以火牛陣破燕營，收回七十幾座城池。很明顯，秦穆公逼使由余投效自己，是他成就霸業的第一步。第三、由余進見秦穆公，一席話讓秦穆公稱羨他的才華，談話內容，《韓非子》和《史記》並不相同。就《韓非子》所記載的看來，標示

「節儉」的重要，多少帶有夸飾的手法。在統計數字上固然有誇張的成分，我們也不能忽略時代進步，物質文明愈趨繁複多樣，是一種自然的演化。能這樣多方面思慮，這個故事顯得更爲有趣了。

田成子離都遠遊，險遭不測

田成子，是齊簡公的權貴大臣，田完的六世孫，《左傳》稱他為陳恒，《韓非子》與《史記》稱他為田常，田成子是諡號。陳公子完逃奔齊國以後改姓田氏，「陳」「田」本一家，而「恒」「常」意義相同。田氏從第五代田釐子便開始攬權，西元前四八一年，田常甚至還弒殺了簡公。後來九世孫田和篡齊，被周天子承認，戰國的田氏之齊就取代了春秋的姜氏（或稱呂氏）之齊了。

據說，田成子到海上遊玩，高興極了，下令給隨行的大臣們說：「誰要是勸我回去的，就處死刑。」顏涿聚說：「您在海上遊玩，覺得非常快樂，奈何下面有人圖謀您的地位呀！您雖然遊玩得高興，只怕要樂極生悲，無家可歸了。」田成子說：「我已發出命令，誰要是勸我回去的，就處死刑，現在你觸犯了我的命令。」他拿起武器要殺顏涿聚。顏涿聚說：「從前夏桀殺死關龍逢，商紂殺死王子比干，現在您就殺了我，讓我和關龍逢、比干合成三

位為忠諫而犧牲的烈士，這也是很好的。我勸諫，完全是為了國家，並非為我自己。」於是他伸著脖子走近田成子，說：「請您動手吧！」田成子嘆了一口氣，放下武器，趕快駕車回去。他回到首都三天，便聽說曾經有人計畫阻止田成子回首都。田成子的後人之所以終能擁有齊國，完全是顏涿聚的力量啊！

【筆者的話】

這個故事的教訓是：為人君主的人，遠離首都，到遠方遨遊，是危害生命的作法。故事中的田成子若非及早聽納諫言，儘快趕回都城，可能就要遭遇不測了。

《說苑‧正諫篇》敘述內容和《韓非子‧十過篇》近似，不過，「顏涿聚」作「顏燭趨」，發音接近；「田成子」作「齊景公」，比《韓非子》較為合理，因為君主自稱「寡人」較順，隨行的「諸大夫」較近實情，政變發生時，影響性也較大。為了加強效果，《說苑》敘說齊景公樂不思歸，已有「六月」；政變一觸即發，在他趕回國都的途中，已有圖謀不接納的傳聞了。

《韓非子‧難三篇》曾有論駁「去國而數之海」的片段，意思是：國君常常離開國都而遠出遨遊，固然蘊含危機，韓非子也不主張國君動不動遠離都城，出外遠遊；但如果能善用方術，明察隱微的不合法情事，號令通行，那麼即使偶爾出外遠遊，由於分層負責，政治穩定，也不至於有什麼內在的叛亂發生。這是適度地認可君主的享樂，而以勤政、守法責成做大前提的推論。管仲也有類似的看

法：只要國君能遵守大原則，犬馬、聲、色不足慮，那不過是私人生活的部分享受，最要緊的是，處理公務要精進勤勉，果決勇斷。《管子‧小匡篇》代表了法家比較活潑的觀念，也提供我們另一個觀察的角度。

齊桓公不聽忠諫，釀成悲劇

春秋時代的第一位霸主齊桓公，好幾次會合諸侯，使動亂的天下步入正軌，這全仰賴管仲的輔佐。管仲老了，身體衰弱，不能辦理國事，在家裡休養。桓公去探訪他，請教管仲說：「仲父（桓公尊敬管仲如父輩）在家休養，萬一不幸調養不好，政事該移交給哪位掌理呢？」管仲說：「臣老邁了，承擔不起您的詢問。不過，最了解臣子的是君主，最了解兒子的是父親，您不妨試著把您的想法說出來給我參考。」桓公說：「鮑叔牙怎麼樣？」管仲說：「他不理想。鮑叔牙剛強固執，行事猛厲。剛強就會以暴力侵犯人民，固執就不容易得到百姓的愛戴，行事猛厲，人民就不願受他驅使。他缺乏戒慎恐懼的心理，不是輔佐霸主的理想人選。」桓公說：「那麼豎刁怎麼樣？」管仲說：「不行。大凡人類的天性，沒有不愛自己身體的。您妒恨男子而愛好女色，為了讓您放心，豎刁自己去除生殖能力，替您管理內眷。他連自己的身體都不愛，怎

麼會愛君主呢？」

桓公又問：「那麼衛公子開方怎麼樣？」管仲說：「不行。齊國與衛國之間，不過十天的路程。開方爲要事奉您，討您歡心，十五年來不曾回去看望父母，這太不近人情了。他連父母都不親愛，又怎會親愛君主呢？」桓公再問：「那麼易牙呢？」管仲說：「不行。易牙替君主辦理膳食，您只有人肉未曾吃過，易牙就殺了長子，蒸成美味，獻給君主，這是您知道的事。人沒有不愛自己兒子的，易牙連自己的兒子都不愛，怎麼會愛君主呢？」桓公沈吟一會，說：「這麼多人都不合適，究竟誰可以執掌國政呢？」管仲說：「隰朋可以。隰朋意志堅定，行爲正直，嗜欲少，誠信足夠。意志堅定，可以爲人民的表率；行爲正直，就可以擔當大任；嗜欲少，可以治理百姓；誠信足夠，就可以親善鄰國。這是輔佐霸主的好人選，您就任用他吧！」桓公答應了。

過了一年多，管仲死了，這是西元前六四五年。桓公並沒有聽他的忠心諫言，任用隰朋，反而把政權交給豎刁。豎刁掌理國事三年，桓公到南部的堂阜去遊玩，豎刁率領易牙、衛公子開方和一些大臣作亂。桓公被圍困在南門的寢宮，臥病在床，沒得吃的、沒得喝的，終於餓死。他死在床上，五個兒子爭奪權位，沒有人爲他斂葬，經過三個月，屍體腐爛，屍蟲慢慢爬到門外頭。

說起來，齊桓公是春秋第一位霸主，軍隊天下無敵，結果竟被臣下弒殺，毀損了一世的英名，被人譏笑。這是什麼緣故呢？就是由於沒有採用管仲的忠言啊！

【筆者的話】

這個故事的教訓是：做君主的人不聽忠臣的諫言，往往釀成悲劇。

管仲老病之後，勸諫齊桓公疏遠豎刁、易牙、衛公子開方，資料相當可靠，除了《韓非子‧十過篇》，還見於〈難一篇〉，也見於《管子‧小稱篇》、《呂氏春秋‧知接篇》、《史記‧齊世家》與《說苑‧權謀篇》。管仲的判斷全由推己及人的忠恕之道出發。他反對齊桓公任用豎刁、易牙、衛公子開方，是因為三人巴結逢迎，不擇手段。他們並不曾遭遇特殊狀況，如：戰爭、饑餓、緊急突發事故，他們愛身、愛子、愛父母和愛君，原本可以兼顧並行，卻為了個人的仕途，做出超越人情倫常的舉動，根本動機不善，這種人不能信用，管仲果然有先見之明。

在〈難一篇〉中，韓非子認為管仲只做到治標的建議，應該由根本上教導齊桓公制定治國方案，好好運用考核的方術，否則除去一個豎刁，將來還可能出現另一個豎刁，因為齊桓公根本只遵循個人的好惡用人呀！宋代的蘇洵曾寫過一篇〈管仲論〉，便提及了相近的理念，他認為管仲應該積極地「薦賢以自代」，而不是消極地要求國君遠離豎刁等人就好。根據〈十過篇〉以及《管子‧戒篇》、《莊子‧徐无鬼篇》、《列子‧力命篇》、《呂氏春秋‧貴公篇》，我們了解管仲否決鮑叔牙的任命，而推薦隰朋。他與鮑叔牙知己莫逆，卻就事論事，不把私人的恩惠和政治糾纏在一起。為國家推薦人才，不能只求個人報

恩，所以管仲雖是鮑叔牙大力保舉，才有輔佐霸主的良機，他否決齊桓公繼續任用鮑叔牙接掌國政，絕不是心胸狹窄，忘恩負義，而是大公無私，客觀論人，為君國利益著想。問題是，他力薦隰朋，隰朋卻只比他多活十個月，畢竟仍是老輩。即使依照其他資料，齊桓公任用了隰朋，也只不過短暫的安定。如果管仲能在執政四十年中，發掘年輕的政治人才，有承先啓後的理想接棒人，也許齊國的霸業可以持續相當的時間，不致因齊桓公死了就一蹶不振。

〈十過篇〉說管仲死後三年桓公死，又說桓公屍體放置床上三個月，都是中國人約舉成數的說法。《史記》記載齊桓公兩年後過世，大約是二至三年，兩年多；又記載屍體停放六十七日，過了兩個月，跨入三個月就是了。三國末以〈陳情表〉感動天下人孝心的李密，曾答覆晉朝大臣張華的嘲諷，他把蜀後主比喻得和齊桓公一樣：「齊桓得管仲而霸，用豎刁而蟲流；安樂公得諸葛亮而抗魏，任黃皓而喪國，是知成敗一也。」世人以「扶不起的阿斗」，說明難以輔佐的庸劣君主，李密是蜀人，為了抬高蜀後主，便以齊桓公作譬喻，真是巧言應對，但齊桓公用豎刁，再怎麼說也是敗筆。蟲流不葬，是悲慘下場，以一代霸主身分，竟落得這樣的下場，更烘襯出令人唏噓的悲劇性。而悲劇的肇始因素，就在於齊桓公不能聽納管仲的忠諫，不僅未曾疏遠，還任用了豎刁、易牙、衛公子開方。由這個霸主的悲劇，我們也了解到：說話容易，聽話也容易，難的是，能聽納忠誠的諫言，而且能切實身體力

行。諸葛亮〈出師表〉不是勸蜀後主要「親賢臣，遠小人」嗎？問題是蜀後主未必聽進去，也未必能真的去做，甚至於他未必能分辨哪些是賢臣，哪些是小人，否則阿斗也不致「扶不起」，也不致亡國之後做了安樂公，居然「樂不思蜀」了。

其次，豎刁「自宮」（自己去除生殖能力），可能就像後代太監一樣，讓君主不必疑慮，因為他已是中性人，算不上是男人了。只是其他太監可能被迫從事這種「賤役」，他卻是為了贏得君主的信任而如此「糟蹋」自己。如果我們看到漢代司馬遷被處宮刑之後，是如何痛不欲生，便知道豎刁是如何不知自愛，如何不擇手段了。至於易牙「蒸其首子」，有學者懷疑易牙可能來自南蠻地方，南蠻人有把長子殺了蒸食的怪風俗，還相信那樣做對以後的孩子有好處。不過，易牙既在齊國做事，管仲以齊國的倫理來論斷他不是好人，自然是有充分的論據的。

 《韓非子‧十過篇》的第九個故事

一味仰賴外援，國家必定會削弱

從前秦國攻打韓國的濁澤，韓國的情勢很危急，公仲朋對韓宣惠王說：「同盟的國家是不可靠的，我們不如透過張儀向秦國求和，送給秦國一座有名的大城，和秦國一起向南攻打楚國，這樣子秦國的侵略可以解除，把災禍轉嫁給楚國。」宣惠王說：「好！」於是囑咐公仲朋前往秦國去求和。

楚王一聽這個訊息，非常恐懼，他召喚陳軫，請教他可有什麼辦法。陳軫說：「秦國得到韓國一座大城，率領精銳的軍隊，和韓國的軍隊聯合起來，朝南攻打楚國，這是秦王在宗廟祭祀所祈求的事情，可說正中下懷。對於楚國來說，必然構成危害了。大王得趕緊派遣使臣，多備車輛，厚備禮物，奉送給韓王，向他說：『我的國家雖然弱小，現在已調派全國的軍隊支援貴國，希望貴國對秦國儘量強硬，不須委屈求和了。同時也希望派人到敝國，看看敝國軍隊出動的情形。』」楚王就按照陳軫的話去辦理。

　　韓王派使臣到楚國，楚王調派軍隊，布署在往韓國的道路上，對韓國的使臣說：「請您回國去報告貴國的君主，就說敝國支援貴國的軍隊馬上就要進入貴國了。」使臣回國報告韓王，韓王非常高興，便派人阻止公仲朋前往秦國求和。公仲朋說：「這樣做不妥當啊！秦國是以實力侵害我們，楚國是以空言援救我們。聽信楚國的空言，卻輕視強大秦國實際的禍患，這是要危害國家的呀！」韓王不肯聽從公仲朋的勸諫，公仲朋憤怒極了，卻也不得不服從命令回家，他氣得十天不上朝。濁澤的圍困越發緊急，韓國的君主派使臣趕往楚國催請救兵，使臣一個接一個派發出去，楚國的救援卻始終沒有來到。濁澤終於陷落，這件事便成為諸侯的笑柄。

【筆者的話】

　　這個故事的教訓是：如果不能好好衡量自己的實力，籌畫合宜的對敵策略，卻一味依賴外國的援助，終究會使國家削弱的呀！因為在複雜的國際關係中，外援最不可靠，一味依賴外援，等於把國家的前途冀望於不可靠的幻影中，一旦幻影破滅，國家小則削弱，嚴重可能還要滅亡。

　　韓非子主張治國要由內政整頓著手，並且充實國防力量。若是政治清明，經濟繁榮，國防力量強大，外交方面就好辦了。戰國時代，蘇秦倡議合縱，張儀倡議連橫，韓非子認為合縱、連橫都有壞影響，不如致力內政的好。故事中，韓國的公仲朋打算向秦國求和，就是「連橫」；韓

王相信楚國使臣的話，等待楚國的救援，就是「合縱」。本來幾個弱小國家聯合起來，一致對抗強秦，秦國即使再強大，也不免憂慮的，六國的合縱，是很好的策略。無奈六國之間，也有許多矛盾衝突，像楚國向韓王提供的假支援，讓韓國信以為真，事實上卻只是一種策略：突破秦、韓聯合攻楚的危機。楚國為了自己的利害，欺騙了韓王，害苦了韓國。

所以說：韓國的上策是整頓內政，不過一時不能做到。公仲朋的做法，是其次的策略，既然實力不足，不能抵抗，只好設法求和，犧牲一個城池，轉移秦國的侵略欲望。可惜，楚國的陳軫計高一籌，楚王又能接納他的慧見；韓王相信楚國展示的兵力，不肯聽聽公仲朋的意思，多做考慮，結果採取了下策，嘗到戰敗的苦果，難怪留下笑柄，這是為人君主值得警惕的事。

《韓非子‧十過篇》這段故事，和《戰國策‧韓策》的記載很相似。綜合《史記‧秦本紀》加以比較，〈十過篇〉原本記述是「宜陽」之役，可能應該是「濁澤」之役，因為張儀、公仲朋的事蹟和宜陽之役無關，因此筆者說故事就依據〈韓策〉換了地點，事蹟發生在韓宣惠王十六年（西元前三一七年），大致也可以斷定了。

國際之間很難講道義，各國的對策，都是為自己國家的利益著想，顧不到其他國家的利益，甚至於不惜犧牲別國的利益，來保障自己的利益。想想很現實，也很可怕，無奈卻是事實。韓國的公仲朋獻計向秦國賄賂求和，目的是紓解韓國的禍患，代價卻是楚國要受兵災之苦，要嫁禍

給楚國，讓秦國去攻打楚國。而陳軫的策略，則是利用外交手腕，虛晃一招，假裝擺出一些陣勢，騙韓國的使臣及君主，目的是免除秦國的侵略，代價是韓國濁澤被攻陷。陳軫的策略，基本上就是欺騙，至於貽誤韓國，楚國毫無道德負荷，他們君臣所計慮的只是楚國的安全，楚國的利益。一般文人書生重理想，重道義，易於被矇騙，還情有可原；做國君的人處理政治，卻不能不理智，不能不務實際。不講究國力的充實，一味依賴外援，正是不務實際，六○年代越南的淪亡，不也正是一味依賴外援的結果？

《韓非子·十過篇》的第十個故事

國小無禮，曹共公被擒

從前，晉獻公聽信驪姬的讒言，逼得嫡長子——未來君位的繼承人——世子申生自殺了，公子重耳也被逼得流亡在外，前後十九年，歷經許多國家。當時的霸主之國，如齊桓公、宋襄公、秦穆公，以至於新興的楚成王，對落魄流亡的公子重耳都能關愛敬重，給予禮遇和協助，所謂惺惺相惜吧？倒反而是一些弱小國家的昏庸無能之君，勢利小氣，瞧不起流亡公子，甚至還不顧禮法，做出一些不合身分的非禮行為，曹共公就是其中的一個例子。

晉國公子重耳流亡到了曹國，曹共公安頓了他們主僕之後，想起傳聞公子重耳長了「駢脅」，有幾根肋骨連結在一塊，他很好奇，便趁重耳脫衣洗澡的時候，偷偷窺視。在中國古代，人們不輕易讓人看到自己裸露身體的，即使「袒袖」都是大事。何況公子重耳儘管是在流亡途中，畢竟是個大國身分高貴的公子，曹共公的非禮行為刺痛重耳，無奈他寄人籬下，只有敢怒不敢言。越是不敢發

作，內心就痛恨得越厲害。曹國的大夫釐（音ㄒㄧ）負羈隨侍在曹共公左右，看到國君這樣魯莽，心裡很不安，回到家裡，悶悶不樂。他的妻子問他說：「你從外頭回來，一臉不痛快的神色，是什麼原因哪？」釐負羈說：「我聽人說過：君主有福，未必輪到我分享；君主有禍，一定會連累到我。今天我們的君主召見晉國的公子重耳，對他很沒有禮貌，當時我也在場，所以我悶悶不樂。」他的妻子說：「依我看，晉國的公子重耳將來會是大國的君主，他左右隨從的人，將來會是大國的卿相。如今他困窘潦倒，逃亡在外，經過曹國，曹君對他無禮，他若有機會返國做了君主，一定要派兵誅討對他無禮的國家，曹國大概就是他討伐的第一個對象了。你何不對他表示一些與國君不同的善意，好好送個禮物和他結納呢？」釐負羈說：「好極了！你說的有道理，就這麼做。」於是他把黃金裝在壺裡，再用食物把壺裝滿，上面擺了一塊璧玉，夜裡派人送去給晉公子重耳。公子接見了使者，再拜行禮道謝，接受了食物，退還了璧玉。

晉公子重耳由曹國到楚國，由楚國進入秦國。到了秦國以後，秦穆公召集群臣計謀說：「從前，晉獻公和寡人交往，情感不錯，諸侯各國都知道。獻公不幸離棄群臣，逝世已有十年左右了，繼位的兒子很不好，我怕這樣下去，晉國的宗廟要荒廢，社稷會毀滅，國家要滅亡的。到了這地步，我還不設法使晉國安定下來，便枉負我與晉獻公交往的一段情誼了。我想輔助公子重耳，幫助他回晉國做國君，你們覺得怎麼樣？」臣子們都說：「很好。」秦

穆公於是發動軍隊，調集五百輛戰車，精銳的騎兵兩千人，步兵五萬人，幫助公子重耳回晉國，立他做晉國的君主。

公子重耳即位，便是後來稱霸的晉文公。三年以後，便率領軍隊攻打曹國，他特別派人告訴釐負羈說：「我的軍隊已經逼近城下了，我知道你是一位好官吏，你不會逃亡。你對我很尊重，我要報答你，請你在你的里門做個標記，我馬上下命令，讓軍隊避開，不許去騷擾。」曹國人聽到這個消息，率領家屬、親戚到釐負羈所住的里內避難的，有七百多家。這就是做事著重禮儀的效應哪！曹國本來是個弱小的國家，又夾處在晉、楚兩大強國中間，曹國的君主處境危險，就像雞蛋堆疊起來一樣，隨時會有破滅的憂慮，他做事還那麼莽撞，接見賓客居然沒有禮貌，這是他被俘虜，受盡屈辱的原因哪！

【筆者的話】

這個故事的教訓是：禮尚往來，國家弱小，國君更須謹慎守禮，若是無禮，得罪了人，總有被報復的一天。曹國君主被擒，土地被割裂，全是自己沒有禮貌招來的禍患。

參考《左傳》、《國語》、《史記》的資料，《韓非子‧十過篇》第十個故事可能有些差誤，筆者略微加以刪改。〈十過篇〉曹君的後果是「絕世」，事實上，曹共公被擒，一部分土地被取去贈給宋國，後來為了專力對付楚國，晉文公還讓曹共公復位，曹君並未「絕世」。其次，

晉文公即位後滿四年（前後五年）才攻打曹國，〈十過篇〉說「三年」，不妥。更大的問題是，〈十過篇〉有叔詹勸諫曹君：既已對公子重耳無禮，爲了防備萬一他返國做國君，起兵來討伐曹國，不如趁早殺了他。並且在晉國出兵伐曹時，強調晉文公指名要曹君把叔詹用繩子縋出城外，要殺叔詹暴屍示眾。這種說法，顯然是把鄭國的事件誤加入曹國事件了。叔詹勸諫鄭文公禮遇公子重耳，既見鄭文公不禮遇，才又建議：不如殺了。據《史記·鄭世家》，叔詹後來爲了國家，情願自殺，但他的死並未緩和晉國的攻勢。鄭國派燭之武去遊說秦穆公，挑撥秦、晉的矛盾衝突，終於讓秦穆公撤兵，晉文公爲了不忘恩義，也撤走軍隊，鄭國化除了一場干戈的禍害。筆者認爲〈十過篇〉未必是韓非子的作品，尤其第四個故事荒誕，第十個故事粗疏，都不像韓非子客觀、謹嚴的風格。

晉文公做公子時，在外流亡十九年，有些國家對他禮遇，有些國家對他無禮。即位後，他恩怨分明，報恩報仇都不含糊。他報復曹共公，是和衛國一併報復的。曹、衛都親楚，他故意向衛國借路去攻打曹國，重施晉獻公攻虢吞虞的舊伎倆，被衛國識破拒絕了，便明張旗鼓去攻打，《左傳》記載「侵曹伐衛」，便點明他一箭雙鵰的屬害之處。他分割曹、衛的土地贈給宋國，藉此激怒楚國；又爲了要孤立楚國，私下派人允諾要讓曹、衛的國君復位。說歸說，一直沒有實現諾言。曹國虧得有一個小臣侯獳，他利用晉文公生病的機會，買通晉國占卜的臣子，讓筮史解說生病的原因，說是曹國的祖先英靈作祟。曹是晉的同姓

之國，晉文公會合諸侯，做了盟主，卻要消滅同姓之國，實在說不過去。齊桓公的作法就不同了，他對邢、燕等異姓國家尚且細加照顧，再說，晉文公答應曹君復位一直沒有兌現，是否失信呢？這些話晉文公很喜歡聽，齊桓公是他的崇拜對象，向齊桓公學習並不困難，又有冠冕堂皇的理由，可以赦免曹共公，乾脆做好事，皆大歡喜。於是晉文公讓曹共公重回曹國做了君主，反正懲罰得也夠了，藉此博得仁義之名，何樂不爲？想想曹共公爲了一時無禮，付出多少代價？看來禮還是寧多勿失的好。

肆

《孟子》、《莊子》、
《韓非子》、《史記》

孟子確立知識分子的社會地位

遠在西周，「士」原是封建制度中統治階級的基層分子，是受教育的文、武人才，具有行政、軍事的能力。後來由於宗法制度累世遞轉，許多貴族後人也都成了沒有封邑的士，孔子的先人來自宋國的公族，孟子是魯國貴族——三桓之一孟孫氏的後代，而他們卻是平民中的知識分子。春秋中葉以後，封建制度逐漸瓦解，民間的農工商階級也有接受知識教育的機會，一大批各種背景的「士」便成了一種新興的知識分子階級。

這些「士」，憑著各人所學，在百家爭鳴、大放異采的時代，除了道家之流高蹈遠引，避人避世之外，都標榜各派的長處，或組織遊士集團，周遊列國，或單人獨鬥，設法說服當代君王，以求仕託。他們是頗為尷尬的角色，有時候受到推捧，布衣卿相，轉瞬富貴；有時候受盡歧視，被譏為遊食，被斥為蠹蟲。他們在社會上的角色功能，因著不同的價值判斷，顯然並不一致。孔子帶著弟子

們，栖栖惶惶，席不暇暖，《論語》中記載，他們的熱忱，就多次被一些道家之流的隱者調侃。有一次，子路落了單，找不到孔夫子，向一個擔著竹器的老頭（荷蓧丈人）詢問，老頭就板著臉孔說：「四體不勤，五穀不分，孰為夫子？」（〈微子篇〉）他的話裡含有輕微的責備，好好種田才是本分，這樣子不勞動，五穀都分辨不清楚，跟著夫子到處閒逛，算什麼嘛！依照傳統農業社會的價值觀，勞動神聖，只有勞動才能有飯吃，那麼，遊士寄食於諸侯，算不算「素餐」呢？孟子弟子公孫丑提出過問題：

> 公孫丑曰：「《詩》曰：『不素餐兮。』君子之不耕而食，何也？」孟子曰：「君子居是國也，其君用之，則安富尊榮；其子弟從之，則孝弟（悌）忠信。不素餐兮，孰大於是！」（〈盡心上篇〉）

《詩經》裡說：不要無功受祿，君子不耕種即食祿的理由在哪裡呢？孟子從無形的社會教育功能立說，只要君子人受重用，便可以安定國家，使君主尊顯榮耀，教化子弟，移風易俗。這個看法和荀子所謂：「儒者在本朝則美政，在下位則美俗。」（〈儒效篇〉）立意正好不謀而合。這個看法肯定了知識分子的社會地位，突破了只有耕作才是貢獻，只有耕作才有飯吃的觀念。

孟子的另一個弟子彭更也覺得「士無事而食，不可也。」他提出疑問：

彭更問曰：「後車數十乘，從者數百人，以傳食
於諸侯，不以泰乎？」……（孟子）曰：「子不通功
易事，以羨補不足，則農有餘粟，女有餘布。子如通
之，則梓匠輪輿，皆得食於子。於此有人焉：入則
孝，出則悌，守先王之道，以待後之學者，而不得食
於子。子何尊梓匠輪輿，而輕爲仁義者哉？」（〈滕文
公下篇〉）

知識分子沒有事功，竟然白吃白喝嗎？孟子認爲：社
會各色人等，必須「通功易事，」各盡本分，分工合作，
拿多餘的產品去和別人交換所需的物品，知識分子憑藉的
是社會教化的工作。他的社會角色功能乍看似乎不顯，但
時代的變動使社會轉趨多元化，知識分子雖然不耕不作，
但他忙著「勞心」的知識傳承，道德發揚，文化傳遞，守
先待後，擔負這神聖而重大的任務。他當然比得上農夫、
工匠的貢獻，而且遠超出一般人的了解之上。

在當年，以蘇秦、張儀爲首的縱橫家之流，以言談投
合君主，不惜婉媚阿諛，一心只求富貴，蘇秦說過：

「安有說人主，不能出其金玉錦繡，取卿相之尊
者乎！」（《戰國策·秦策一》）

遊說的宗旨，在求取富貴，既沒有理想，也沒有原
則，即使「一怒而諸侯懼，安居而天下熄」，也不過是
「妾婦之道」（〈滕文公下篇〉）；孟子對於知識分子的期

許，則不僅是社會教化的功能，而且是歷史學術文化的傳承。既具神聖的使命感，還提示了道德實踐的崇高典範，這正是孟子學說的偉大之處。

　　基於這種對知識分子社會角色功能的認定，當楚國學者陳良的徒弟陳相向孟子稱揚農家許行的無政府主義的時候，孟子便提出「勞心」、「勞力」不同角色，宜分工專職，互相合作的主張。「賢者與民並耕而食」的看法，事實上忽略了知識分子所從事的職務，不是「耕」而能兼顧的。一個進步和諧的社會，人人就性之所近，各盡所能，各取所需，而如何做到合理分配，公平公正，便有賴知識分子「勞心」策畫統籌管理，他的一份工作，跟農夫、工匠一樣是要全神投入的。「勞心」、「勞力」既然一樣重要，「勞心者治人，勞力者治於人」，相對的，勞心者憑智慧才學貢獻社會，領取俸祿是天經地義的，俸祿來自農人的收成，等於是知識分子為農民服務，而接受了農民的供養，所以說：「治於人者（勞力者）食人（供養人），治人者（勞心者）食於人（受人供養）。」（〈滕文公上篇〉）孟子由社會的多元型態，肯定知識分子的角色功能，也就確定了知識分子的社會地位，維護了知識分子的尊嚴。這樣的知識分子退而獨善其身，在鄉里可以美化風俗；進而兼善天下，可以和諸侯分庭抗禮，笑傲公卿。承先啟後，美俗美政，多麼莊嚴尊貴！

羿‧伊尹‧百里奚

《**韓**非子‧難三篇》批駁子產辨聲斷案，曾發揮一樣「以天下爲羅網」的統御密術。認爲與其憑仗聰明才智去逐一追索斷案，還不如佈好天羅地網，讓全天下人都在自己的羅網之中。韓非子舉羿善射的例子來說明：

> 故宋人語曰：「一雀過羿，羿必得之，則羿誣矣。以天下爲之羅，則羿不失矣。」夫知姦亦有大羅，不失其一而已矣。

羿是夏朝有窮國的君主，以善射聞名。羿雖是精於射箭，如果說，每一隻經過羿眼前的麻雀，羿都一定能把牠射到，那麼羿就不實在了。總有失手的時候呀。若是把天下做成網羅，所有的鳥都逃不開，羿也不會漏掉任何一隻麻雀了。國君治國，想了解臣民的不合法情事，也有一種大羅網，只要懂得安排大羅網，爲姦作惡的人一個也逃不掉。這樣的譬喻是把君王捕捉姦惡看做像羿射雀鳥一樣，

要精準，要普遍，絕對不能有失誤。

《莊子‧庚桑楚篇》有非常相近的幾句話：

> 一雀適羿，羿必得之，威也（崔譔的版本「威」
> 字作「或」）；以天下爲之籠，則雀無所逃。

用「或」字，是以偶然來替換必然，羿雖是精於射擊，卻也未必絕對都能射中。〈德充符篇〉也有相關的比喻：「遊於羿之彀中，中央者，中地也；然而不中者，命也。」意思是：走進羿的射程之中，正是當中的地方，進入了必被射中的境地，然而有時不被射中，那是命。類似的比方，重點都在於：即使精確之極的神射手，也有意外的狀況出現。清代的王先謙認爲《莊子》是「以羿彀喻刑網。」足見《莊子》確實有和《韓非子》相近的設喻，〈庚桑楚〉和〈難三〉不僅立意相近，文墨也相似，「籠」和「羅」，一是拘禁的處所，一是拘捕的工具，涵蓋的層面卻非常接近。《莊子‧庚桑楚》是個雜篇，藉由「以天下爲之籠」的說辭，進而援引伊尹、百里奚的事例：

> 是故湯以庖人籠伊尹，秦穆公以五羊之皮籠百里
> 奚。是故非以其所好籠之而可得者，無有也。

照《莊子》的看法，湯讓伊尹當廚師，藉此籠絡他；秦穆公用五張羊皮籠絡百里奚。箇中的竅門，就在於能用對方所喜好的來籠絡他。道家解說，多少還是強調了順性，以

爲伊尹喜好當廚師，百里奚喜好五羊之皮，所以湯和秦穆
公就投其所好，這才籠絡得了他們。

　　有趣的是，《韓非子》中的伊尹、百里奚也常常相提
並論，「伊尹爲宰，百里奚爲虜」重複出現於〈難一篇
（六）〉、〈難二篇（五）〉及〈說難篇〉。照韓非子的意
思，伊尹和百里奚都是以天下爲己任，爲世局憂慮，希望
找到英明的君主，一展抱負，來解決問題。爲了達到「憂
世」濟民的目的，知道商湯需要廚師，秦穆公需要奴僕，
便不辭卑賤委屈自己，不計羞辱，主動去求見君主。韓非
子說：

　　　　伊尹以中國爲亂，道爲宰干湯；百里奚以秦爲
　　亂，道爲虜干穆公──皆憂天下之害，趨一國之患，
　　不辭卑辱，故謂之仁義。（〈難一篇（六）〉）
　　　　伊尹自以爲宰干湯，百里奚自以爲虜干穆公。
　　虜，所辱也；宰，所羞也。蒙羞辱而接君上，賢者之
　　憂世急也。（難二篇（五）〉

這些論點與《莊子》最大的不同，是伊尹、百里奚爲宰、
爲虜只是過渡，只是一時的手段，他們的動機在救世，目
標在於輔助君主「王」、「霸」天下。而且伊尹、百里奚
是主動去求見君主。顯然這些話是法家積極出仕觀的反
應，所以〈說難〉中，韓非子認爲：諫說的最終目的是要
能和國君長久相處，能讓國君諒解、接納，要「深計」、
「引爭」、「明割利害」、「直指是非」。如果能達到「聽用

而振世」的目的，即使像伊尹一樣做廚師，像百里奚一樣做奴僕，有才幹的讀書人是一千個一萬個願意，絕不因為卑賤而覺得羞恥的。像這樣為了天下福利，個人可以不避危難，忍受恥辱，卑躬屈節去求見君主，足以說明，法家的出處進退哲學，還是比較注重事功，比較能權變制宜，而不太拘泥小節，頗有忍辱負重的意味。從大團體的福祉來說，從長遠的目標來看，法家這種主張還是很有意義，很難為，稱得上有理想的。

在〈難言篇〉，有關伊尹、百里奚的事例，敘述上略帶夸飾，說是伊尹至智，成湯至聖，伊尹還要來回七十次，用夸飾來映襯「難言」。晉代葛洪的《抱朴子》悲憤遭時難遇，旁引曲喻，也套用了《韓非子·難言篇》的語意，說：「夫以賢說聖，猶未必即受，故伊尹干湯，至於七十也。」（〈時難篇〉）至於百里奚，〈難言篇〉說是「道乞」，《史記·鄒陽傳》承襲這種說法，說：「百里奚乞食於路。」《淮南子·脩務訓》及《呂氏春秋·慎人篇》則說是「轉鬻」，是輾轉被買賣的奴隸。《說苑·善議篇》記述：「百里奚自賣五羊之皮，為秦人虜。」可以說是綜括性的敘述，《莊子·庚桑楚》的「五羊之皮」及《史記·秦本紀》說的，用五羖（五隻牡羊）羊皮由楚人手中贖得，大約是同一種資料來源，也因此，百里奚有五羖大夫之稱。但以《莊子》本文來說，秦穆公以五羊之皮籠絡百里奚，若說是「以所好籠之」，只能委婉解釋為：五羊之皮使百里奚解除困境，勉強可算是百里奚所喜好的；不過，君主主動籠絡，卻不如《韓非子》解說為人臣主動爭

取「聽用振世」的機會來得有力。因為廚師和奴僕並非商湯與秦穆公所提供能讓伊尹、百里奚滿意的職位。

同樣的伊尹、百里奚，司馬遷也承認：

> 伊尹負鼎，而勉湯以王；百里奚飯牛車下，而繆（穆）公用霸。（〈孟荀列傳〉）

孟子基於不同的出處進退觀，非常注重個人立身出處的操守，不主張過多逢迎，他解說的伊尹、百里奚故事，便截然不同。

> 伊尹耕於有莘之野，……湯使人以幣聘之，……思天下之民，匹夫匹婦，有不被堯、舜之澤者，若己推而內之溝中，其自任以天下之重如此！……吾聞其以堯、舜之道干湯，未聞以割烹也。（〈萬章上篇〉）

認為伊尹原本只想獨善其身，後來受湯多次聘問感動，才決定兼善天下，讓百姓都能感受堯、舜的德澤。這是典型的儒家出仕理論，既維護賢者尊嚴，也傳達了輔佐聖君的理想。重點是：聖君積極物色賢臣，不是臣子卑屈以求。在同一篇中，孟子也否定百里奚「自鬻於秦養牲者，五羊之皮，食（飼）牛，以要穆公」的傳聞，認為賢者不可能如此。由此可見，古代的傳聞多少都受了敘述者主觀思想的影響，比較研究起來，頭緒還相當紛繁呢！

子產多事
——《韓非子》與《孟子》

《**韓**非子·難三篇》引述鄭國執政大臣子產憑著婦人哭聲的辨識,因而斷案的故事。本來很離奇,子產表現的睿智、明察、果斷是令人敬佩的,韓非子可不以為然,他提出論難,劈頭就說子產「多事」!這不是很奇特的論斷嗎?不,連《孟子》也有相近的議論呢!

原來韓非子借題發揮,要提出一套分層負責的用人方術,和以天下為網羅的嚴密統御術,所以就全盤否定子產的聰明果決。按照韓非子的看法,在上位的人治理百姓,一定要懂得分層負責的竅門。因為天底下事事物物繁多,而一個人的智慮又非常有限。憑著極其有限的智慧,絕對沒法理解眾多的事事物物,所以應該運用重要的原則去處理眾多的事物。在下位的人民眾多,在上位的長官人數少,少數人不能勝過多數人,所以要委任重要的官吏,層層負責,去治理眾多的人民。這樣的話,智慮不耗用而所有不合法的情事都可以處理,形體不勞累而萬事都能治理。如今子產親自去審理民間婦人殺夫的案件,不知道該

委任司法官去檢舉案件、審判案件，單憑個人敏銳的聽力，絞盡智慮，去了解違法的情形，不是太「多事」了嗎？

按照韓非子的看法，英明的君主是要以天下人為耳目的，讓天下所有的人為他去看，為他去聽，舉凡不合法的情事，都向上面的人檢舉，因此英明的君主雖然住在深宮裡頭，卻明察海內，天下所有的事他都知道。換句話說，英明的君主事實上是在天底下撒下了天羅地網，任何不法之徒都難逃他的耳目追踪。想想看，子產如果能運用這種方術，他憑哭聲斷案不是太多事了嗎？

事實上，子產辨識哭聲，因而斷案，只是偶然遇到了，就順便審理，於是表現出特殊的機智，並非完全用這種方式去審理案件，韓非子故意借題發揮，才把它當做常態運作，也因此批評「子產多事」，顯然這並不公平。話雖如此，子產偶一為之的即興事件，被韓非子拿來大作文章；很巧合地，《孟子‧離婁下篇》也有一段子產「惠而不知為政」的說法：

> 子產聽鄭國之政，以其乘輿濟人於溱、洧。孟子曰：「惠而不知為政。歲十一月徒杠成，十二月輿梁成，民未病涉也。君子平其政，行辟人可也。焉得人人而濟之？故為政者，每人而悅之，日亦不足矣。」

子產用自己乘坐的車子，在冬天載百姓渡河，孟子認為：子產只知道行些小惠，卻不明白行政的大體。照規定，十

一月造好走人的小橋，十二月造好走車的大橋，人民便不致有徒步渡河的痛苦，這是具體的辦法。孟子甚至主張：只要為政持平，出行時驅使人民迴避都無妨，即使有些霸道，逞些威勢也沒什麼要緊。如果每個人都去討好，一輩子也忙不完呢！孟子的論辯，也是借題發揮，子產也不過偶一為之，但孟子的發論竟然和韓非子神似得很！

韓非子是中國法家思想集大成的人物，他的主張重點在於實際治理國家的種種理論，「子產斷案」所發揮的君主統御手段，像分層負責，是非常實用的精到管理術，現代管理學也把分層負責列為重要的管理行為。國君即使再聰明，一個人的才智畢竟有限，不可能「日理萬機」，必須遴選官吏，分派職務，層層督責，所以英明君主是只管官吏，不直接管理老百姓的，他守定法制，督責臣子好好辦事，要求臣子一定要達成相當的功效，因此說君主是「守法責成以立功」的。

韓非子的一套分層負責的統御手段，其實是得自道家的智慧，道家主張無為，要順任自然，強調樸實敦厚的可貴，聖人要領導人民復歸於淳樸。因此道家根本讓百姓自由發揮，不加管束，實在需要，那就是「以一御萬」，掌握重要原則就好了。這種「以一御萬」的觀念到了法家實用主義者手裡，就發展出整套君主統御術，其中分層負責是非常切實的原則，很合乎人類管理上的需要，所以現代管理學者也一致肯定韓非子在兩千多年前的價值。

至於孟子，直承孔子的心傳，闡揚儒學，著重在仁義之道的發揮。但是從〈離婁下篇〉這段議論看來，很明顯

地孟子不是偏談德化的人，他也有落實於實際政治的具體
主張。孟子藉著偶然有橋樑未曾鋪設，子產利用自己的車
輿幫助百姓渡河，便逞辭議論，提出了要掌握大體，要講
求根本，要運用威勢，尤其是只要能政治持平，即使出門
時驅使人民迴避，跋扈一些也不妨……這樣的說辭，是權
宜重於常理。孟子可以說是守經又能達權，思路非常活
潑。可惜《孟子》一書泰半陳義過高，以致《史記‧孟荀
列傳》都說：孟子被認為是「迂遠而闊於事情」，不被任
用。若能細讀這一段議論，後人對孟子的經世濟民之才恐
怕要刮目相看了。

《莊子》、《韓非子》談美

中副七十六年五月十八日刊載關關先生「道家法家談西施毛嬙——思想史上最『美麗』的話題」一文，題材新穎，深入淺出，很有啟發性。不過，述及《韓非子》部分微有小疵，願就個人研習所得，提出討論。

《韓非子》一書，於發揮義理之餘，往往能兼顧辭采之美，設喻也多有獨到之處，關關先生引述〈顯學篇〉的一段，便是佳妙好文章：

> 故善毛嬙、西施之美，無益吾面；用脂澤粉黛，則倍其初。言先王之仁義，無益於治；明吾法度，必吾賞罰者，亦國之脂澤粉黛也。

關關先生闡說此中義理，相當明晰周詳。但結論說：「然而，硬要把儒家比喻為毛嬙、西施，把法家比喻為化妝品，就有點『比喻不當』了。政治與美學到底是兩種不同的東西。」筆者以為：在理解上，這段結筆頗有偏差，難

免有誤導的缺失。

按照原文，韓非子是拿儒者所談論的仁義，比喻為具有「毛嬙、西施之美」的政治主張，並不是「把儒家比喻為毛嬙、西施」。說得更妥切一些，韓非子是先用眾所熟知，大家有趣的事例打比方，再引出他的政治理論。

就美容方面來說，人人愛美，看了美女就是讚羨，但美的還是毛嬙、西施一類的美女，於我個人的容顏，毫無助益；要想美化自己，最好的辦法是，用「脂澤粉黛」巧妙的妝扮，雖不能完全像毛嬙、西施，起碼比原來面目好看得多。

同樣的道理，仁義是非常完美的政治主張，不過那是先王的治績，時代環境改變了，在戰國紛爭擾攘的局面，仁義並不適用，一味稱揚仁義，好的還是往昔先王的政治，對戰國時代的君主並沒有幫助；如果想振衰起敝，求安定治強，得先從法度賞罰的根本政治原則做起，這法度賞罰能確實實施，必然可以使政治情況改善，就好比善用化妝品可以使平凡人的容貌比以往亮麗一樣。

嚴格說，韓非子是以美容的事例，比喻政治的運作，不是「把儒家比喻為毛嬙、西施，把法家比喻為化妝品。」比喻的修辭法，原本就是以彼喻此，只要有類似的地方，就可以援用譬喻，未必要「相同」。政治與美學固然不同，設喻時能運用相類似的道理，加以貫串，未嘗不能運用。

事實上，韓非子這段設喻的巧妙，還關涉到儒、法兩家基本政治哲學。儒家關懷人生終極理想，因而政治主張

陳義較高，往往未必能在當代立即付諸實現；法家則關心現實改革問題，因而主張因應制宜，要求切合時需，講究實際功效。

對於仁義，韓非子客觀分析，理智審視，認爲先王確曾有過輝煌的績效，無奈當代是「急世」，百姓猶如「駻馬」，仁義過於寬緩，不能有效控御百姓，只有賞罰才是具體有效的辦法。要由理想落實於現實政治，法家的主張在當代堪稱最切合時代環境。

所以，韓非子反對倡言仁義，絕不是意氣的學派門戶之爭；也不曾否定仁義的價值與效用，否則便不會有「毛嬙、西施之美」的設喻了。

據此推論，假以時日，政治上軌道之後，仁義將是韓非子無法排斥的政治理想，也因此，韓非子講的不僅是霸道，「帝王之政」是他的終極目標。〈五蠹篇〉說：「超五帝，侔三王者，必此法也。」〈六反篇〉說：「此帝王之政也。」

文學性的活潑筆法，未嘗不能加強議論文的深刻性。《莊子》與《韓非子》都是有名的文學性子書，辭章之美，往往是用極爲寬闊的視角呈現出來，《莊子》與《韓非子》都是以思想爲重的子書，作者的目的在著書立說，義理是重心，辭章是技巧。《莊子》引述「毛嬙、西施」（有些版本「西施」作「麗（驪）姬」），也關係到道家對仁義的看法：

> 毛嬙、西施，人之所美也；魚見之深入，鳥見之

高飛，麋鹿見之決驟。四者孰知天下之正色哉？自我
觀之，仁義之端，是非之塗，樊然殽亂，吾惡（烏）
能知其辯！

莊子觀察的角度，比韓非子還要高闊，萬物等同，人我平
等，他破除了自我偏執的迷障。毛嬙、西施儘管具有「沈
魚落雁」的絕美姿容，人認為美的，動物界未必認同；相
近的情況是：在百家爭鳴，思想自由的春秋戰國，個人的
主張再如何完美，也不能算是絕對的標準，別人儘可以有
不同的看法，何必拘執呢？儒者的仁義之說，也可以如是
觀。

韓非子的自我性極強，要凸顯法家學說的實用性，就
要反襯儒家思想的高遠，莊子卻是極為開放的心思，認為
各家的爭執，根本是標準難以衡定的淆亂現象，就讓它各
是其是，各非其非，也無不可。

從這兩段談美的文字，也可以看出，道家主張順任自
然與法家主張干涉管制等基本概念。

澹臺滅明的兩極形貌
——《韓非子》與《史記》的記述

澹（音ㄊㄢˊ）臺滅明這個人，究竟儀表如何，是優雅的君子儀容，還是其貌不揚的醜陋男子？《韓非子》和《史記》有截然不同的兩極形貌。

澹臺滅明，字子羽。《論語‧雍也篇》記載說：

> 子游爲武城宰，子曰：「女（汝）得人焉爾乎？」曰：「有澹臺滅明者，行不由徑，非公事，未嘗至於偃之室也。」

孔門師徒問答，顯露了聖賢關注的話題。爲政處事，最需要的是能找到賢者輔助，所以孔子發話，就在「得人」上看出用心所在。子游在孔門屬於「文學」科，通「文學」的人，並不像後人取義於英文的 literature，是指熟習詩、詞、歌、賦，甚至是散文、小說等等純文學，而是指通詩書、知典則的達禮之士。所以，曾國藩的〈聖哲畫像記〉

把清代顧炎武、秦蕙田、姚鼐及王念孫、王引之父子等通禮的飽學之士列入「文學」科。子游當邑宰，才幹是綽綽有餘，眞的是牛刀小試而已！《論語・陽貨篇》記述孔子和他開過玩笑：

> 子之武城，聞弦歌之聲，夫子莞爾而笑曰：「割雞焉用牛刀？」子游對曰：「昔者偃也聞諸夫子：『君子學道則愛人，小人學道則易使也。』」子曰：「二三子，偃之言是也，前言戲之耳！」

孔子到了武城，聽到絃歌吟唱，知道子游用禮樂教化百姓，他高興得不得了，故意開子游的玩笑說：「殺雞哪用得著牛刀哇！」這種小地方，治理起來也這麼鄭重其事啊？子游是正經八百地在認眞辦事，就拿孔夫子的教訓來自我辯解：「在位的君子人學了禮樂，就能愛民；老百姓學了禮樂，就容易聽從教令。」孔夫子聽了便對隨行的弟子交代，言偃（子游的本名）的話是對的，剛才不過是開玩笑罷了。

子游告訴孔夫子，自己得到賢者了，有個澹臺滅明，他走路不走小路捷徑，要不是爲了公事，從來沒到過我的房裡來。這樣看來，澹臺滅明必然是個正派人物，沒有見小利、急速求功的毛病；他也一定很有操守，絕沒有枉己徇私之情。

澹臺滅明的「行不由徑」，被司馬遷列入《史記・仲尼弟子列傳》中，「非公事，未嘗至于偃之室」，則被改

寫爲「非公事，不見卿大夫。」似乎澹台滅明不僅做子游的小吏而已。但這種說辭卻未必可信，原因是《史記》的記述有令人疑慮的地方。傳文是這樣的：

> 澹臺滅明，字子羽，少孔子二十九歲，狀貌甚惡，欲事孔子，孔子以爲材薄。既已受業，退而修行，行不由徑，非公事不見卿大夫。南游至江，從弟子三百人，設取予去就，名施乎諸侯。孔子聞之曰：『吾以言取人，失之宰予；以貌取人，失之子羽。』

孔子初見澹臺滅明，嫌他醜陋，認爲資質低劣；受業以後，他不僅行爲方正，還在長江一帶，收了三百個弟子。這時孔子才感嘆：憑容貌賞識人，差點在子羽身上發生了過錯。孔夫子眞的會以貌取人嗎？澹臺滅明講究「取予去就」，和孔門弟子的氣氛不太一樣呢！

《韓非子‧顯學篇》也有澹臺滅明的資料：

> 澹臺子羽，君子之容也，仲尼幾而取之，與處久而行不稱其貌。宰予之辭，雅而文也，仲尼幾而取之，與處久而智不充其辯。故孔子曰：「以容取人乎？失之子羽；以言取人乎，失之宰予。」

根據《論語‧公冶長篇》記述「宰予晝寢」，孔子責備他，比喻爲「朽木不可雕」之後，感嘆說：「始吾於人也，聽其言而信其行。今吾於人也，聽其言而觀其行。於

予與改是。」顯然宰我善於言詞，卻讓夫子失望，《韓非子》及《史記》同樣的以宰我事例來和澹臺滅明並論，照理取義應該一致，那麼《韓非子》的說法，先是期望，久而失望，才是合理的。澹臺滅明是有君子人的姿容，起碼氣質高雅，不至於醜陋的。

《大戴記·五帝德》則有融合《論語》與《韓非子》的說法：

> 「吾欲以顏色取人，于滅明邪改之；吾欲以言取人，于予邪改之。」

至於《孔子家語》更可看到《韓非子》的形跡：

> 澹臺子羽有君子之容，而行不勝其貌；宰我有文雅之辭，而智不充其辯。（〈子路初見〉）
> 澹臺滅明……有君子之姿，孔子嘗以容貌望其才，其才不充孔子之望。（〈七十二弟子解〉）

從近似處來說，即使《孔子家語》不是王肅偽託，至少是在《韓非子》之後。《韓非子》、《大戴禮記》及《孔子家語》資料相近，獨獨《史記》說法不同，也許《史記》的記述應該存疑。

孺子可教
——從英國女王的帽子說起

一九九二年八月，師大國語中心依照往例舉辦了一場外國學生的國語演講比賽。比賽結束以後，請了師大英語系的吳國賢教授上台講評。吳教授口才非常的好，是大家早就聽說過的。他上台，走到講台的左手邊，就站住了。他鞠了個躬，微笑著開始說話：「我被大家逼迫了上台來做個很簡單的講評，但是，」他用右手指著講台說：「我不想站到講台後面去。如果我是英國女王的話，各位大概只能看到我的帽子。」他稍微停了一下，台下許多人都笑了。熟悉英、美兩國最近幾年時事的人，大約都知道：吳教授用了個典故呀！難怪許多人都笑得很開心。一九九一年，英國女王伊莉莎白二世到美國訪問，她在白宮有一場演講，聲音非常清晰；可是辦事人員忘了替她在講台後頭準備一張凳子，講桌太高了，因此，從頭到尾，人們只看到她那頂漂亮的帽子。有很長的一段日子，人們在「會說話的帽子」這件事上開玩笑。吳教授很輕鬆地運用這個典故，他的意思正是要說：「那講台太高了，我站

上去，大家都看不到我了，………」不過他只需要說「女王的帽子」，聽眾就都懂了，而且打心裡頭佩服，總覺得吳教授真有學問哪！

在台北，剛考完月考的王大豪興沖沖地告訴爸爸說：「爸爸！這回的數學我大概可以拿八十分呢！自從李老師給我補習以後，我每次都照著她的話，把後頭的習題仔細弄清楚了；考試的時候，先做自己有把握的題目，我真的很有信心了呢！」爸爸很高興地拍拍王大豪的肩膀，說：「我說過嘛！數學哪真的那麼可怕，你能夠進步，要謝謝李老師。最重要的是，你總算懂得怎麼學數學了，這叫做『孺子可教』啊！」「孺子可教」也是有典故的，意思是：「這小孩子可以調教！」或者說：「這小伙子可以調教。」王大豪懂得讀書方法了，是接受了李老師的教導，李老師教了他，他有進步了，所以說「孺子可教」。中國人說話常常會順口帶出許多典故來，王大豪的爸爸就是如此。

說到「孺子可教」的典故，須從張良的故事說起。西元前二一八年，秦始皇即位的第二十九年，張良買通了大力士趁秦始皇東巡的時候，在路上埋伏狙擊，結果誤擊了秦始皇的隨從，沒有達到刺殺秦始皇的目的。秦始皇氣壞了，下令全面通緝，到處掛了張良的圖像，讓全國官吏捉拿張良。張良因為從高祖父的時代起，曾祖父、祖父、父親都做韓國的卿相，這種「五世相韓」的特殊關係，使他覺得非替被滅亡的韓國報仇不可；但是秦始皇多疑多慮，竟然在出巡的時候，和手下的侍從交換車子，以致張良買通的大力士雖然擊中了最華麗的車乘，死的卻不是可惡的

暴君秦始皇。更糟糕的事，張良被通緝了，躲躲藏藏的，很不是滋味。

張良變更姓名，逃亡躲藏到下邳一帶。有一天，張良隨意出來散步，閒逛到一座橋上。有一個年紀挺大的老人，穿了一件粗布衣服，走到張良的身邊，一隻腳隨便晃呀晃的，就把鞋子弄掉了，那鞋子筆直地掉到了橋下的乾河床上。他回過頭來對張良說：「喂！小伙子下去替我把鞋子撿起來！」張良是個貴族出身的貴公子，一向都是別人服侍他的，哪還輪到這麼一個糟老頭來使喚他？他的耐性也有限得很。他一聽老頭要他下去撿那隻臭鞋子，一時愣住了，心中一把火，捏緊拳頭，真想揮拳揍他。但是，再一想，他這麼老了，一把老骨頭，經不起一拳就打散了，算了，勉強忍一忍，不要惹事。他就跑到橋下，把老人的那隻鞋子撿了上來，走到老人身邊，正要交給他，那老頭說：「替我把鞋子穿上！」一邊大刺刺地伸出了腳。張良無名火又給他勾出來了，按捺住自己，心想：「反正已經忍著氣，下去替他把鞋子撿上來了，就再聽他一次吧！」於是就彎下腰來，屈膝跪在橋上，替他把鞋子穿好。那老頭毫不客氣地伸腳讓他穿鞋，穿好了，就站起來，謝也不謝一聲，笑著走了。張良很驚訝，目送著老人離去，望著他的背影，愣在那兒。那個老人走了一里路的樣子，又折回來，對張良說：「孺子可教矣！」意思是說：你這小伙子可以調教了。我們要介紹的典故就是這樣來的。

那老人接著說：「第五天天亮的時候，到這兒來跟我

會面。」張良非常納悶，敬了禮，應了一聲：「好！」

第五天，天一亮，張良就去橋頭和老人會面。他到達的時候，老人已經先到了，生氣地跟張良說：「跟老人家約會，你卻遲到，是什麼道理？」說完摔頭就走。邊走邊說：「五天以後早點來會面！」

到第五天，一早雞叫，張良就出發了。心想這下沒話說了吧？總不會嫌我晚了吧？想不到他到達橋頭時，老人還是比他先到了。老人又生氣地說：「遲到！為什麼？」說完又走了，說：「五天以後再早一點來！」

第五天，張良沒等到天亮，夜半就提前出發了。這一回夠早了，但是沒等多久，老人就來了，一看到張良已經到了，很高興地說：「應該這樣才對啊！」他從懷裡取出一本書來，跟張良說：「你好好研究它，將來可以做帝王之師。它可以幫助你輔佐你的領袖成為治理天下的帝王。十年後，你會見到值得你輔佐的人。十三年以後，到濟北來見我，你找到穀城山下的黃石，就是我了。」老人說完就走，沒有交代其他任何話，也沒有再和張良約了要見面。等到天色亮了，張良仔細看那本書，原來是《太公兵法》，張良心裡很訝異，十分珍愛那本兵書，常常研讀，反覆記誦。

這個故事提到的《太公兵法》，是指周武王時的姜太公留下來的兵法，而那個送書給張良的老人，就是傳說中的「黃石公」，充滿了神秘與詭異的色彩，顯然有很多的漏洞和疑點。日本學者瀧川龜太郎研究《史記》，他就懷疑這個故事是張良故意編造的，反正他怎麼說，大家就怎

麼聽。而宋代有名的大文豪蘇東坡倒認為：那個黃石公說不定是個隱居的高人，有意藉機會開導，要讓他懂得「忍」的重要，並不見得真的是神鬼一類的靈異人物。不論如何，張良遇到黃石公確實是他一生的轉捩點，從他後來輔佐劉邦的種種事蹟看來，他的行事絕對不像下邳橋上那個動不動要揮拳揍人的輕狂少年。可見也許真的在張良成長過程中，有過這樣轉變關鍵，有人點化他：要懂得把眼光看遠，看事情要看全面，作事要顧慮周到，要學會忍耐，唯有忍耐，進一步才可能冷靜地面對現實，妥當地處理事務。試看那老人對他的態度，就知道是有心磨鍊他，才故意三番兩次地責備，看看張良是不是能「忍」，真的能「忍」了，進一步就可以再教他一些具體的、切實的輔佐君王的技巧。接受西方教育成長的現代年輕人，可能還有一點疑惑：為什麼老人約張良見面，只是說出一個約略的時間，所謂天亮，是多麼含糊的時段？即用三更、五更的計時方式，也有兩個鐘頭的寬廣的認定。那個老人自己早到了，還故意「倚老賣老」，對張良發脾氣，實在有些不講理。然而我們只好這麼說：這個情形正好反映了中國傳統農業社會的環境，時間觀念很含混，敬老觀念很強。所以少年時代的張良，儘管暴躁、沉不住氣，他並沒有想到要抗議老人對於他遲到的訓誨，是有些強詞奪理；也沒有想到老人這樣動不動就扳起臉孔來教訓人有什麼不對。當然，正因為張良畢竟是個有家教的好青年，所以他能尊重老人，能容忍老人的傲慢無禮；正因為他能容忍老人的種種刁難，他才通過老人所安排的考驗，得到那本珍貴的兵

書。而這本書之所以珍貴，看情形是久已失傳的兵書，並且是相當具體切實可以運用的兵書，甚至還包含了政治理論的一本好書。張良有了這書，研究貫通了，等他遇見劉邦，就全運用上了。就這個故事來說，沒有張良，就沒有劉邦；沒有《太公兵法》就沒有能爲帝王之師的張良。換句話說，如果當年張良沒有遇到黃石公，就得不到《太公兵法》，就不可能輔佐劉邦，中國歷史說不定就不能出現第一個平民皇帝，中國歷史勢必要重新改寫。

我們可以這麼說，不管「孺子可教」這個故事的可信程度如何，它說不定眞的有問題，但是在張良的傳記裡，它說明了張良由輕狂少年轉變爲成熟穩重的策士，是經過怎樣的一個機緣，而且這典故流傳下來，成爲大家熟用的成語。這成語常被中國的中、老年人用來訓勉兒女、晚輩，反映出中國人喜歡老成穩重型的年輕人，不喜歡心浮氣躁的年輕人，說起來好像中華民族是有些老大的缺點，可是事實上它也有可取的地方。年少氣盛，輕狂浮躁，天底下不知有多少是非都是因爲這種年紀、這種性情而惹出來的。蘇東坡說得好：張良有伊尹、姜太公那樣的才幹，不好好地磨練，卻效法荊軻、聶政的刺客行爲，眞是可惜了的；所以黃石公這樣的高人（蘇東坡相信黃石公應該是當時一個隱居的高人），有心幫他，就設計了這樣的一場表演；把一本幾乎失傳的好書送給了他。經過測試，認爲他「孺子可教」，果然張良在歷史舞台上有非常傑出的表現。「運籌帷幄之中，決勝千里之外」，從劉邦一直到現在，人們還讚美張良的才幹，想想看：坐在營帳裡策畫一

切，而千里之外的戰爭是經由他的謀略而贏得勝利的，這個人多麼難得！而無疑的，他是被人「教」過以後，懂得忍耐的工夫，懂得放大眼光，才有那些策畫與謀略的。

　　任何成語一旦輾轉使用之後，多多少少都會有一些新的意義產生，這好像是一種有機體，滋生成長過程往往有意想不到的旁枝錯節。「孺子可教」這個成語，後來也使用在針對一個有潛力的學生，認為他值得造就，就說：「這學生難得呀！很聰明，也肯用功，孺子可教哇！」有時候也使用在針對一個努力用功的孩子，他的努力使課業有進步了，老師很高興，父母很安慰，我們就說：「不錯嘛！這是孺子可教哇！」像在進入本文介紹「孺子可教」典故時，我們所引用的例子也就是這樣的定義。當然，關於不良行為的改善，看出一種奮發努力的跡象，有值得勉勵的，也仍然適用這個典故。如果你是青年學生，你看到這篇文章以後，你告訴你的父母：「我知道『孺子可教』最初是張良接受黃石公的考驗，表現出以前沒有過的耐性，黃石公認為他可以造就，便用『孺子可教』四個字來表示讚許。後來使用多了，只要是認定年輕人、晚輩、兒女、學生有值得教育的潛在發展的可能，就用這個成語。」我想你的領會很不錯了，你應該可以貼切地運用這個典故了。

曲突徙薪
——及早杜防可能有的禍患

這一天，天氣放晴了，剛下過雨的台北市的天空，難得露出了悅人的湛藍。金先生來到辦公室，一邊倒茶，一邊哼著小調。有人進來了，金先生滿心喜樂，正想招呼，卻被李先生的一副疲累模樣嚇住了。

「你怎麼啦？怎麼一副疲累不堪的樣子？」他關心地問。

「唉！別提了。這幾天真的把我整得焦頭爛額，我已經連續好幾天沒好好睡過覺了。」李先生無可奈何地說。

「是不是還為了兒子的那件事？早聽我的話，去年趁大家還沒撕破臉的時候，好好地為你們調解一下，你就是不肯……。」

「你的意思是怪我不能『曲突徙薪』，現在只有『焦頭爛額』了？」

金先生本以為今天天氣好，心情也好，見了老李一定是高高興興地談起來的，想不到三言兩語居然把他惹火了。看他實在夠煩了，別跟他一般見識，但是，一早的好

興致全給破壞了。

這裡用到的兩個成語，倒是同時出於一個故事裡的。據說有個客人去拜訪主人，看到主人灶上的煙囪筆直，灶旁堆了許多木柴。客人就對主人說：「我看您得另外改做一個彎曲的煙囪，把木柴搬移到遠一點的地方。要不然，遲早會有火災發生的。」主人沒有理會。不久主人家裡果真失了火。鄰里的鄉親共同幫忙救火，幸好撲滅了。主人很感激，殺了牛，安排了酒席，來答謝鄰里中救火的人。他請為了救火而灼傷的人坐上座，依次按照功勞大小排列，並沒有考慮到那個提醒他要改裝彎曲的煙囪的人。有人對他說：「以前要是您肯聽從那個客人的建議，根本不必花費牛、酒，終究不會有火災發生的。現在您論功勞，酬謝賓客，難道說建議『曲突徙薪』的人毫無恩惠，『焦頭爛額』的人反而成了坐上座的貴賓嗎？」主人聽了這一大段話，終於想通了，立刻延請那個提醒他要「曲突徙薪」的人坐了上座。

那個主人做的煙囪筆直，一旦遇有強風，一定會由煙囪吹進灶口，火舌竄出，人會灼傷；他又在灶口不遠處堆放了許多木柴，若是強風倒吹，火舌竄出，正好引燃到木柴堆上，火勢必定一發不可收拾。所以那個聰明的客人看出問題癥結，便給他建議了解決的辦法：把煙囪做成彎曲的，把木柴移開。這是預防發生火災的先見之明。正因為這個道理，「曲突徙薪」就有預先杜防災禍的意思在內。至於「焦頭爛額」，在這個典故中，是因救火而被嚴重灼傷了；是事情發生之後，不得已勉強應付，付出了非常大

的代價。再進一步引申，大凡辦事，費盡心神，勞苦萬端，精神疲憊，吃力不討好的狀況，也可以說是「焦頭爛額」了。做事的原則是事先預防勝於事後補救，因爲一旦發生不幸，收拾殘局的心境是悲悽的，任何災害都不可能毫無損失的啊！更糟糕的是，一旦發生災變，往往會造成沒有辦法彌補的損失。正因爲如此，「曲突徙薪」的建議才可貴。

大家可能看出來了，這個典故中有一個比較特殊的字，「突」的解釋除了常用的「突然」，以及偶見的「觸犯」之外，還可以做名詞用，那就是這個典故中的用法，解做「煙囪」。春秋時代，很多知識分子周遊列國，目的都是爲了找到一個賞識自己的君主，肯任用自己，好把一身的治國才幹施展開來。問題是機會眞的很渺小，於是他們就匆匆忙忙地奔走，在每個地方都停留不了多久的時間，孔子也好，墨子也好，都是一樣。後代的人便形容說：「孔席不暇暖，墨突不暇黔」，意思是說：孔子每到一個地方，席子還沒坐暖，就匆匆地走了；墨子每到一個地方，住下來，煙囪還沒燒黑呢，他就又匆匆地搬走了。「墨突不黔」的「突」，和「曲突徙薪」的「突」，意義完全一樣。至於「黔」字解爲「黑」的意思，和秦代稱老百姓爲「黔首」，道理是相同的，據說秦始皇命令人民用黑布包頭，所以老百姓就叫「黔首」。

我們還想追究一下，這個典故是在什麼情況下被引述出來的呢？

原來它出自《漢書・霍光傳》，典故的背後，還有一

段歷史滄桑。

霍光是漢代的重要大臣，他在漢武帝的時候，由同父異母哥哥霍去病帶到長安，霍去病死後，雖然沒有了外戚兼功臣的哥哥可以庇護，他出入宮廷二十幾年，一向都小心謹慎，從來沒犯過錯，漢武帝非常親信他。武帝的太子據曾鬧過事，牽連許多人，後來另立昭帝，便請霍光輔佐，小皇帝才八歲，一切政事都靠霍光裁決。昭帝很英明，可惜十三年後就死了，霍光立了昌邑王劉賀，偏偏劉賀淫亂，霍光便請太后頒布命令罷黜了他，另外改立太子據的孫子，也就是宣帝。宣帝可以說是漢朝的中興之主，霍光能當機立斷，結束一個荒唐君主的統治，另立英明的好國君，功不可沒。

儘管霍光對漢朝有貢獻，但是，霍光在治家方面有嚴重的問題。他的夫人顯，原是丫頭出身，後來被扶正了，難免識見短小；這還不要緊，她大膽包天，心黑毒辣。為了讓女兒做皇后，她買通女醫，趁接生的時候，害死宣帝的許皇后；進一步安排女兒進宮，這就是後來的霍皇后。霍光死了以後，顯和家奴淫亂，兒子霍禹及姪兒霍山窮奢極欲，囂張得不得了。昭帝的上官太后又是霍光的外孫女，顯跟幾個女兒不分白天晚上，出入太后、皇后的宮殿，一點也不節制。她謀害許皇后的事情，漢宣帝略有所聞，開始削奪霍家親屬的權力，轉移給宣帝外祖母及母親的親屬。終於霍家人圖謀造反，事機洩漏，大都被殺了，株連好幾千家，霍皇后也被廢，十二年以後，她還是自殺了。

　　事情過後，漢宣帝獎賞有功人員，封官拜爵。遠在這事發生之前，茂陵地方有個姓徐的書生，眼看霍氏奢侈，就聯想到將來可能倨傲侮慢，會招惹大禍，便上書給宣帝，認為霍家過分奢泰，不是好現象，畢竟霍光於國有功，如果皇上愛護霍家，應該按時加以約制，不要讓霍家走上滅亡之路。他一連上書上了好幾次。等到霍家圖謀造反被誅殺，宣帝論功行賞的時候，就有人替姓徐的書生抱不平，便替他說話，也上了書，開頭舉了「曲突徙薪」與「焦頭爛額」的事，再談到徐生的建議，真的替徐生爭取到了獎勵。而「曲突徙薪」與「焦頭爛額」，也由於這個典故，就成為中國人口中表達的兩條成語了。

　　你在運用這兩條成語的時候，想起霍光一輩子小心謹慎，妻子、兒子、姪兒、女兒卻都淺薄鄙陋，窮奢極欲，不僅家破人亡，也毀了霍光一世的英名，心中能不感慨萬千？你是否感慨宣帝似乎並不愛護霍家，並沒有及早勸導；你是否感慨，霍光五十年的政治生涯，建立功勳談何容易？妻子、兒女要把它毀掉則是輕而易舉？看來「滿招損，謙受益」，《書經》的格言果然有道理，做人還是要謹慎、謙和的好。

為孺子牛

——齊景公的親子遊戲

現代人的親子遊戲，往往是忘了輩分，打鬧成一片。多的是四肢著地，跟著幼兒學狗爬、學狗叫。比較有氣概的，或把雙手高舉，護住幼兒的腰部，讓幼兒跨坐在肩膀上；或者手腳並用，滿地奔馳，扮演寶馬，讓幼兒跨坐在背上。孩子的笑靨粲然！那笑聲必是連串的、亢奮的、響亮的。為人父的自然也沾染孺子天真的純情；而潛意識裡一種英雄氣概的培養，為人父的便捐棄尊嚴，心甘情願的做無可替代的犧牲。

古人長幼尊卑貴賤劃分嚴明，為人父者，是否也享有這種天倫之樂？春秋晚期的齊景公（西元前五四七～四八九年在位）曾表演一齣親子遊戲，記載在《左傳》裡：「為孺子牛而折其齒」（哀公六年）。韓非子說過：「其母好者，其子抱。」（〈備內篇〉）在多妻制度下，一國之君往往有不同妻妾所生的許多兒子，他大抵是偏心的，哪個女人得寵，就愛屋及烏，也愛她所生的兒子，甚至想盡辦法，廢嫡立庶，讓寶貝姬人所生的寶貝兒子做未來的繼承

人。當然，這就不免暗潮洶湧，有許多政治糾紛。且說，景公嬖幸鬻姒，她生的兒子荼小時候景公就寶貝得不得了。他和小兒子做遊戲，自己扮演牛，手腳著地，嘴裡銜著繩子，讓荼牽著玩。想像得到，荼不可能一直慢步走，大約要跑起來的，景公年紀不小了，老牛扮來分外吃力，他摔跤，還摔斷了牙齒。以一國之尊，為了和小兒子做遊戲，摔斷牙齒，不僅有失威嚴；在群臣面前，顏面破損，也大減光彩。但是，這個遊戲，只怕記錄了其中一小段插曲而已，已足夠呈現他喜愛兒子的狂熱，這種超越個人身分的親子天倫之愛，該會帶給他不少樂趣吧！

曾經於二、三〇年代，在民國文壇飛揚跋扈一大段辰光的魯迅，近五十歲時才做爸爸。他在社會上儘管與人有所爭執，打起筆戰來，也猛厲強悍得很；對他的兒子海嬰，可真是純情無限，他有兩句相當動人的詩：

　　橫眉冷對千夫指
　　俯首甘為孺子牛

下句正是套用齊景公的典故。一個人可以不顧一切抗拒外在世界的非議，帶著倨傲的不可一世的威嚴；然而在他個人單純的小家庭裡，他是扮演著何等可親可愛，至誠奉獻的父親角色！扮做寶馬，奮力奔馳，那是年輕父親們的事，老爸爸扮演老牛，娃娃當牧童，此中自有真趣在！兩句強烈的對比，使人想起人際關係的橫逆複雜，是多麼無奈；而家庭單純的幸福、快樂，也格外令人珍惜了。

「敢批逆鱗」的魏徵

兒童心理學家告訴我們,對孩子儘可能給予鼓勵讚美,少加責備貶抑。原來人類天生喜歡聽一些甜美的、滿足自尊的恭維之辭,即使是謊言,也往往甘之如飴;這就難怪古來帝王往往因溺於虛飾的美言而誤盡蒼生。由此可知:權傾天下,予取予求的君主,少有能虛懷納諫,而忠臣骨鯁,能輔弼君主,諫諍匡過的,也真是鳳毛麟角了。

戰國晚期的法家集大成者韓非子,曾撰述一篇〈說難〉,極盡說明士人遊說諫諍的種種艱難,篇末則以龍之有逆鱗,比況人主皆有特殊禁忌、癖嗜:

> 夫龍之為蟲也,可柔狎而騎也,然其喉下有逆鱗
> 徑尺,若人有嬰之者,則必殺人。人主亦有逆鱗,說
> 者能無嬰人主之逆鱗,則幾矣。

龍這種動物,可以馴熟了騎在身上的,只要不碰著牠

的逆鱗就好；國君也可以和臣子相處嫻熟的，只要不碰觸他的禁忌就好。士人要諫說，求得君主的信任，首先得摸清人君的特殊習癖，避免觸犯他的忌諱。「逆鱗」碰觸不得，「逆鱗」也成了典故。

但是，唐太宗的賢臣魏徵卻是個「敢數批逆鱗」的著名諫臣。綜觀我國歷史，國君謙沖納言，人臣諫諍輔弼，君臣相得，最為人稱道的，是唐太宗與魏徵。尤其魏徵原是隱太子部屬，難為太宗能敬愛器重；而魏徵也是知無不言，言無不盡，從不顧慮鯁直之言，君主是否能消受。他說過：「願陛下俾臣為良臣，毋俾臣為忠臣。」君明兼聽，便能讓臣子做進諫匡弼的良臣；君暗偏信，便會使臣子不得不成為強諫喪身的忠臣。人主肯虛心納諫，須有相當克制的工夫，太宗儘管謙懷納言，有時還是會被惹腦，一次罷朝回宮，竟怒氣沖沖地說：「會須殺此田舍翁！」難得長孫皇后賢德，便恭賀他：「主明臣直」。正因君主聖明，臣子才肯一再提出匡正的逆耳忠言。長孫皇后曾經譬解說：

> 妾與陛下結為夫婦，曲承恩禮，每言必先候顏色，不敢輕犯威嚴；況以人臣之疏遠，乃能抗言如是，陛下不可不從。

以皇后之尊，受皇帝禮敬親愛，長孫皇后對太宗進言還得察顏觀色，足見太宗皇帝絕不是毫無脾氣的好好先生。相襯之下，魏徵比皇后疏遠得多，他不顧一切後果

——包括惹惱了皇帝，被砍頭，認為該說的就說，真是勇氣可嘉，忠心可感。

對於魏徵的犯顏直諫，太宗也未必都能聽取而採行，太宗曾經藉著酒意調侃魏徵：「每諫我不從，我發言輒不即應，何哉！」原來他們君臣也會有僵持不讓的尷尬景況。魏徵是惟恐自己出聲應諾，皇帝會以為自己不再堅持要求了。太宗最後大笑：「人言徵舉動疏慢，我但見其嫵媚耳！」魏徵聞言再拜，說：「陛下導臣使言，所以敢然；若不受，臣敢數批逆鱗哉！」這堪稱千古難見的好應對。正因太宗虛心納諫，不怪罪魏徵的「疏慢」，一再誘發，魏徵才敢於一再「批逆鱗」。

魏徵很幸運，早已超越「無嬰人主之逆鱗」的初試階段，《韓非子‧說難篇》提到的諫說終極理想——「引爭」、「深計」、「明割利害」、「直指是非」的幾項艱鉅目標，竟都能實現。他達到了可以「批逆鱗」的境地。古代君主權勢過大，人臣犯顏直諫之所以能被寬諒，大致要靠君主本身的自律，及左右的幫襯。像太宗那樣，一心求治，便能了解人臣直諫的善意；而長孫皇后在太宗盛怒時的理性疏解，化戾氣為祥和，賢后輔君，也是太宗政績卓著的因素之一。魏徵卒後，太宗臨朝感歎說：「以銅為鑑，可正衣冠；以古為鑑，可知興替；以人為鑑，可明得失。……今魏徵逝，一鑑亡矣。」試看史書，魏徵病重，太宗去探視，當晚就夢見魏徵和往常一般，天亮卻聽到死訊，「帝臨哭，為之慟，罷朝五日。」在在顯出君臣之間深刻的情誼。太宗還事後檢點，找到魏徵的半張遺稿，仍

不脫勸諫人主任人的細節：「……任善人則國安，任惡人則國弊。公卿之內，情有愛憎，憎者惟見其惡，愛者止見其善。愛憎之間，所宜詳慎。若愛而知其惡，憎而知其善，去邪勿疑，任賢勿猜，可以興矣！」人情難免愛憎，任人卻非得就事論事，不能因人情而誤事。太宗要求群臣「書之於笏，知而必諫」，他的納諫之誠仍然不減，無奈此後再不見第二個魏徵！（參閱《韓非子》、《新唐書》、《資治通鑑》）

國家圖書館出版品預行編目資料

案頭春秋／張素貞著, -- 初版 -- 臺北市：萬卷樓，
　2008.10
　　面；　　公分
　　ISBN 978－957－739－639－6 (平裝)
　　1. 歷史故事

　610.9　　　　　　　　　　97017931

案頭春秋

著　　　者：張素貞

發　行　人：陳滿銘

出　版　者：萬卷樓圖書股份有限公司

　　　　　　臺北市羅斯福路二段 41 號 6 樓之 3

　　　　　　電話(02)23216565・23952992

　　　　　　傳真(02)23944113

　　　　　　劃撥帳號 15624015

出版登記證：新聞局局版臺業字第 5655 號

網　　　址：http://www.wanjuan.com.tw

E－mail　：wanjuan@tpts5.seed.net.tw

承 印 廠 商：晟齊實業有限公司

定　　　價：300 元

出 版 日 期：2008 年 10 月初版

ISBN：978－957－739－639－6